U1075428

# 爱『购』上海

## 南京路上老百货

葛涛 宋钻友 石冬旭 著

上海人民出版社

# 目录

# 引言



19世纪60年代某年的10月，法国巴黎特拉米旭第尔街和诺浮圣奥古斯丁街的转角，一家新开设的商店吸引了人们异样的目光，楼高四层，门面宏阔气派，沿街一色玻璃大橱窗，店内商品琳琅满目，品种难以计数，而且价格便宜。这家名叫“太太的乐园”开设后对周围的商店构成极大的威胁，先是一家开设了六七十年的名为“欧尔培”的老店倒闭，接着，附近一家专售洋伞和手杖的小铺子关门大吉，随后，大街另一隅颇有名声的绸布店被迫转让于人，接二连三的倒闭，令整个城市的小商铺陷入了莫名的恐惧。

上述文字是法国小说《妇女乐园》的情节。作家左拉以巴黎大百货公司击败小杂货店的商业变迁为背景，演绎了一出动人的爱情故事，故事的主人公正是这家遭千人唾、万人骂的太太的乐园百货商店的总经理莫尼。中国著名作家茅盾把这部小说缩略成一部三四万字的中篇，节略本完全隐去爱情故事，对大百货商店的崛起对小商铺的影响作了淋漓尽致的描写，对“大鱼吃小鱼”的资本主义精神作了无情的批判。茅盾的缩略本左翼倾向显而易见，但并没有违背历史事实，也没有违背原作者左拉对小说背景的描述。①



① 茅盾编：《百货商店》，《新生命大众文库》“世界文学故事之七”，新生命书局发行。原著作者为法国自然主义文学大师左拉，茅盾在序言中称该书“描写拿破仑三世‘帝政时代’法国新式大商店即所谓百货公司的兴起，以及守旧的小商人的绝望的挣扎”。

19世纪中叶，欧洲工业革命的成功促使零售业迎来了一个蓬勃发展的时代。作为近代百货业的发源地之一，巴黎继英国伦敦之后，于1852年创设了大型百货公司“邦马尔谢（Bon Marche）”，并带动春天商店、拉法耶特商店、市府商店、圣玛丽旦商店相继在法国境内开设，大百货公司作为一种新的商业业态基本成形。此后，欧洲诸国的百货商店相继落成，如比利时的依脑巴西恩，荷兰的伯彦考夫，德国的威尔拉亥母、黑尔麦、奇次等陆续诞生。美国的百货商店，从1858年纽约梅西商店的建立起步，嗣后，美国的一些著名零售商如斯图尔特、约翰·沃纳梅克、马歇尔·菲尔德等络绎诞生。至19世纪80年代，除个别国家外，欧洲主要发达国家大部分建立了百货商店。20世纪初至1910年，欧美的百货商店进入黄金时代。



大百货公司的出现使消费和生产之间形成了新的互动关系，极大促进了商品生产，也推进了生活时尚的快速嬗变。大百货公司一般都突破了街区的局限，建在都市的中心，以来来往往的陌生人为消费对象，而非居住在附近的街坊邻居。来自城市不同角落甚至其他地区的消费者，使大百货公司所售出的新款服饰、皮包、化妆品、鞋帽等生活用品，在更大的范围迅速传播，创造出新的时尚，反过来促进商品的生产，大百货公司在大都市经济活动中扮演了不可或缺的角色。

当西方世界发生零售业革命时，中国第一批开港口岸之一的上海，刚从封闭中懵懂醒来，资本主义生产方式仅限于轮船修造等少数部门，城市的规模也很小，不可能产生大百货公司的需求。至19世纪80年代，上海工业逐渐拓展到纺织、造纸、缫丝等部门，1894年，中国北洋水师海上惨败，被迫签订马关条约，从此外国工业资本涌入中国沿海口岸，上海以区位优势，成为外资输入的主要城市，近代工业加快发展。1914年，第一次世界大战爆发，西方殖民主义势力无暇东顾，中国的民族资本获得难得成长机遇，十年间不仅民族工业显著发展，对外贸易也高速增长。从1914年至1925年，上海的民族经济每年增长了9%，新的工业部门不断涌现，富裕阶层的人数大幅度增加，购买力明显提高，规模偏小的外资百货公司无法满足市场的消费需求，华商创办大百货公司的条件成熟。

上海第一家较具规模的大百货商店——英资惠罗公司开始筹建，1906年正式落成，开门迎客。先于惠罗开设的外资百货公司还有福利、泰丰、汇司，规模都不大，1919年的《上海商业名录》把这几家公司列入华洋什货业，并不称为百货公司。1917年，由侨商投资的上海先施公司开业，翌年，同样由侨商投资的上海永安公司揭幕。先施和永安的联袂而起，在上海商业史上开启了一个新的时代，使上海的环球百货公司进入成熟发展阶段，适应了市民追求现代都市生活的消费需求，促进了生产。永安和先施两公司的创立，也使南京路更加繁荣，永安之后，1926 年新新公司创立，1936 年大新公司开始营业。至 20 世纪 40 年代，南京路的大百货公司从四大公司发展为六大公司、十大公司，众多大百货公司与众多小型专业商店共同构成了南京路的繁华景象，十里南京路由此名闻遐迩，代表了上海的商业文明。

# 第一章
# 先施公司　先人一步

## 一、先施溯源

### （一）马应彪传奇

19 世纪 60 年代，一位近代中国商业巨子、近代百货业的开拓者——马应彪出生于今广东省中山市沙涌乡。沙涌乡的地理环境并不适合于农耕。这对于生活在传统农业社会中的乡民而言，是一个攸关生存的严峻考验。明、清以来，人口增加、耕地紧缺造成的生存压力，迫使闽、粤沿海地区的人民纷纷出走海外寻求生路，许多人去了南洋，披荆斩棘，赤手空拳地开创生计。随着西方殖民者在东南亚各地建立起原料种植园，劳动力匮乏的矛盾日益尖锐。为了解决这个问题，他们将目光投向了中国东南沿海地区，大批年轻力壮的劳工被劝诱、拐卖，甚至绑架到了南洋充当廉价劳动力。这就是历史上所谓“贩猪仔”的血泪、辛酸一幕。鸦片战争后，闽、粤沿海地区人民出洋谋生的现象更为普遍：人数大增，涉足的地区除了传统的南洋外，还包括美洲、大洋洲、非洲等。

在奔赴海外的汹涌人潮中，就有马应彪的父亲马在明。他去了比南洋更遥远的澳洲，据说也是被“贩猪仔”给弄走的。马在明离家时，马应彪尚幼。此后，他与母亲孤苦相依，艰难度日。为了生活，年幼的马应彪下河沟摸鱼虾；捡拾猪粪，晒干后累积成担，变卖换钱；起早摸黑，耕耘田间。

生活的艰辛，磨炼了马应彪的性格与意志，教会了他生存的技能。但是与境况相似的其他孩子相比，马应彪还具备一个重大的长处——上过三年私塾，略通文墨。这不能不归功于父亲的远见卓识，马在明只身远赴澳洲之前，拿出家中仅存的数块银元，执意要马应彪前往私塾读书。虽然马应彪只读了三年，但他从此对于掌握文化与目不识丁之间的差别有了痛切的感受。

1880 年前后，马应彪拜别了母亲，和几位同乡结伴前往澳洲，一来是渴望见到日思夜想的父亲，二来是为自己开拓一条新的人生之路。但来到澳洲后，他并没有见到日思夜想的父亲，原来马在明已辗转去了一座偏僻的矿山打工。马应彪等人必须刻不容缓地找到工作，否则连面包都吃不上。他们没有什么可供选择的机会，只能从最艰苦的工作干起。一行人首先奔赴新南威尔士州的一座金矿，做了矿工。半年后，他们又一同离开，来到了新南威尔士州的首府——悉尼，寻找更好的机会。正是在悉尼，马应彪遇到了人生中的第一次转机。

来到澳洲已超过半年，对环境已有所熟悉，今后的路该怎么走呢？年轻的马应彪渴望发财。但是，他想得更为深远。他认为，依靠出卖苦力永远不可能发财致富，甚至连确保温饱都成问题。要想在异乡得到发展，首先必须站稳脚跟，融入当地社会。打定主意后，马应彪与伙伴们作别，开始尝试走自己的路。能有如此深谋远虑，与幼时的三年私塾生涯不无关系。

马应彪的第一个目标是掌握英语。他认定如果不过这一关，其他都无从谈起。但对于一个来到澳洲不过半年光景的中国苦力来说，此事谈何容易！他自己不会英语，身边的同乡、伙伴之中也几乎无人会说，看来只有向白人居民求教了。然而，到哪里去找会说广东话的白人呢？马应彪四处留心，到处寻找。功夫不负有心人，他最终找到了合适人选。此人就是悉尼一家蔬菜种植场的女老板、出身爱尔兰的温文。因为一直与中国人有生意上的往来，温文逐渐学会了广东话。这时她的菜场正在招人，马应彪闻讯立刻前去应聘。吸引他的，正是女老板会讲广东话这一点。

菜场的工作非常辛苦。马应彪每天起早贪黑，忙着播种、耕耘、浇水、施肥……他干得认真、用心，活计安排得有条不紊，一丝不苟。此外，他对于学习英语也没有放松，他的英语教师是温文的女儿雅美。这位具有爱尔兰血统的姑娘活泼开朗，乐于助人。起初，她对教中国小伙子英语充满了好奇；但马应彪勤奋、刻苦的精神打动了她。与母亲不同，雅美并不会粤语，起初真是难为了这位老师。好在师徒两人都极其认真，全身心地投入。功夫不负有心人，几个月过去后，马应彪便掌握了基本的英语会话，应付日常生活及工作已绰绰有余，并开始独自去菜场卖菜。

马应彪的蔬菜摊在市场上渐渐出了名。当时在附近一带，以种植蔬菜为生的华人不在少数，但会说英语的却屈指可数。而马应彪除了会说英语，还以诚实守信闻名，于是一些华人菜农开始找上门来，请他代销自产的瓜菜。对于老乡的请求，马应彪有求必应，他销售蔬菜时，无论自销或代销，一视同仁。针对华人菜农小本经营的特点，马应彪与那些请他代销的菜农之间，结账很快，毫厘不爽。他做生意诚实守信、照顾乡亲的名声就此传播开来，请他代销蔬菜的人纷至沓来，应接不暇。

此时，马应彪每天代销、自销的蔬菜数量很大，每天在市场的营业时间越来越长，生意也越来越兴旺。但这样一来，他几乎没有时间打理自己的菜园了。马应彪又到了做出选择的时刻。近期的卖菜经历，使他体会到了做生意的乐趣，也感受到了自己经商的才能。与其亦农亦商，不如全力卖菜。主意已定，立即行动。他退租了菜园，经一番寻觅、比较后，在悉尼近海岸处的一家市场内租了一个铺位，成了一名全职的蔬菜商人。

靠着刻苦经营，蔬菜铺赢得了顾客盈门的盛况，马应彪攫取了人生之途中真正意义上的"第一桶金"，积累了一定规模的资本，他随即考虑扩大经营。除了规模之外，还计划扩大经营范围。如何发挥自身特有的长处，准确判断各类顾客的需求，兼收华、洋之利，他始终在思考这个问题。经过周密的筹划、准备，马应彪出手行动，接连新开了三间经营蔬菜、水果及中国广东土特产的"果栏"：永生、永泰、生泰。以他当时的资金规模而言，确实属于大手笔。悉尼的华人菜农、斐济的华人蕉农、故乡中山的小商人等，都成了他的供货商；悉尼的普通居民、华人劳工，则成了忠实客户。

经营数年，果栏的生意日隆，顾客盈门，马应彪今非昔比，已是闻名悉尼乃至澳洲的著名华商，华人社会的实力人物。并且随着马应彪在澳洲华人社会的声名日隆，马氏父子终于得以重逢，一个多年未遂的心愿因此了结。同时，马应彪也进入了人生的新阶段，他结婚了，夫人出身于牧师家庭，名为霍庆棠。她是一位具有现代思想观念、现代教养、现代知识的女性，对于此后马应彪成就一番大业发挥了重要的作用。

同时，马应彪又筹划在事业上有一番大作为了。这次，他选择香港作为开拓事业的"新天地"。这并非心血来潮，而是深思熟虑的结果。19 世纪 90 年代，马应彪相继开设永生公司等三间果栏后，为了采办货源，时常来往于香港、悉尼之间。对于香港商业的繁盛有了深刻的印象，心中已萌发了在香港兴办一番事业的意念。1894年，他在香港开设了集货栈、钱庄于一体的永昌泰金山庄，为以后的发展预设了伏笔。永昌泰金山庄除了“专办出口各货”外，① 还从事小规模的银钱业务。

马应彪在香港结识了孙中山，由此思想发生了深刻的变化。两人是同乡，年龄相仿，又都具有多年的海外生活经验，因此很谈得来。据一些材料记载，孙、马相识于1894年，当时孙正准备北上求见李鸿章，阐述自己对改革国政的设想。在与马应彪深谈时，孙中山将自己对于未来中国的设想告诉了他，马应彪对此深为倾心，产生了强烈的共鸣。

这不是没有理由的。马应彪对于清政府统治下国家积贫积弱、人民饱受欺凌的状况体会深刻。家乡的同胞千难万险，“贩猪仔”也要到海外去谋一条生路，就是因为在老家的生活完全没有指望。官府的压榨，贫弱的产业，使人民的生活状况长期处于凄惨的境地；而清政府决策层昧于大势，与世界潮流背道而驰，固步自封、螳臂当车，其目的只在于维护一族、一姓的家天下，其结局是国家的发展全面滞后，从康乾盛世时期的世界强国坠落至被列强任意欺凌、宰割的境地。华人在海外宛如孤儿，命悬一线。清政府对这些“天朝弃民”的命运，基本上放任自流，任其自生自灭。本来就是弱国漂来的穷民，本国政府又持如此态度，海外华人的遭遇可想而知。对此，马应彪的体会极为深切。父亲与自己两代人在澳洲的经历就是最有力的证明。如果不是经商成功，父子今生恐不得再见。

① 《近代中国百货业先驱——上海四大公司档案汇编》第3页，上海市档案馆、中山市社科联编，上海书店出版社2010年版。

然而，像自己这样的幸运儿又有多少呢？凤毛麟角。海外同胞的辛酸，他看得实在太多。作为一个具有强烈爱国心的人，马应彪不能不为孙文的话语、思想所打动。

马应彪加入了兴中会，成了孙中山的革命同志，追随他走上了反清革命之路。马应彪决心从一个商人的角度出发，尽自己最大的努力振兴中华，实现实业救国的抱负。能够下此决心并非出于偶然，而是源于对自己人生经历的回顾、总结，以及对于英属殖民地社会经济形态的深刻观察、思考。从一个不名一文、毫无背景的苦力，到拥有一份可观的家业，成为受人尊重的著名华商，凭借的是商业上的成功。这使马应彪相信：经商完全可以改变个人的命运。从澳洲到香港，英国殖民地的经济繁荣、社会安定给他留下了难以磨灭的印象，与家乡的光景形成鲜明对照。因何致此？澳洲、香港繁荣的秘诀究竟何在？马应彪对此的理解是发达的商业所致。成功地经营商业，可以改变国家的命运，这成了马应彪的信条。他转让了永生等公司的经营权，赴香港开创事业。这一次，他选择了百货业。对于中华世界通行数千年的商业模式而言，这种源于西欧的近代商业形态可谓闻所未闻，具有巨大的革命性。





近代百货商业发端于19世纪四五十年代的英、法，是一种与传统零售商业在理念、运作上截然相反的新兴近代零售商业模式。自19世纪40年代末起，伦敦、巴黎相继出现了百货公司，令世人耳目一新，称羡不已。以伦敦哈罗德百货公司为例。这座目前仍堪称世界顶级的百货公司创办于1849年，楼高七层，装潢华丽；所列商品门类齐全，包装精致，摆设整齐，分门别类，明码标价；营业员服饰整洁，接受过专门训练，待客殷勤有礼。百货公司集中体现了近代零售商业有别于传统零售商业的巨大优越性，是近代商业在城市社会生活中发挥重要作用的标志。

百货公司率先在英国问世，有其历史必然性。因为当时惟有英国具备诞生、维持百货公司的社会、经济环境。19世纪中期的英国，是当时世界上惟一经历了工业革命、已完成工业化的国家。在工业化的背景下，英国赢得了世界工场的声誉，它输出工业品，从世界各地输入原料；为了维持世界工场的地位，英国对外坚持自由贸易的政策；为了贯彻自由贸易，不惜使用坚船利炮。英国拥有规模、战斗力都居世界之冠的海军，拥有强大的陆军，以此构建了庞大的殖民帝国，以及以大英帝国为中心的世界经济体系。

唯其如此，才使英国具备了诞生及维持近代百货公司的环境。英国的生产力及国际贸易水平，为百货公司提供了种类繁多、数量充足的商品；英国社会的消费能力，为百货公司提供了稳定的顾客群与市场；英国的商业运作模式，为百货公司打造了良好的经营环境。总之，百货公司是近代资本主义经济繁荣的产物，它是资本主义商业文明的一种典型象征。百货公司在英国发端后，迅速风靡西欧、北美，巴黎、纽约等大都会于19世纪50年代相继诞生了闻名世界的百货公司，这显然与法、美的国力相符。在大英帝国一些白人占人口大多数的重要殖民地，百货公司在大城市也陆续出现，成为城市生活的一道靓丽景观。作为新南威尔士州首府的悉尼市，就有不止一家百货公司。马应彪非常赞赏百货公司这种零售商业企业模式，认为它与近代城市生活相匹配，是未来城市中不可或缺的部分："初，马君在澳洲雪梨时，见有一不二价公司，伙友数千，年中营业进款以亿兆计。考其历史，初以小贩起家，后创此不二价商店，由小而大，不出三十年，铺地面积数十亩，寰球货品，无不毕具，竟呈宏伟灿烂之观。此时马君已设有永生公司，常与该公司往来交易，因得考其组织之规模，察其贸易之状况，必思回国仿而效之，为商界放一异彩。”① 他决心将百货公司移植到祖国，首先选择的地点是香港。



（二）先施初创——破旧立新的尝试与成功

1900 年，马应彪终于在香港开设了中国民族资本的第一家近代百货公司——先施百货公司。对于当时香港的商业、社会环境而言，这是一个具有超前意义的举动。在先施之前，已有英人在港设立百货公司，但规模不大，以西人为服务对象，供应的商品完全符合西人的需求、喜好。因此，这些西人开设的百货公司与华人社会基本无缘。马应彪开设先施，将近代百货业引入了华人的商业及社会生活，被后世奉为“中国百货业之父”完全当之无愧。

然而，香港先施公司创办之初在资金面遭遇的困难很大。区别于传统商铺，经营近代百货业，先期投入以及日常运营都需要高额资金，这不是马应彪独力所能承担的。由于他常年在澳洲经商，又在香港创业，筹资的渠道自然多一些；此外还有一个很重要的原因，就是马应彪本人也经营一些小规模的金钱业务。最终，他筹到了 2 万 5 千元的资金。1900 年 1 月 8 日，香港先施百货公司正式开业，店址位于大马路（即今中环皇后大道中 172 号）。12 位股东构成了公司的最高层，他们是：马应彪及其他澳洲华侨蔡兴、马永灿、郭标、欧彬、司徒伯长、马祖容；香港本地人士林敏良、李月林、王广昌、黄在朝；美洲华侨郑干生。



对于先施公司的经营方针，股东们的意见并不一致。马应彪主

① “先施公司二十五年经过史”，转引自《近代中国百货业先驱——上海四大公司档案汇编》，上海市档案馆、中山市社科联编，上海书店出版社 2010 年版。

张采用英国百货公司的经营模式：在商品的货源、种类方面力求来源多样、门类齐全；对于商品的品质，维持中、高档水准；销售服务方面，采用英国百货公司的做法，突破中国商铺的惯例。由于百货公司在华人社会中尚未试行，因此这些开拓性的举措无疑具有高风险，因此招致了部分较为保守的股东的反对。他们认为，投资开店的目的是为了稳妥地赚钱，没有必要去冒险。但最终马应彪说服了大家，先施公司按照近代百货公司的模式开始运营，马应彪出任司理，即经理，李月林任其助手。

香港先施开始了曲折的商海航程。起初一两年，经营状况并不理想，出现了亏损。症结何在呢？主要问题在于百货公司这种新事物在华人社会出现了“水土不服”。如前文所述，百货公司初期投入、日常运转所需资金，绝非传统商铺可比。以进货为例，为了采办各类“环球百货”，并维持一定数量的库存，就必须投入相当的采购资金，其规模远非传统商铺可以相比。但是究竟哪些商品才会受到香港华人消费者的青睐，马应彪等人起初也远非了如指掌。先施的采购部门只是仿照英国百货公司的进货品种，力所能及地进行采办，结果造成某些商品滞销，给资金周转带来影响。

另一个问题是，中国的传统交易方式是商家与顾客之间“漫天要价、坐地还钱”，这在千百年来相沿成习，已升格为商业文化的重要内容，也是一种生活的乐趣。但凡顾客购买商品，总要与店家一番论价，最后才达成交易价格，双方之间不会因此而心存芥蒂，彼此都认为对方的行为乃理所当然。这种商业文化之所以诞生并延续千百年，是因为切合了中国古代社会的人文、社会环境，与中国人的思维、行为方式相符。

因此，香港先施在马应彪的坚持下，率先采用“不二价”之后，最初并没有得到消费者的支持，绝大多数顾客觉得不能讨价还价简直不可思议，甚至还有人认为这是在欺负客人。消费者对此作出了直截了当的反应：掉头就走。失去顾客对于任何一家商店而言都是最大的灾难，马应彪为此受到部分股东的责难也是无可奈何的事。个别态度极端的股东，甚至于公司开张一个月后即提出“收盘”之议。

但是，“漫天要价、坐地还钱”毕竟是一种前近代的交易方式，与近代社会尤其是近代城市社会的商业运营及社会生活极不合拍。工业化时代城市生活的节拍，其特征就在于快节奏，追求的是高效率。如果购买每一件商品都需要费时费力地进行讨价还价，虽然其间充满乐趣，但交易成本之高，已非商家及消费者所能承受。近代社会的商品生产、流通模式与“讨价还价”这种零售交易方式从根本上就是抵触的。

马应彪对于自己的决策有着坚定的信念，然而他并不是一个固步自封、拒绝任何建言与异议的“独裁者”，也不是一个对具体情况不加分析的盲目乐观者。对于香港先施经营初期的问题，他做了认真的分析，并很快推出了解决办法。例如在商品进货方面，马应彪在坚持“环球百货”的前提下，对具体商品种类进行了调整，尽量充实、开发为香港居民所欢迎的商品。对于“不二价”，马应彪没有任何妥协的意思，他坚信消费者一旦意识到“讨价还价”的结果与“不二价”相差无几、甚至还不如“不二价”便宜时，自会作出明智的抉择。

实践证明了马应彪的正确。商品种类调整后，立即引起了顾客的关注，反响积极；另一方面，经过一段时间的比较，顾客逐步感受到了“不二价”的优越性，对此渐渐接受。马应彪因势利导，他采取种种措施，让顾客们进一步感到“不二价”绝非僵硬、与顾客为难的定价，而是灵活、给他们带来实惠的举措。香港先施常常以各种借口实施让价促销，吸引了大批顾客。短短数年，先施跃出困境，“一步登天”，成为香港赢利情况最良好的商业企业之一。

在香港先施公司的创立、经营过程中，马应彪展示了他作为企业家的优秀素质。他具有开拓精神，眼光独到、精准，坚持原则然而在具体策略上具有高度的灵活性，富于领导能力及协作精神等。但是，仅靠自己一人的力量，是不可能获得成功的。马应彪能够打开局面，离不了一些“贵人”的相助，其中一个重要人物就是他的妻子霍庆棠。香港先施开业之初，马应彪决定聘用女店员。此举亦为石破天惊之举，虽然地处香港，应聘者亦寥寥无几。开业之前，竟发现找不到合适的女店员。眼见夫君为此事焦灼，霍庆棠决意出手相助，她亲自出马，当起了店员。霍庆棠是一位在西方背景下成长起来的女性，见识、举止显得与众不同。她对于工作非常投入，赢得了顾客的信赖、喜爱，也赢得了丈夫的暗暗赞叹。

先施在港经营十余年，硕果累累。赢利丰厚，规模扩大；在体制上，先施已转为股份有限公司；在规模上，已成为全港屈指可数的百货公司；在社会影响方面，已到了家喻户晓的程度。在此期间，中国发生了翻天覆地的变动：统治中国近三百年的清王朝终于在辛亥革命后退出历史舞台，中华民国成立。在推翻帝制、创建共和的过程中，也有马应彪的一份功绩。他在资金方面，为革命事业做了许多工作。

1914 年，装饰豪华、外观气派、高达六层的香港先施公司新楼落成开业。如此规模的百货公司，全港绝无仅有。开业后，中西人士纷纷光顾，纷至沓来。新大楼开业之际，马应彪对公司的营销体制做了进一步完善。在总监督之下，按所售商品类别，划分若干商品销售部，如丝绸部、呢绒部、电器部、音乐部、文具部等。公司大楼每一层均设置数个销售部，每个销售部下辖数个柜台，具体负责销售。销售部设正、副部长各一名，以及兼职记账员一名。部长对本部门的业务及人事管理负最终责任，参加公司的有关会议，商讨、议决各部门的业务计划以及进货安排。每个销售部门每年都有一个资金划拨额度，该部部长在此额度范围内提出进货计划。必须指出的是，部长对于本部门的资金划拨额度并没有决定权，这个权利属于马应彪所有。但是部长对于已划拨本部门的进货资金，有权视具体情况而进行灵活应用。他可以根据自己的判断，决定某些时效性强的商品的进货数量。以食品部为例。诸如端午节时，大幅增加粽子的供应品种、数量；中秋来临之际，设法使柜台上摆满各色月饼；春节临近时，再换上各色过年期间的必备菜肴、小吃、点心、酒水等。食品部部长有权决定上述商品的进货品种、数量，并相应使用资金。

商品销售部门的副部长是部长的助手，他的主要职责是进行市场调查，对本部门商品的定价、市场销售情况等进行追踪，然后进行分析整理，将结果汇报部长，供部长对商品售价做最后决定。

兼职记账员的职责在于随时与仓库核对货账，了解商品的库存情况，从而掌握商品畅销、滞销的动态以及残次品的数量。记账员掌握的情况必须随时向部长汇报，供其决策。综上所述，部长的权限、职责主要体现在决定本部门商品的进货以及销售价格方面。副部长、兼职记账员随时向他汇报商品的市场、库存动态，使他可以及时对某些决定作出调整，以适应瞬息万变的市场行情。

每个销售部下设数个柜台，具体负责接待顾客、销售商品。每个柜台设柜长一名，售货员数名至十余名，什务员一二名。售货员接待顾客，推销商品；什务员类似见习售货员，做一些销售的辅助工作及杂务；柜长管理柜台的所有事务。

内部管理体制建立后，马应彪开始制定销售服务方面的规则。要做一个称职的售货员并非易事。传统商铺的伙计是从学徒上升而成的；学徒期间，学习的事项很多，工作也极为繁重。做买卖的诀窍、商品本身的知识等，都需要留意观察、用心思琢磨；此外，店铺内外的一应杂务甚至包括老板的家务，也由学徒“包办”。学徒的艰辛可想而知。然而一旦满师、留在店内升格为伙计，或自立门户，他们一般都会显示出较高的生意人素质。传统商铺的伙计，对所售商品了如指掌，向顾客介绍时往往口若悬河，滔滔不绝；对顾客心思的揣摩也很到位，很注意察言观色，从而争取到最为有利的销售价格。

传统商铺的伙计尚且如此，近代百货公司的售货员自然更需要培训。传统商铺的经验，对于先施公司具有重要的借鉴意义。尤其是它确立的一些原则，如纯熟掌握商品知识、揣摩顾客心理等，经得起时间与地域的考验。源于西方的近代百货公司在中国发展，若与传统商铺的经验、惯例完全割裂，结局只能是自取灭亡。对此，马应彪谙熟于心。他制定销售准则时，对此做了充分考虑。先施的全体职工，上自总监督，下至勤杂工，均必须对来店顾客礼数周到，殷勤有加。在任何情况下，职工不得对顾客无礼，违者将受到处分，程度轻重视具体情节、后果而定。曾发生过这样的事例：有顾客着装不整，进店后与售货员盘桓多时，最后一物未购；正欲扬长而去，忽闻售货员低声奚落之语，顿时大为光火，认为丢了面子，指着售货员的鼻子破口大骂。一时场面大哗，柜长出面解劝，无效；后部长出马，说了不少好话，方才消解了顾客的怒气，将其劝离，恢复了柜台的正常营业。在公司管理层召开例会时，部长将此事向马应彪做了汇报。在讨论如何处分那位得罪了客人的售货员时，两人发生了分歧。部长认为在这件事上，售货员虽有过错，但顾客的过错无疑更大：先是询问多时不购一物，而后则肆意吵骂，妨碍营业。因此他主张对该售货员劝诫一番，下次不再开罪顾客即可。但马应彪却与他看法不同。他认为即使出现售货员为顾客介绍、推销多时，顾客仍不购买的情况，也属正常。售货员不过尽到了自己的职责，而顾客更是没有任何过错。如果要求顾客进店即须购物，则与强买强卖无异。就此而言，该售货员抱怨顾客不买东西，已错在根本，犯了商家大忌。至于该顾客的失当行为，与商家本质上并无关联。因此，马应彪认为该售货员抱怨顾客是犯了大错，必须给予相应惩戒。该售货员被课以记过、罚款的处分。马应彪平时对待下属并不苛刻，他之所以坚持处分那位售货员，根本原因在于不能容忍得罪顾客的行为。他认为这属于经商的根本原则，对于这点的理解，中西方是相通的。

中国传统商铺的殷勤待客之道，也深为马应彪所赞许，他认为这也是一条极为重要的商业原则，并将之运用到了先施的日常经营业务中，体现为周到的服务。例如顾客在柜台购货，为之服务的除售货员外，还包括什务员。顾客选定商品后，在柜台付款；售货员收下货款后，开具货票，交与什务员；什务员将货票送至收款处盖章，并取回发票，售货员则利用这段间隙将顾客的货物包扎完毕，待什务员回来后连同发票一并交给顾客。先施开创的这项服务，并没有得到很好的继承，试看今日遍布我国城市的大小百货公司，能够做到这条的实属凤毛麟角。一般情况下，昔日香港先施公司内由什务员承担的工作，现在则是顾客自行完成了。

如果顾客一次购买了多件商品或大件商品，不易带回家时，怎么办呢？无妨，先施早已为顾客做了妥善安排。顾客只需填写一张送货地址单，连同发票交给一个柜台，取回一张凭条即可。柜台会立即知会负责送货的部门，将顾客所购各类商品调拨齐集，二十四小时内送货上门，不另外收取费用。

必须指出，马应彪经营先施的理念，是建立在近代西方商业观念之上的，在本质上是对中国传统商业理念的革新。马应彪虽然是近代西方商业价值观的忠实信徒与坚决执行者，但是他的可贵之处在于，对于中国传统商业的理念与惯例并不一味排斥，而是从中汲取其合理部分，并将其灵活运用到公司经营中去。

### （三）先施粤行——“环球百货”与民族主义

香港先施的业绩蒸蒸日上，马应彪感到实现实业救国的机会来临了。他将自己对于国家、民族的历史责任感与扩大事业的计划结合在一起，准备将先施公司开办到广州。香港先施公司董事会于 1910 年做出决议：在广州设立先施公司。1914 年，广州先施公司正式开张，取名“先施粤行”，位于长堤。除模仿香港先施外，还附设了一家高档酒楼——东亚大酒店。先施粤行的资本金为港币一百万元，在当时堪称巨额投资。公司位于长堤，这条马路是 1904 年新筑成的，可行驶汽车。

先施粤行是一幢五层大楼，外观和内装在广州一时无可匹敌，极为耀眼。从“先施粤行”这个名称可以看出，它的定位是香港先施有限公司在广州的分公司。一百万港元的资本金系由总公司全额拨付，在管理体制上接受总公司指挥、监督。先施粤行的最高管理机构是参事会，设参事数人，代表总监督管理公司经营及日常事务；参事会之下，公司的机构设置还包括：司理室、总账房、司库、进货、送货、货仓、装箱、批发，以及各商品销售部等部门。司理室作为参事会的办事部门，对其他部门具有管辖权，设司理一人，对公司经营负总责；副司理一至数人，协助司理工作。较之总公司而言，先施粤行管理部门数量少，人员精简。至于商品销售部门的设置及日常管理措施，则基本照搬总公司的成例。但是，设置查核员则是先施粤行的独创，其职责在于随时巡视公司各部门，如发现非正常情况立即直接向司理汇报。

先施粤行虽然在规模方面小于香港先施，但在其鼎盛时期，却是两广首屈一指的大企业之一。除了琳琅满目、种类齐全的各类现代百货外，它的经营范围相当广阔。著名的东亚大酒店就是一例。它开张于1914年，楼高六层，比先施粤行还高出一层，是当时广州最高的建筑物，气派非凡。东亚大酒店的广式菜肴、点心可口怡人，食客趋之若鹜、流连忘返。每天，前来品尝早茶的客人总是络绎不绝；每逢中秋时令，东亚大酒店烤制的月饼都是居民们的抢手货。

虽然如此，东亚大酒店却并非传统意义上的酒楼，而是一座设施齐全、服务周到、管理到位的现代化酒店。除了粤式餐饮之外，客房也是其主要经营业务。客房服务遵循西式旅店的模式，为旅客提供洁净、便利、温馨的休憩环境，营造出宾至如归的氛围。

东亚大酒店的一些附设设施也名闻广府，成为上流社会绝佳的休闲、娱乐去处，如酒吧、桌球室、美容室等。每个夜晚，酒吧内总是挤满了中西客人，乐队奏着爵士乐，红男绿女们享用着美酒与音乐，尽情沉浸在属于他们的美妙时光之中。桌球室的人气也非常旺盛，球桌、球杆，甚至球都是专门进口的正宗英国产品。绅士们将此视作运动、交际的难得场所，他们往往在里面盘桓半日，一面抽着烟斗或者雪茄，一面挥杆击球。绅士们有桌球室、酒吧，贵妇、淑女们也有专属“领地”——美容室。东亚大酒店的美容室，不仅是广州、而且是整个两广地区城市妇女心目中向往的地方。这里有着当时香港、英伦流行的美容设备、化妆品，美容师基本上都在香港接受过培训，服务水平可谓出手不凡。但由于收费高昂，庶民阶层的女性只能望洋兴叹，只有上流社会的妇女，才有财力、闲暇经常光顾。20 年代，广州成为与北京并举的政治中心，权贵云集，他们的女眷就成了东亚大酒店美容室的常客，其中包括广州市长孙科的元配夫人陈淑英。

设立近代百货公司的初衷决不是为了少数贵族。这一点，苦力出身的马应彪非常清楚。在经营先施的过程中，他既留意上层社会的消费动态，更关注一般公众的消费需求。当上层人士流连于东亚大酒店之际，马应彪也为普通市民设立了一个老少咸宜、人人喜爱的大众化娱乐场所——坐落于先施粤行顶层天台的游乐场。先施天台游乐场，在民国时期的广州名噪一时，是普通市民主要的休闲、娱乐场所之一。不过，与其规模不相上下的还有一家：大新天台游乐场。它也位于长堤，与先施天台游乐场可谓相映成趣。为了吸引更多顾客光临，相邻的两家游乐场都动足了脑筋。先施游乐场位于五层大楼之顶，堪称广州建筑物之最高点，游客一登天台，顿时阵阵清风吹袭，倍感凉爽，这在天气炎热的南国，是一种难得的享受。登台远眺，羊城风光尽收眼底；游客登台下台，使用专用电梯，“直上直下”。对于绝大多数广州居民而言，坐电梯、登高楼，皆属平生未有之事，故跃跃欲试者比比皆是。

游乐场的节目设置缤纷多彩，游客们对此赞不绝口。比如放映电影，就是人气很高的项目。当时广州影院不多，收费颇贵，新片却少见。然而，一般居民对电影充满了好奇，非常有兴致。先施游乐场看准了这一点，特地购置了电影放映机、影片，在露天放映给游客观赏。默片时代的中国电影，尚处于起步阶段，推出一部新片耗时甚巨，先施就从海外购买大量影片，不时将新片奉献给观众。大家有时被逗得开怀大笑，有时则惊叫连连。为了烘托现场气氛，游乐场有时会请来乐队，在影片放映时现场演奏，每逢此时，观众会觉得非常尽兴。南粤之地，痴迷于粤剧的戏迷大有人在。游乐场请来戏班，每晚上演，观者如堵。能够在先施登台献演的，不是什么不入流的草台班子，而是有名气的演员。白驹荣、薛觉先等大家，都曾在先施一露身手。当他们登台亮相时，台下观众如痴如醉，喝彩、叫好之声不绝。除了电影、戏曲之外，杂耍、魔术也是游乐场必备的保留项目。吞剑吐火、大变活人等，常常使游客感到刺激之余，大呼过瘾。广州炎热的季节，客观上为露天游乐场的经营创造了良好的条件，“贡献”了客源。先施天台游乐场的营业时间从晚上七时起至午夜十二时止，一年之中休业的天数极少。每晚夜幕降临之际，星星点点的灯火开始点缀城市空间，此时，放工、放学的市民们吃完晚饭、冲好凉，准备出外放松、休闲。先施游乐场往往成为人们的首选，原因很简单：节目精彩，环境引人入胜，而入场券却不贵，贩夫走卒、普罗大众进场消费也不会感到有负担。先施天台游乐场的门票收入极为可观，据统计，20 年代初每日可达三百余元。

与香港先施一般，先施粤行也拥有商品加工厂。食品方面，有糖果饼干工厂、汽水厂；穿着方面，有皮鞋厂；日用化学品方面，有化妆品工厂；生活器具方面，有玻璃制品厂、铁器加工厂。所有工厂的产品，除优先供给公司用以柜面销售之外，也可批发。先施所属工厂的产品中，有一些在广州家喻户晓，非常热销，如广州人一年四季爱饮之先施汽水，妇女爱不释手之先施系列日用化学品：包括花露水、牙膏、雪花膏、香皂、药皂、普通肥皂等。

然而，在先施粤行销售的商品中，附属工厂产品所占的比例很少，大宗商品的产地是上海，种类齐全。以上海产品为主流的国货，价格适中，质量也比较稳定，深受顾客欢迎。销售国货，除了商业因素在其中发挥作用外，政治原因也极其重要。销售国货，既是支持国货最有力的行动，也是民族资本商业企业在那个年代应有的政治、社会表态。

作为一家以经营“环球百货”为宗旨的大型百货公司，所售商品中自然会有进口商品，这本属自然，通常情况下，社会舆论也不会对此持有异议。况且，先施粤行所售商品以国货居多。但第一次世界大战爆发后的一段时间内，香港先施、先施粤行，以及 1917 年开业的上海先施均被指责为“亡国公司”，这又是缘何而起呢？直接的起因是先施公司开始以日本产品作为进口商品的主流。以马应彪的背景而言，先施各公司从海外进货时，应以英国、澳洲商品为主。实际上，香港先施公司最初确实如此为之。但第一次世界大战的爆发改变了这种惯常做法。由于英德之间的海上敌对行为，使得从英国、澳洲等地进货变得极不稳定，且风险大增、成本高昂。面对如此情形，马应彪只得考虑改弦易辙，另辟蹊径。这原是无可奈何之事。

能够替代英、澳商品的，当时唯有日货。日本自明治维新之后，力行“殖产兴业”、“富国强兵”之国策，破旧立新，实行宪政，国力蒸蒸日上。1894 年中日甲午战争后，成为东亚第一强国；1904 年日俄战争以后，跻身世界强国之列。1914 年第一次世界大战爆发，日本乘欧洲列强互相厮杀之际，更是大力发展产业，工业水平又跃上一个台阶。作为一个工业大国，日本已具备了挤占欧洲在中国市场份额的实力。而且，日本资本主义发展过程中的东方特色与残酷性，使得日本商品具有廉价的特性，在价格竞争中的优势无可匹敌；此外，日本与中国一衣带水且航运发达，运输稳定、成本低廉。总之，对于马应彪而言，除了日本之外，并没有其他合理的选择。

尽管如此，出于当时日本产品质量不够稳定、耐用性方面口碑不佳等原因，马应彪向日本供货商提出了具体而独特的要求：产品的色调、外观、功能等尽量模仿欧美同类产品，价格则必须维持在合理水平。此外，对于显示“日本制造”的一些标识，他要求回避。包括产地、制造商名、商标图案等，均须淡化日本色彩；如果日本色彩较为明显者，则必须更正。例如，要求制造厂商将产品上的日文厂名改为英文，等等。总之，只要不易被识别出是日本产品即可。对于马应彪提出的特殊要求，头脑灵活的日本厂商认为并未涉及商业原则，全盘予以接受。

也因此，香港先施、广州先施粤行开始扩大销售日本商品后很长时间内，并未引起消费者注意，甚至连先施公司的销售管理层都不知情。马应彪精明、长袖善舞的一面由此得到了充分展现。但是在一家近代化经营模式的大型工商企业内，类似“机密”终归“纸包不住火”，绝无可能长久保持。一些中层管理者首先看出了端倪。例如先施粤行文具部曾向美国一家文具制造厂商订购一批测量、制图仪器，但是文具部负责人到香港拆箱验货时却发现了一个颇为怪异的现象：这批理应从美国发运的货物，居然用日本的旧报纸层层包裹。难道美国向日本购买旧报纸用于包裹出口物资？这未免过于离奇。经过仔细追踪、调查，真相终于大白：原来这批所谓的美国货中，竟有相当数量是由美国厂商委托日本制造商冠名生产的。除了价格较美国产便宜之外，没有任何日本生产的标记，甚至美国厂商随船发货的任何单据中，均将这批“日本制造”包括在内；只是途经日本港口时，将货物装运上船而已。若不是用作包装材料的旧报纸泄露了天机，可谓天衣无缝，再也无人会想到美国商标的商品竟产自日本。

从1915年日本逼迫签订“二十一条”开始，民众对日感情为之大变；第一次世界大战爆发后，日本借对德宣战之口实，武力接收青岛，构筑了在山东的特殊权益；第一次世界大战结束后，拒不交还中国，导致“五四”爱国民主运动爆发，中国拒绝签署《凡尔赛和约》。至此，中国人民已认清了日本帝国主义的本质，抵制日货的运动此起彼伏，汹涌澎湃。

香港先施、先施粤行所在的省港，在20年代初、中叶是中国革命运动的中心，反对日本侵略的群众运动声势浩大。在这种情况下，先施销售日货的情况经披露后，在社会上引起震荡，有愤激者甚至责骂其为“亡国公司”。因销售日本产品而遭遇的抨击，只是民族运动带给先施的冲击之一。另一个冲击来自先施公司的注册地问题。香港先施、先施粤行、上海先施无一例外，均是向英国政府登记注册的英籍企业；而这三家企业的股东中，却无一法律意义上的英人。香港先施，设立于英国占领地内；上海先施，位于英租界之南京路。上述两家先施向英国当局注册，舆论尚能谅解；而先施粤行所在的广州长堤却非英国占领地、租界，却依然向英国政府注册。二十年代省港大罢工①之际，马应彪为此遭到部分舆论的口诛笔伐，认为他丧失了民族气节。

然而，客观地看，在当时北洋政府统治时期，民族工商业者不能指望从本国政府处得到稳定而有力的保护。岂但北洋政府时期，这是整个民国时代民族工商业者的宿命。既然不能得到本国政府的有力保护，那么为了躲避灾祸，寻求更有力的保护就成为一种很自然的选择。军阀的后台是帝国主义列强，他们“天不怕地不怕”，唯独对主子的在华利益非但不敢有丝毫触动，相反，唯恐保护不力。列强凭借坚船利炮、条约特权，是真正的“太上皇”；在当时的中国，反而是外国人的人身、财产神圣不可侵犯。本来就与英国关系很深的马应彪，坚持将地址不在广州英租界内的先施粤行登记为英籍企业，并无任何有悖情理之处。但是，这件事伤害了一部分国人的民族情感，也是事实。

对于民族主义者的批评，马应彪并未过于介意。毕竟，维护企业的安全与盈利才是他的使命。他继续注意市场动态，随时调整经营方略。民国初年，广东民族工业已发展到一定规模，尤其是轻工业领域，诞生了一批具有地区影响力的品牌。马应彪果断指示进货，让地方品牌进入先施商场。于是，鹿牌、单车牌、灯胆牌





① 1925年5月30日，上海各校学生举行游行、演讲、抗议帝国主义者杀害工人领袖顾正红和逮捕爱国学生，遭英巡捕开枪扫射，死伤数十人，造成震动全国的“五卅”惨案。6月19日，广州和香港的工人为支援上海人民的反帝斗争而爆发了“省港大罢工”。香港海员、电车和印刷等行业工人首先罢工，其他工人相继响应。6月23日，罢工工人和各界群众10万余人举行反帝示威大游行。当队伍经过沙基时，对岸沙面租界的英、法军队突然用机枪向游行群众扫射，当场死52人，重伤170余人，轻伤无数，制造了骇人听闻的沙基惨案。

各式线衫，冯强牌胶鞋等纷纷得以进入这家高档商场，吸引了大批消费者。针对广州夏季炎热难耐的特点，先施在商场内设立了冷饮部，向顾客出售附属工厂生产的冰镇鲜豆浆、汽水，以及雪糕等各种冷饮。这既体现了处处为顾客着想的精神，又增添了一项可观的财源。除了工厂、酒店、游乐场，先施粤行还进军金融领域，相继设立了先施人寿保险公司、先施水火保险公司及先施信托银行。至此，先施粤行成功复制了香港先施的模式，成为华南地区首屈一指的近代化大型综合企业集团。

### （四）上海先施——南京路的壮丽一景

先施在香港、广州的成功，激励着马应彪向下一个目标迈进。开埠以来，上海渐成近代中国的经济中心，对于一个工商业者而言，如果在上海没有属于自己的事业，就意味着尚未具有真正意义上的全国影响。

西洋百货最初作为商品进入上海，是开埠后西方移民相继到来的直接后果之一。1843 年，依据《南京条约》及其附属条约的规定，上海开埠，租界开辟，条约各国人士渐渐前来居住。起初人数不多，携家而至者更为稀少。来沪西人中以职业外交人员、商人、传教士居多，也有在本国并无正当职业、想在这座远东新商埠闯荡一番的“冒险者”。西人来沪，自然不会放弃原有的生活方式及习惯，但开埠之初的上海，却并不是一座令西方人在生活上感到舒适、宽慰的城市。他们日常衣食住行所需物品的大多数，都无法在此觅得。一日三餐所食之面包、黄油、乳酪，所饮之咖啡、酒类，皆无从入手；至于其他如常用药品、服装饰品、家具等，更为一筹莫展。为了保证生活必需，最初不得不从香港、新加坡定期输入上述物资，但这不过是权宜之计，终非长久之策。在这种情况下，数家以供应西人生活必需品的洋行在上海应运而生了。如上述位于南京路之老德记洋行、科发药房等，皆属此类。

但是西洋的日用消费品、生活器具等，作为西方文明的物化象征，很快就展现出巨大的社会效应，以新颖、健康、美观、便捷、实用等特性吸引了社会注目，将新的生活方式及思维观念引入了上海。普通上海居民中，多有通过这些器物而了解近代科技文明者。如"救命肚带"，其实就是救生圈。《沪游杂记》对此进行了如是介绍：救命肚带为航海者救急之物也。以皮为之，中实以气，系在腰间，入水不沉，可待人援救。又如上海夏季湿热，令人颇觉难耐，但传统的降温手段却极为有限。然而开埠之后，则有洋行将依靠机械运转的"自来风扇"引入了上海：外洋所制自来风扇，以法条运轮齿鼓动折扇，不烦人力。置诸案头，微风习习，最可人意。显然，"自来风扇"为盛夏中的部分上海居民带来了惬意的习习凉风，改善了他们的生活品质，帮助他们度过炎炎夏日。再以饮食为例，舶来之"荷兰水、柠檬水"（即汽水）同样成为夏令时节居民们的新宠：夏令有荷兰水、柠檬水，系以机器灌水与气入瓶中。开时其塞爆出，慎防弹中面目。随倒随饮，可解散暑气，体虚人不宜常饮。

19 世纪 80 年代后，各种西洋杂货的推广更是日渐显著。以《点石斋画报》所刊广告为例。如光绪十年所出第四号刊有硫黄药水、八音匣、水龙的广告，第五、六号刊有水龙的广告。上述产品均由洋行经销，基本从国外输入。进入 90 年代，洋货在上海居民生活中得到了更为广泛的运用，变得更为日常化。各家洋行几乎每日在《申报》上广而告之，宣传自家销售的商品。如 1892 年 1 月 6 日《申报》"附张"刊有增茂洋行的推销钟表仪器的广告：新到各种金银钟表，大小八音、打簧金表、千里镜、修表器具，一应俱全；并有各种仿古老式表。增茂洋行位于英租界大马路一号，老德记对门即是。



随着各类洋货在上海居民日常生活中逐渐得以运用，加之外国侨民人数的不断增长，为了满足此类顾客的商品需求，近代百货公司的诞生已若箭在弦上。无独有偶，上海最初的近代百货公司也是由英商设立、经营的。如英商惠罗公司、英商福利公司、英商泰兴公司，这三家公司专营高档进口百货，顾客群比较固定，基本为旅沪外侨及生活优裕的华人家庭。惠罗公司的成功经营，为同样具有英国背景的先施公司以后进军上海，既起到了鼓舞信心的作用，也提供了弥足珍贵的经验。

总之，上海作为最早开埠的城市之一，晚清以降，发展成为中国最大的经济都市及中外交流的中心，各类“洋货”早已深入市民日常生活、城市社会生活的方方面面。与此同时，经营各类进口商品的中外商铺也数量众多，竞争激烈；外商开办的近代百货公司业已登陆，且经营有方。总之，先施公司欲在上海开创一番事业，面临的挑战、困难之巨，不言而喻。但这一切，并不能阻止马应彪及先施公司实现其抱负的决心。



马应彪等决意开设上海先施公司，除了受到一以贯之的通过“商战”达到实业救国的理想指引外，还是对先施公司未来发展进行深思熟虑之后做出的决定。香港先施、先施粤行虽然经营情况尚佳，但决策层深感发展空间有限，欲进一步施展先施宏图，就必须开辟新的营业据点，而此地非上海莫属。民国以后，寓居上海的富人较之以往更多。在政治鼎革、社会激荡的局势下，处于外国治权管理之下的上海租界顿成“安全的港湾”，许多有财有势的人举家迁入，舒舒服服地做起了寓公。这些人的日常生活、排场、应酬所需，既多且精，所费虽巨亦在所不惜。此外，民国初年，民族工商业迎来了腾飞阶段，这在上海表现得尤为显著。工商业的发展，促进了城市经济的跃进，扩大了富裕及中产阶层的范围，提高了城市的消费水平。上述因素为先施公司提供了未来潜在的顾客群。

以上是对市场需求情况进行的分析。从市场供给的角度而言，先施公司可以施展身手的空间也很广阔。如前所述，晚清以降，上海经营各类进口商品的东、西洋庄和洋行等为数众多，但上述商店并不是近代百货公司，个体规模一般较小，经营商品种类单调。上海真正的近代百货公司是清末相继设立的惠罗、福利、泰兴三家，皆由英商创办、经营。惠罗等地处闹市优越地段，外观及内部陈设富丽气派，但顾客群体较为局限，与上海市民的日常生活有较大的疏离。对于上海而言，由华人经营的近代百货公司确实到了呼之欲出的时刻。

1914 年，香港先施董事会决议在上海设立先施公司，马应彪委任黄焕南具体负责筹建工作。黄焕南出生于 1856 年，广东香山人。未满 20 岁即前往澳洲谋生，展示出卓越的商业眼光及经营管理才能，深为马应彪所赏识、信任。1913 年出任先施粤行司理，随即被马应彪派赴上海负责筹建上海先施公司。黄焕南抵达上海后，凭借多年在英属澳洲经营商业的丰富经验，同时借重旅沪粤商的人脉，很快就熟悉了情况，以此制订了创立上海先施公司的方针。针对上海近代百货业已为外商抢占先机的实际情形，决心一定要在规模、气势上后来居上，绝不甘为人后。黄焕南在南京路浙江路口租地十余亩作为公司用地，随即着手动工兴建。公司大楼规划为五层（后加高两层，最终定为七层），屋顶预设露天花园。公司大楼由英商德和洋行设计，顾兰记营造厂施工，历时三年方大功告成。顾兰记营造厂的创办者顾家曾是清末民初上海著名的建筑商，先施公司大楼竣工后，这座巴洛克风格建筑物的质量不负众望。

在马应彪、黄焕南的既定方针之下，营造先施公司大楼时确乎“不计工本，精益求精”。这座钢筋混凝土结构的大楼具有两个显著的“亮点”：一是楼顶的屋顶花园施工精良，令人赏心悦目，当时上海无可匹敌者。二是大楼内铺设了完善的供暖系统，而这项技术此前不久才被引入上海。资金的缺口很快变得明显起来：原先预算六十万元，后再追加六十万元。在一百二十万元的资金支持下，工程进行得一帆风顺。

与此同时，上海先施公司的股本也一再增扩，最终定为二百万元，成为上海经营洋货业中股本最雄厚者，令同行生畏。1917年10月20日，上海先施公司举行盛大开业仪式，地点即位于屋顶花园——先施乐园。到会者有各界名流、各团体代表等多人，仪式结束后，举行茶会，来宾尽欢而散，印象深刻。

与商场同时开张的，还有东亚旅馆，而先施乐园则已在此前开张营业了。东亚旅馆的内部设备也非常齐全、讲究：客房内摆放着西式家具，上下有电梯，前台装电话，有事可按电铃，夏有电风扇，冬有暖气炉；此外，冷热水龙头、男女浴室、冲水式厕所、中西餐厅、理发室、弹子房、阅览室、酒吧等一应俱全，还自备汽车、马车等交通工具，为客人提供服务。①

对于上海先施公司的内部机制及经营管理体制，黄焕南在基本采用香港先施、先施粤行经验的前提下，针对上海的特殊情况，也

① 《近代中国百货业先驱——上海四大公司档案汇编》第17页。

有所创新。其中，黄焕南对于上海先施工厂的创立投入了大量心血，收获颇丰。上海先施工厂亦创立于1917年，初时仅为作坊规模。先施公司开张后，营业蒸蒸日上，黄焕南遂决意另觅新址，建设新厂。1923年，黄焕南在华德路购置土地二十余亩，历时一年余建成新厂。工厂共有职工约三百人，能制作家具、玩具、铁箱、简单机械等。先施工厂的设立，除了对于稳定先施公司的货源具有重要作用外，还日益显现出举足轻重的政治意义。20年代中叶后，民族主义运动汹涌澎湃，而“国货运动”渐成潮流，是否销售国货成为检验工商业者爱国与否的标杆。先施工厂的产品，无一例外是纯正国货。先施公司销售本公司工厂的产品，在经济、政治两方面都获得了良好的效应。

1919年，香港先施公司成为先施总公司，先施粤行、上海先施公司被定位为分公司，马应彪出任总监督。此时的先施公司，其势正所谓如日中天。上海先施公司矗立于南京路，满怀信心地迎接20年代的到来。

## 二、琳琅缤纷的“环球百货”

1917年6月末，上海先施公司大楼及东亚旅馆的主体建筑已近竣工；与此同时，为迎接正式开业，相关的事务性准备工作也有条不紊地推进着。各类设备需要采购、安装，各种商品需要调配、布置，相关人员需要招募、培训。为了妥善办理与开业有关的工作，先施公司于江西路三和里一百零八号设立了办事处，并在《申报》刊登启事，广而告之。其中关于人员招聘，则特别提到：各界诸君欲来本公司当职者，请将籍贯、年龄、履历明白缮就，直寄本公司司理人员收阅后，则另函招来接洽可也。①

## （一）开业之初

其时欧战正酣，西方列强在华经济势力暂时有所收缩，给近代以来饱受外部压抑的民族工商业带来了绝佳的发展机遇。如何弘扬国货，上升为带有浓烈民族情感的政治问题。作为近代中国工商业之都，“国货”与洋货之间的竞争态势表现得尤为明显。开业在即的先施公司也敏锐地感受到了这个问题，通过在报纸上刊登“先施上海有限公司征求国货广告”的方式表明了态度。这则广告首先阐明了如下观点，即生活在20世纪这个“竞争之场”中的国人，贵在“自奋”；而“自奋者”的“一大问题”则在于“振兴工艺”。故先施公司自创立以来，于选购商品之际，务求精良，“而于本国出产，更为注意搜罗”。“上海为我国文明发达之区，为环球著名商埠，历来各种制造，次第提倡；标新领异，名冠一时。”广告继而指出，如欲打开产品销路，“先宜鼓吹得力”。如今“本公司工程将竣，开幕有期；外观则楼阁层层，内容则铺陈整整；地点适中，通衢大道将现；生意滔滔，货如轮转。”公司希望推销各类土货者于每日上午九点至十二点亲携样品至江西路办事处面洽，如不便前来，将样品邮寄亦可。②

上海先施有限公司原先拟募集资本金150万港元，面临开业，股东大会又决议增股至二百万港元，每股面值为一百港元。之所以如此，一则为了弥补资金缺口，二则在于吸引更多人入股，为公司广树人脉、增加影响。③





① 《申报》1917年7月1日，星期日，（第二张）。
② 《申报》1917年7月11日，星期三。
③ 《申报》1917年7月19日，星期四。

先施公司开张后，确实代理经销了种类繁多的“国货”。如位于广州酱栏街的黄灼生药房以配制多种汉方丸药闻名，20年代初，其在沪经销商即以先施公司为首。[①] 位于河南路抛球场的蔡同德堂是沪上享有盛誉的国药房，其于每岁冬令时节推出的补药“洞天长春膏”号称“蒐集珍品虔诚修合，健身驻春唯一补品”，功效显著，且售价合理：大罐每罐十四元，中罐每罐十元，小罐每罐七元。而先施公司则是“洞天长春膏”的销售商之一。[②]“冠生园”是著名的民族食品工业品牌，所产系列食品中，“牛乳麦麸饼干”香甜松脆，可口宜人，畅销于市。自30年代末起，声名远播，零售价每磅一元二角，“美术五号花漆听”每听八元。“冠生园”牛奶麦麸饼干在上海有多家经销商，其中先施是极为重要的一家。[③] 再如香烟。南洋兄弟烟草公司曾于20年代初推出一款“钻石”牌香烟，号称“此石一出，大放精光；此烟一出，大放奇香”。这款精光四射、奇香喷放的“钻石”牌香烟，在相当长时期内，是由上海先施独家代理销售的。[④] 此外，文具方面则有高档书写工具“金星”金笔等。

除了代理销售之外，先施公司也维持着广州时代形成的传统，销售一些自产商品，种类以化妆品为主。如先施“虎”牌白兰霜，在20年代就成为都市女性冬令爱用之物。“市上之膏霜多矣，然良者实鲜。盖不良之膏霜，不但无以美其姿容，而反足以碍其颜色。本公司精制虎牌白兰霜一种，品质纯洁，馨香如兰。当此隆冬干燥之时，敷此膏霜，既无爆折，又可润颜泽肤，娇嫩无匹。士女

① 《申报》1921年12月21日，星期三，（第五张）。
② 《申报》1940年12月9日，星期一，（第三张）。
③ 《申报》1940年12月2日，星期一，（第二张）。
④ 《申报》1921年12月3日，星期六，（第五张）。

用之，诚修容唯一之佳品也。”“虎”牌白兰霜由上海先施公司总发行，全国各商埠均有销售。① 此外，先施化妆品公司所产“先施”牙膏也颇受消费者欢迎，该公司第三厂即设于上海马崎路。“先施”牙膏号称“科学配方，护齿料剂，膏沫甘芳，自成一格。”②

经销环球百货是先施公司的经营宗旨之一，在此前提之下，所售商品中，无疑仍以进口货品居多。如被誉为“至高无上之礼品”的“派克”金笔，就选择先施公司作为其沪上代销商之一。

为了适应市场需求，上海先施极为注重营销手段。其中，以重视广告宣传、根据需求变化调整商品、适时进行减价促销最具特色。每年12月正值隆冬时令，又逢圣诞节、新年将至，是购物的大好时节，商家为此殚精竭虑、各出奇招，以招徕顾客。先施公司自不例外。如1921年12月27日，它在《申报》刊登广告，宣称自即日起“大减价”二十二天：本公司自营业以来，力求美备，凡中西新出品及著名土产，罔不广为搜罗，以应各界需求。兹由欧美运到大帮御寒货品来沪，特订于十一月二十九日起大减价二十二天，以广招徕。诸君赐顾，无任欢迎。③

1922年10月1日，《申报》头版刊登先施启事：新到大批合时货品，各价格外削低，断非别家所能企及；诸君请来比较，当得莫大利益。④

当年10月，先施公司的减价促销活动几乎未间断，且名目繁多、花样翻新。10月22日起，又借“五周纪念”之名，开始了新

① 《申报》1922年12月2日，星期六，（第二张）。
② 《申报》1940年11月2日，星期六，（第三张）。
③ 《申报》1921年12月27日，星期二。
④ 《申报》1922年10月1日，星期日，（第二张）。

一轮的"14天大减价"活动。相关启事云：本公司经营百货已历二十余春，就沪上开业以来，亦经数载。搜罗宏富，极梯山航海之奇；选择精华，尽锦簇花团之美。中西交誉，士女讴歌；久感垂青，弥深雀报。兹届菊酒浮香之候，正本公司幕启五周之期，今订于九月初五日起大减价十四天，以志纪念，藉答高谊。当此时局不宁、百业停顿，将借此点缀升平，振兴市面，其亦诸君所乐许乎。①

这是一篇富于文采的广告辞，且情深意切，颇能打动顾客。当时，全国各地军阀肆虐，北京政府的地位极不稳固，很难应付内外交困的局面。对于工商业者而言，这是非常糟糕的情形。故这则广告中提到时局问题，并非故作危言，而实在是工商业者真切的担忧。

但是上海特殊的政治、经济格局，使它与混乱的国内局势保持了一定的隔离。1927年南京国民政府成立后，宁沪一带成为了中国名副其实的中心地带，对于工商业的发展起到了相当的促进作用。在此背景之下，上海先施公司等高档百货行业也于30年代前、中期显现出较为繁荣的格局。

### （二）30年代中叶——"环球百货"映射的中产生活

30年代中叶，先施公司正处繁荣鼎盛时期，在上海的百货行业中显示了强大的实力地位，其商业运营手段多元顺畅，营业部门众多，商品琳琅满目，降价措施极为有力。仅以西安事变爆发的1936年12月为例。该月，上海各大、中型百货公司促销活动不断，可谓"五花八门"。先施在其中的表现堪称光彩夺目。

① 《申报》1922年10月22日，星期日，（第四张）。

12月1日上午十时，冬季大减价活动正式拉开序幕。当日商家“空前牺牲”的是“三十四寸中国式江西新花”瓷餐具及“寿字老牌厚身”热水袋。瓷餐具限量三百套，每套包括：七寸菜碗四只、大号饭碗十只、大号调羹十只、福州漆筷十双。可供“家庭十人用餐”，售价仅一元四角。热水袋从下午二时半起发售，限量一千只，每只售价五角。上述两种商品均在公司四楼现场销售，商家特别提醒：连日发售特别牺牲品，因售价过廉，不时即告售罄，后来者均抱向隅，殊为抱歉，务祈各界早莅购办是荷。当日参加促销活动的部门及其商品还有：尺头部（英国头号华特呢，每尺八角；国产条子府绸，每尺一角四分），绸缎部（苏货锦地绉，每尺三角半），服饰部（儿童拉链花绒运动衣，每件一元；女童对开羊毛背心，每件三元），靴鞋部（新式高跟丝绒女鞋，每双四元半），玻璃部（大批新式四寸玻璃高脚果盘，每只三角二分；七寸玻璃大果兜，每只四角），罐头部（澳国老牌白搭油，每磅一元四角半；老人牌白瓷瓶蜜糖，每磅八角半），光学部（德国8×24军用千里镜，每只一百十五元；新式放大镜，照码八五折）。①

12月2日的“特别牺牲品”也是两种：上午十时起在四楼开售“金狮老牌白兰地”，数量一千瓶，每瓶售价三角；下午二时半起出售半斤装“本”牌方听祁门红茶，每听售价三角，数量一千听。本日参加活动的部门及其商品还包括：绸缎部（闪色雪艳绉，每尺二角半），文具部（“爱写”信封，每扎二角，买一送一），化妆部（梨牌蜜糖皂，三块装每盒一元四角），皮箱（三十四寸最新式本厂西衣箱，每只十四元半），烟草（一百支双妹本牌郎地连纳

① 《申报》1936年12月1日，星期二，本埠增刊。

平，每盒四元半、加增电木烟盒一只），南茶（四号味精，每瓶一角；蜜饯无花果，每磅二角八分）。①

12月3日。本日“特别牺牲品”之一仍为12月1日之“瓷餐具”。“此货曾于日前一度牺牲，不时即告售罄。卒以开箱不及，后来均抱向隅。兹再大牺牲三百套，售完为止。”另一款为“国产花呢衣料”，足九尺，每件售价九角。其他参加“大减价”的部门及商品还有：电器部（“爱开”收音机，照码对折；“爵士”四、五、六灯机，照码五、六折，只限三天），绸缎部（云锦葛，每尺二角半，“高等货物低等售价”），新装部（冬季绒领女大衣，每件十九元半），女饰部（手提袋、指甲具、梳妆具均八折），内衫部（真驼毛男衫，每件五元半；深米色男衫裤，每套一元四角），玩具部（美国Lionel电火车，每套一百八十五元；另新到冬至玩物数百种，欢迎批发），罐头部（二磅美女什锦太妃糖，每听一元六角半；香港如意杭，每磅四角八分），五金部（德国火酒炉，每只四元，美国火酒精，每听二角半），童服部（骆驼毛童大衣，每件八元五角半；驼绒服装连帽，每套五元八角半）。②

12月4日的“特别牺牲品”为“德国老牌补血巴德文”及“福禄寿老牌可乐灯泡”。上午销售“补血巴德文”，每瓶二角，限量一千瓶。下午销售电灯泡，有5瓦、15瓦、25瓦、40瓦4种，每只售价一角，限量一千只。各部门继续推出种类各异的减价商品：绸缎部（拷花丝绒，每件三元八角），尺头部（花呢男袍料，足一丈三尺、每件六元；哔叽裤料，足五尺二寸、每件二元二角半），罐头部（洞庭东山严大德堂白沙枇杷膏，每瓶八角半；十六

① 《申报》1936年12月2日，星期三，本埠增刊。
② 《申报》1936年12月3日，星期四，本埠增刊。

两装福建大听美味肉松，每听一元二角五分），皮货部（口庄狐头褂，每件五元；豹皮外套，每件二十六元），提袋部（国货真皮提袋，每只一元二角），玩具部（双座电灯汽车，每部二十七元半；Meccamo 玩具，每盒一百三十五元），化妆部（棕榄霜，每瓶七角；老牌杂款香皂，每打一元）。个别部门对其减价商品还予以格外推介，如绸缎部即称所售拷花丝绸“洋洋大观，集国产丝绸之大成”。①

12 月 5 日的减价活动规模大为扩大。“特别牺牲品”依然为两款：“WT 老牌什锦饼干”与“织花拷花永乐绉旗袍料”。上午十时起开售“WT 老牌什锦饼干”，限量二千磅，每磅售价二角。公司承诺“忠实牺牲”，绝不短斤少两；饼干品牌多样，计有“马利”、“奶士”、“博士登”、“不的波”等十余种。“花纹、颜色在在均佳”的“永乐绉旗袍料”每件售价八角，限量三百件，且每位顾客限购一件。此外，玩具部推出“三轮脚踏车”（每架五元）、“发火机关枪”（每座一元），绸缎部推出“印花洋庄绉”（每尺二角五分），童服部推出“驼绒童大衣”（每件二元七角半）、“女童裙式毛衫”（每件三元半），糖果部宣布今日内“东柜全部散磅糖果半价”，靴鞋部推出“新式鸡皮男鞋”（每双九元半）、“各种毡呢男女鞋”（每双一元二角半），南茶部推出“莱阳梨膏”（每听三角）、“福建肉松”（每听五角），化妆部推出“西班牙美女生发水”（每瓶一元二角半）、“西班牙美女美发油”（每瓶三角半），手套部推出“羊毛手套”（每双四角半）、“真鸡皮绒里手套”（每双二元五角半），图书部推出“精制《中国历代名人传》”（每部一元〇四分），照相部推出

① 《申报》1936 年 12 月 4 日，星期五，本埠增刊。

“德国 BILLFLEX 120F 6-3 拍八张、十六张快镜连自拍机”(每只二十九元)、“德国 BUIKE JAMES 十五寸裁纸刀”(每把三十四元),尺头部推出“藏青哔叽袍料”(每件五元，足一丈三)、“条子驼绒”(每尺二角二分)，地毯部推出“英国摩登床口毯”(每条二十二寸阔、四十八寸长，三元七角)，文具部推出“爱写真空管笔”(每支七元半)，家私部举办“美术木棉靠垫大会”(每对二元二角)。

此外，公司三楼自即日起连续三天举办“全部货品大牺牲大赠品”活动，范围包括“金银首饰、古玩玉器、珠宝钻石、象牙器皿、名厂钟表、电银器具、中西音乐、无线电机、电器用品、福建漆器、中西名瓷、玻璃用具”。降价力度确实很大，如“老牌十一寸檯火炉”每只仅售三元，半打“有盖玻璃热水杯”售价六角半，“德国特厚新花茶杯碟”四套方售六角半，四只“七寸电木高脚果盆”仅售九角，“新镶金钢钻戒”每只三十五元，“真银法蓝纪念戒”每只四角，德国产“凡哑铃”每架十六元，“夹白金双骑马男手表”每只十元，“夹白金双骑马女手表”每只十元，英国电银饼碟每只一元。①

12 月 6 日是星期天，先施公司内人头攒动，挤满了纷至沓来的顾客。12 月 7 日星期一是三楼“全部货品大牺牲大赠品”活动的最后一天，特意准备了一批“特别倾销品”:“耐用八寸明电灶”每只二元五角，“新式俭电落地电火炉”每只六元半，“爱开”收音机每台“照码半价”,“六寸赛银花瓶”每对九角，“三层保不走气茶叶瓶”每只九角半，“英国赛银烟灰碟”每只五角，“永亨”二百庄星牌唱针每六盒五角。本日的“特别牺牲品”之一仍为“寿”字

① 《申报》1936 年 12 月 5 日，星期六，本埠增刊。

老牌热水袋；其二为“大伟绉”男袍料，限量二百件，每件足一丈三尺，售价三元。可能出于集中精力做好“大牺牲大赠品”收尾工作的缘故，当日另行参加减价活动的部门只有尺头部，推出的商品为“英国头号马裤呢”，每码售价六元二角半。①

12月8日，先施公司发布广告提醒广大消费者“冬季大减价只有今明两天”了，意在最大限度地吸引顾客。当日上午销售的“特别牺牲品”为二千一百瓶“老牌辣酱油”，每三瓶索价仅二角，每位顾客一次限购三瓶；下午为四百件“特组喷印缎背绉旗袍料”，每件六角，每位限购一件。此外，绸缎部推出“条子顺纡绉”，每尺售价四角半；尺头部推出“最流行什色”海虎绒，每码十四元半；皮箱部推出“头号真血牛皮箱”，一律半价；衣边部推出每顶五角的“童装飞机帽”及每双三角半的“女装什色手套”；罐头部推出“美女”牌奶油什锦饼干及“本”牌樱花软糖，饼干为五磅听装，每听八角，软糖每磅五角半，为平时半价；西衣部推出厚呢西装大衣，每件包括工料在内售价十七元半；运动部推出“十二寸 YELE”牌双管鸟枪及枪弹，鸟枪每支售价一百十五元，枪弹每百发十六元。原本举办三天的“大牺牲大赠品”活动则宣布再持续两天。

12月9日是先施公司暨附属一元商店本次“冬季大减价”活动的最后一天。本日的特别节目为南洋烟草公司向顾客派送“大号”白金龙香烟。赠送当然不是无条件的，顾客“凭今日先施公司各部门市发票，每张二元以上者赠送大号白金龙香烟一包”，“五元以上两包，十元以上增五十支大号白金龙香烟一听”。两款“特

① 《申报》1936年12月7日，星期一，本埠增刊。

别牺牲品”分别为“老牌”什锦饼干及“雪花绉旗袍料”：什锦饼干共两千袋，每袋一磅，内混数种品牌，售价二角；旗袍料有一百件，每件二元二角。其他部门及其商品包括：内衣部（真驼毛男内衣，每件一元八角半；“本”牌白反领衬衫，每件一元），尺头部（“轻软、舒适”外国骆驼绒，每尺一元二角六分；“最新式点星”女装花呢，每尺一元四角八分），绸缎部（数十款新到法国“雪芳”丝绒，包括一色三闪丝绒、银丝雪芳绒、闪色拷花绒等，“衣此一袭出入于交际场中，皆望而称羡”，“赠送情侣，最博欢迎”），皮货部（海骝大衣领，每条十元；“口庄狐坎”马褂，每件十四元），衣边部（女装棉毛内衫，每件九角；女装棉毛内裤，每条六角半；趋时绣花丝边，一律八折），南茶部（补血红酒，一元四瓶；“著名美味”醉蟹，大坛九角、小坛四角五分；广东南安腊鸭，每对二元），玩具部（“法条亚林匹克”汽车，每部一元；国货手提十二音钢琴，每架二元二角半；国货布身“洋囡囡”，每只八角），罐头部（Cabury 四两装奶油果仁巧克力糖，每包四角；蜜饯无花果，每包五角，买一送一）。三楼的主打商品则是“增你智”1937 式长短波六灯收音机，每台九十八元半。①

12 月 11 日，“冬季大减价”才结束一天，先施公司又开始了第二波减价促销活动——“全部冬节礼品特价发售”。烟草部推出了五十支装木盒可郎纳雪茄，每盒三元五角半；玩具部推出“Union 3”跑冰鞋、每双二元九角半，儿童双管鸟枪，每支一元六角半；罐头部推出四磅装英国银色听什锦太妃糖、每听三元九角半，五磅装美国葡萄干，每箱二元五角；玻璃部推出“车花玻璃七头点心

---

① 《申报》1936 年 12 月 9 日，星期三，本埠增刊。

具”，数十种式样，每套二十余元至三十元；提袋部的“妇女新式手提袋”每只十三元二角；南茶部以每斤一元四角的价格提供陈年阿胶，还以每笠九角的价格提供杭州“家乡肉”；服饰部的“儿童米老鼠法兰绒拉链外衣”每件一元七角半，妇女对开短袖羊毛内衫每件售价三元；尺头部推出的玄色女装大衣呢，双幅每码三元七角半，什色乌绒旗袍料，足九尺每件二元七角半；绸缎部的真丝银花绉，售价由原来每尺一元四角半降为六角半。①

12月12日，震惊中外的西安事变发生，深刻地影响了中国现代史的进程。然而事变消息尚未传来之际，上海市面仍呈现升平景象，先施公司的冬令商品廉价促销活动开展得如火如荼，还在公司五楼举办了例行的“儿童世界”活动。自1927年冬以来，上海先施每年都举办一次“儿童世界”活动。该活动面向儿童及家长，寓娱乐、教育、商业于一体。活动期间，公司推出诸多令孩子们及其家长心动不已、跃跃欲试的游艺节目及商品。上海先施公司精心策划每年一度的“儿童世界”，其根本的最终目的固然仍在于提高营业额，但其全部动机也绝非仅限于此，其中还包括了公司作为现代企业所持有的社会责任感，以及藉此扩大社会影响力的动机。经过十年的苦心经营，先施公司的“儿童世界”在30年代中叶已成为上海具有广泛知名度的公众活动项目。

1936年12月12日，公司于《申报》“本埠增刊”栏刊发题为“本公司每年举行‘儿童世界’之意义”的文章，阐发举办该活动的宗旨等：儿童是国家未来之主人翁，掮负将来救国强民之重大职任，欧美各国，对于儿童教育，均视为内政上之莫大要务，利用种

① 《申报》1936年12月11日，星期五，本埠增刊。

种方法，普遍宣传，吾国以前对于儿童教育，向所漠视，比年以来，经社会一再提倡，不遗余力，已得为父母者之注意，留下细微印象，但是注意虽是注意，印象还是印象，固未尝有若何深进之表演，座而言不能起而行，此乃国人唯一之通病亦为各种事业不能上进之唯一因素。本公司为中国第一百货大商场，平时与各界接触之机会尤多，爰于民国十六年冬起，每年划出商场内之一部分，特辟“儿童世界”搜集各种有益儿童之玩艺，供给儿童正当娱乐，或军事用品，激起儿童爱国观念，或工程玩具，灌输儿童科学常识，或教育仪器，补助儿童校外智识，配以饰景，缀以漫画，禽鱼鸟兽，参杂其间，利用儿童行乐之时，增进儿童有益思想，溯自本公司一经提倡，同业群起效尤，虽各家之设备互异，规模有别，而普遍儿童教育则一也，际此节届圣诞，本公司准于今日起循例举行，深望为人父母者，携领子女，共同莅临，裨益儿童，良匪浅鲜。

1936年暮冬时分，民族危机极为严峻，日本侵吞华北的意图已非常明显，中、日两军严重对峙，并数度交火，互有胜负。在此情形下，本年度先施“儿童世界”的主题为“启发儿童爱国思想、养成儿童尚武精神”，五楼描绘了百灵庙以及归化锡拉图招白塔的大幅图画，上述两地均是中国军队迎战日军挑衅并取得胜利的地点。此外，还专门设置了“力士有声电影院”，放映具有教育意义的纪录影片，内容有“西北边远之运输情形、万里长城、康藏喇嘛之祈祷柱、包头车站一部、中山陵前公民训练、绥远新城之街景、绥军抗匪之战况、西北人民之穴居”等。如此节目安排，极为妥善地结合了时势国情，寓教于乐，使儿童在家长的陪同下，在娱乐中得到了生动、形象的爱国主义教育。同时，其他各部门的节令减价活动亦与此配合，进行得有声有色。

12月13日是星期天，公司所有商场、柜台正常营业。有六个部门参加了减价促销活动，分别是内衣部、玩具部、尺头部、童服部、绸缎部、照相部。内衣部的“白纯”羊毛女内衫每件特价三元半，“本”牌府绸衬衫每件特价一元。玩具部为孩子们提供了如下特价商品：每部六元的木摇马及“钢皮轮”脚踏车。尺头部上柜的则是每尺五角半的英国驼色骆驼绒、每尺一角三分的国产彩条绒布。童服部展示了全套售价五元八角半的拉毛童装，包括衫、裤、帽、袜以及手套，此外还有“中童厚呢长裤西装”，每套七元六角半。绸缎部推出两款：“足一丈三尺”真丝湖绉男袍料，每件“特价”三元八角半；“足一丈三尺”真丝锦地绉男袍料，每件“特价”五元半。照相部“新到大批柯达凹白朗尼快镜”，每只特价二元八角；还提供每本八角的德国相册。①

12月15日，西安事变的消息已传遍沪上，全市舆情汹涌，大为震动。但先施等百货公司的营业活动却未受任何干扰，五楼的“儿童世界”依然接待着纷至沓来的小朋友及其家长，各部门一成不变地继续着减价销售活动。二楼绸缎部将原价每件十四元半的“绣花绉缎旗袍料”削价至每件十元出售。罐头部的法国“三星斧头”白兰地，每瓶六元七角半；西班牙“宝石”牌补血葡萄酒，每瓶一元二角。南茶部的五磅装祁门红茶，每箱三元；以粒为单位出售的“吉林人参再造丸”，每粒四角。烟草部的一百支装“老妹”朗地厘，每盒八元六角；一百支装木盒装“蓝印”牌朗地厘，每盒三元二角半。 袜部的特价商品包括：男短统厚花袜、“新到外国老牌最薄女长统丝袜”，以及“新到大批男女毛袜”。一元可购六双男

① 《申报》1936年12月13日，星期日，本埠增刊。

短统厚花袜，三元半可购一双“新到外国老牌最薄女长统丝袜”，至于“新到大批男女毛袜”，则在冬至期间一律实行特价。摆放在五金部的“DAISY”金鹰气枪每支十元，配套的子弹每筒三角。①

12月17日，星期四。“儿童世界”内依然熙熙攘攘、喧闹不已。近几日，上海气候严寒，尽显严冬景象。童服部特意向小顾客们提供每件特价十一元二角半的“皮领驼绒里皮”童大衣，每件九元九角半的真丝绒童大衣。绸缎部的新品是“时代化”的“雪花锦”，每尺二角五分。令人垂涎欲滴的美味广东腊肠每磅只售一元五角，且买一送一；口感鲜辣的大瓶“雄鹰”牌辣酱油三瓶特价二角。以上是罐头部奉献给顾客的优惠。西装部挂出了每件“特沽”二元九角半的新式女装雨衣。南茶部的“红烧牛肉”，九角可购五听；休闲食品“花生朱古力”，每磅五角。玩具部推出了每套二百八十八张的儿童益智教育画片，售价八角半，另赠蜡笔；还有每只三角的“炸弹”，附赠“子弹”一盒。②

转瞬又是周末，促销的力度亦随之加强了。12月19日起，先施、永安、大新、新新四大百货公司联合行动，对两款美容护肤品——“美的花”、“爱琪儿”实行“联合牺牲”，“盛大招待爱美仕女”，“连赠七天”。广告词写得颇为有趣，令人忍俊不禁。如“美的花”“含美容因素，使老面皮越用越嫩，黑面皮越用越白”等。活动期间，两款护肤品均实行买一送一，顾客且有获赠礼品的机会。如购“美的花”者，“每瓶有钻戒希望”；购“爱琪儿”者，凭“空盒再兑名贵画片”。③

① 《申报》1936年12月15日，星期二，本埠增刊。

② 《申报》1936年12月17日，星期四，本埠增刊。

③ 《申报》1936年12月19日，星期六，（第二张）。

12月20日，礼拜天。先施公司提请广大市民注意：今日星期天，利便各界参观，全天开放，商场各部照常营业。“殷殷善诱是国民的教养院，巍巍大观是儿童的行乐地”，儿童世界“愿小朋友们都到这里来”。罐头部东柜，以半价出售散磅中西糖果，此外还有标价二元的“一打装美术篮美桔”，以及一磅装“玻璃大盒”糖果，每盒二元八角。玩具部为了吸引小顾客，特意推出三种玩具：各式老人面具，每只三角；可跑前跑后的“进退汽车”，每只九角；发条球车，每只二角。化妆部则是“华美”、“奇美”两种美容品：“华美”三件装七元五角、五件装十二元半、七件装十七元半，还有每盒二元的二件装；相比之下，“奇美”的价格较高昂，七件装二十九元半、三件装十一元半、二件装八元五角。南茶部的“白沙”枇杷膏每瓶八角五分，多痰、喘咳之人不妨一试，香甜润肺、祛痰化喘，堪称佳品。此外还有上海人喜食的“金陵大板鸭”，每只一元。尺头部为绅士们准备了派头十足的衣料：男装厚呢元藏大衣料，双幅，每码六元五角；纯毛条子法兰绒，每尺七角六分。皮箱部的新品是两款中高档“美术”梳妆箱，一为每只五十九元半，一为每只八十九元。①

12月22日。当天，化妆部的“主打”是三款美国美容品：一磅装面膏，每瓶一元九角半；一磅装雪花膏，每瓶一元七角半；“麦克”生面油膏，每听八角。罐头部提供了诱人的水果及休闲食品：手提大箱装烟台香蕉味苹果，每箱二元一角；二磅装“美女”牌什锦太妃糖，每听一元七角半；美味果汁牛肉干，每磅一元六角，买一送一。在皮货部“隆重登场”的是与长衫配套的马褂：口

① 《申报》1936年12月20日，星期日，本埠增刊。

庄狸猫马褂，每件售十元；晋交羚羊胎马褂，每件二十元。玩具部的国货大号滑梯，每架十六元半；中号帆船，每艘三元七角半。毯被部试图为顾客送去冬夜中的温暖：每条三十五元的鸭绒被，每条八元二角半的骆驼毛毯。①

12月23日。光临“儿童世界”的游客将得到一份意外的惊喜：随券赠送“能维雅”皮肤膏一盒及袖珍记事册一本。本日参加“特价廉沽”活动的部门包括绸缎部、玩具部、罐头部、童服部及南茶部。绸缎部推出的是“馈赠情友、最博欢心”的法国印花丝绒旗袍料，每件三十八元半。玩具部的木马，每只九元；“发火”坦克车，每部一元。罐头部推出货真量足的五磅装“本”牌四色早茶饼干，每听九角半；大盒蜜饯无花果干，每盒五角。童服部的真皮儿童驼绒里短大衣，每件四元九角半；真羊毛驼色童背心，每件只售八角。南茶部的“厚庄”冬菇，每斤三元六角；还供应每包一角八分的什锦糖果。②

12月24日是平安夜，“冬节送礼佳品一律特价廉沽”活动紧锣密鼓地进行着。本日加入此活动的计有绸缎部、杂货部、玩具部及罐头部。令广大仕女眼前为之一亮的“美术化旗袍料”现身绸缎部，共三种：绣花丝绒，每件十九元八角；闪色银花，每件十七元半；鸳鸯丝绒，每件十七元半。杂货部吸引顾客的是丝袜和雨衣：每双四元二角半的美国“KAYSER”长统女丝袜，每件特价四元二角的中式雨衣，以及每件特价三元的西式雨衣。玩具部推出了每部十二元的双轮童车，以及每部二十二元半的新式童座汽车。罐头部向顾客出售特价白兰地：两瓶装手提箱“三星斧头”牌，每箱十三

① 《申报》1936年12月22日，星期二，本埠增刊。

② 《申报》1936年12月23日，星期三，（第四张）。

元半。此外还以八折的优惠价格供应一批外国厂家生产的“冬炮玩袜”、彩球等圣诞节用品。本日起，“儿童世界”安排了一档新节目，号称“远东独一无二之奇异戏班”的魔术表演，内容包括“希世奇观的跳蚤做戏，疑信难测的曲锯美人”等，还免费向来场观众教授小型魔术。该项表演另收费，每位二角，演出时间为每天下午一时起至六时半，采取循环演出的方式，观众可随到随看。

先施公司的东亚酒楼提前预告了明日“圣诞大餐”的菜谱：特色冷盆、鸡蓉美鲍汤、白汁桂鱼（虾仁蘑菇沙四）、肉焖安仁（元西红菜头）、冷兼戏（生菜红萝卜）、烧大火鸡（云腿焗菜花、心不路沙四、炸茨蛋）、烩莲子蓉布丁（蛋黄沙四）、明治派（糖粉知司芬架）、白帽蛋糕、各式干果、鲜美生果、咖啡牛奶。菜肴如此搭配得当，堪称完美，价格亦可称公道：每客一元五角。①25日当天，又增添了一款“红烩牛肉”。②

圣诞完毕，元旦马上就要降临了。26日起，“儿童世界”向参观者免费开放。之所以如此，是因为五楼的节目重心已转移至新设的魔术表演。各营业部抓紧时间，完成新年前的商品“特价廉沽”目标。26日，绸缎部以每尺九角半的价格出售“各色叠花绉”，每尺八角二分的价格出售“各色曼掰绫”。罐头部以优惠价格供应英美休闲食品：每罐特价四元二角半的“花旗”牌十磅装葡萄干，每罐四元的英国“妈利”老牌什锦太妃糖。南茶部推出了诱人的南北干货：十斤装“远年”京庄，每坛二元二角；九龙吊片鱿鱼，每斤一元六角。钞夹部希望“钞票多多”的人们不妨换一只皮夹：每只特价二元三角四分的新式男装“麦罗奇”皮钞夹，三元二角七分

① 《申报》1936年12月24日，星期四，本埠增刊。
② 《申报》1936年12月25日，星期五，本埠增刊。

的优等纹皮钞票夹。女式部推出了拉毛真皮女外套及手套，外套每件四元，手套每双二元二角半。[①]30日，罐头部再度以优惠价格出售烟台香蕉味苹果，每箱二元一角；此外还有十二只玻璃大盒装的“美味”桔子，每盒三元二角。绸缎部专设“特价贱卖”部，集中了数百种“中西名贵”绸绉，售价一律每尺五角。尺头部出售每尺七角五分的条子哔叽及每尺二角二分的驼绒。西药部出售的“天狮”牌厚身热水袋，每只二元。化妆部出售的“施贵宝”牙膏，每支一元三角半，买一送一。[②]

从上述先施公司促销活动的史料中，可以看到30年代中叶上海先施的部门设置概况。营业部门大致包括尺头部、绸缎部、绒线部、服饰部、新装部、女士部、内衣部、衣边部、西衣部、童服部、呢帽部、手套部、袜部、靴鞋部、皮货部、提袋部、地毯部、毯被部、皮箱部、光学部、玻璃部、文具部、化妆部、电器部、玩具部、五金部、罐头部、南茶部、糖果部、烟草部、家私部、照相部、图书部、运动部、瓷器部、钟表部、漆器部、杂货部，此外尚有若干部门未出现于广告中，如专卖乐器、唱机、唱片、唱针等音乐类商品的音乐部，专卖各类首饰的首饰部，以及专售家常用药的西药部等。设置上述部门的宗旨，在于尽可能全方位地满足30年代中叶上海城市中产阶级的日常生活需求。通过观察、分析先施公司各营业部门所经营的商品种类，可以对当时城市中产阶级的生活状况、消费水准有一个重要而直观的了解，亦可在相当程度上把握他们的生活情趣与品位。

注重穿戴是中产阶级日常生活的中心内容之一。是否穿戴得



① 《申报》1936年12月26日，星期六，本埠增刊。
② 《申报》1936年12月30日，星期三，本埠增刊。

体、着装体面，是个人及其家庭社会地位的外在衡量标杆之一。一个人口众多、人员地域流动性极强的现代城市社会，其人际关系的规则显然有别于传统的乡村世界，在由陌生人之间构建起人际关系这一基本背景下，个人的外在观感往往成为别人对其进行认识、评判的重要根据。有基于此，体面的穿着往往意味着体面的身份、不俗的社会地位。所谓“只重衣衫不重人”正是此种价值取向的极端表现。这不可能不反映到先施等百货公司的经营领域之中。衣着类的经营是先施公司业务活动的重点。尺头部、绸缎部、绒线部等部门以销售中高档衣料为主，但偶尔也包括部分成衣。尺头部专营各类呢、绒、毛、麻等面料，商品质地上乘、外观挺括，并以进口货居多；这些上等面料，既可用于裁制成套西服、大衣，也可用以裁制民国时期于公教、文职人员中日益流行的中山装，以及各式时尚休闲便服等。绸缎部销售各类绫罗绸缎，于制作各类传统中式服装可谓绝佳，如成年男子日常所着长衫、马褂，妇女所着旗袍、衫袄等。绸缎绫罗、丝绒绉纱，自然是裁剪、缝制此类中装最为适宜的面料——外观高贵、手感滑润、体感舒适。绒线部出售多种品牌、各种质地的绒线，供心灵手巧、爱好编织的主妇们选购。从先施公司尺头部、绸缎部、绒线部销售的商品种类之繁，以及参与特定销售活动的积极性来看，选购衣料应是30年代城市中、上层家庭一种较为普遍的消费行为。人们购买衣料后，自行或委托裁缝加工制作成合乎心意的成衣。

但是与此同时，购买成衣的消费行为也在城市中、上阶层中逐步得以扩大、普及。晚清、民国以来持续的城市经济繁荣，扩大了城市中、上阶层的人数与范畴，使这些阶层的居民充分地享受到了繁荣的“红利”，在百货公司购买成衣也是这种社会现象的反映之一。上海先施公司销售男女及儿童成衣的营业部门即有：服饰部、新装部、女士部、内衣部、衣边部、西衣部、皮货部，以及童服部。上述部门销售的各类成衣，款式、用料、做工均合乎潮流，展现时尚风貌，有的更是舶来之品。无疑，依据论质定价的原则，先施公司所售各类成衣的价格位列中上，确乎非底层居民所能轻易购买，但于中产及富裕阶层则绝非难事。流连于先施公司各服装柜台，以挑拣、试穿、选购为乐事的女性顾客，基本上属于民国时期的都市“新女性”或富裕阶层家庭的女眷。城市中、上阶层女性是引领服装消费市场的关键性因素，这一点已成为30年代中叶上海社会的一项共识。先施公司等百货公司，既是这一社会潮流的绝大受益者，也是推动形成这一社会潮流的重要商业助力。

除了成衣之外，其他各种与之相配套的衣饰、穿着类用品，在先施公司也可“一网打尽”。如呢帽部、手套部、袜部、靴鞋部、提袋部、钞夹部等，皆销售关联商品。爱美是女性的天性，现代城市女性对于美容更有着一种近乎偏执的态度。这既是女性天性进一步得到解放的结果，也是现代社会发展的一种自然现象。先施公司化妆部为此提供了琳琅满目的各式化妆、美容、美甲用具。总之，只要惠顾先施公司，就可在衣着、外表上完成中产阶级的形象塑造。

衡量30年代中叶上海城市中、上层家庭的生活状况，除了家庭成员的日常穿戴、修饰之外，使用何等生活用品也是极为重要的内容。家具、日常用具等是否体面，是否新颖适用，是否为著名品牌等，均是重要的衡量标杆。而先施公司从顾客的具体需求出发，对此做了心思缜密的规划与安排。且看，地毯部、毯被部、皮箱部、玻璃部、电器部、家私部、瓷器部、钟表部、漆器部等类别细致的营业部门，它们经营的商品若用以完成对中产阶级家庭的经典家居陈设布置，完全绰绰有余。

进入30年代之后，随着民国社会在各方面的发展、成熟，上海的中、上社会阶层开始向具有现代社会意义的中产阶级转化。中产阶级的日常生活日益具有现代都市风格，丰富多彩。一种具有小资产阶级情趣的生活格调成为都市人追求的目标，人们希望日常生活更精致，更情趣化、知识化，具备更高的品位。但是，实现现代都市中的品位人生，必须借助于各种现代化器物。而购置此类器物，展开较为完美的休闲生活，则离不开相应的经济实力。对于构建此种新型都市休闲生活，先施公司可谓尽了大力。比如音乐部销售各类唱片、留声机、乐器、乐谱等。乐器、乐谱主要面向专业人士及爱好者，而唱片、留声机则可视为具有全民性的休闲娱乐工具。虽然唱片进入中国已历三十余年，留声机更长久些，但市场价格仍然不菲，一般市民（尤其底层民众）难于问津。但是对于30年代中、上社会阶层的家庭而言，普通性能的留声机已不属于奢侈品之列；至于购买通常市场售价仅数角一张的唱片，则更属平常之举。先施公司音乐部的柜台内陈列着各种型号的留声机，从原产美国的“亚尔西爱”老牌留声机，到20年代问世、国人自创的“宝芳”唱机，一应俱全。按质论价，供顾客根据各自需求选购。

相对于留声机而言，对市民生活影响尤为重大的当属无线电收音机。自20年代起，上海步入无线广播时代，由中外官方、社会团体、商业机构、私人等兴办的无线广播电台如雨后春笋般出现，数量一度突破百家。与留声机不同，无线广播电台是一种传播信息的工具、新兴的传播媒体。在这种背景下，对于无线广播的接收器——无线电收音机的需求自然应运而生。当时，无线电收音机尚属技术含量较高的产品，对于材质、工艺均有相当要求，因此流通于市的多为进口商品，售价较昂。即便如此，无线电收音机还是越来越进入到市民的日常生活中。以先施公司电器部1936年12月的减价活动情况为例，参加的商品均为无线电收音机，且皆为售价高昂的进口货。一台标明“特价”的美国老牌“增你智”长短波六灯机尚需九十八元半，平日标价可想而知。

与唱片、留声机相比，照相传入上海的时间几乎提前了半个世纪。至30年代，照相已在相当程度上融入了市民的日常生活。这在某种意义上是社会管理之需所造成的结果。即便是处于较低社会阶层的市民，也会在某种情况下去照相馆拍照。但对于中、上层而言，他们的照相生活在质量、内涵方面与底层差别很大。其中较为突出的现象就是一些中、上层人士自购摄影器材，成为摄影爱好者。但是，在当时，“玩摄影”毕竟代价高昂。由于相关产业尚欠发达，国内市场上的摄影器材基本依赖进口，尤以美、德两国产品为最。例如先施公司照相部于1936年12月的“冬季大减价”活动中，就对四种摄影辅助器材实施了较大幅度的降价，包括快镜、裁纸刀及照相簿。其中德国“BUIKE JAMES”十五寸照相用裁纸刀，特价期间每把仍售三十四元，可见摄影器材之昂贵。即便如此，照相部的经营业绩颇为不俗，上海中、上层居民中隐然出现的“摄影热”由此可见一斑。

热爱体育是现代城市中产阶级的一项生活标志。许多人身体力行，乐此不疲。为了满足这一市场需求，先施公司设有运动部，专售各类体育器材，如“国货”篮球、足球、排球，① 进口双管鸟枪



① 《申报》1932年9月11日，星期日，本埠增刊。

及子弹等。深受诸多上海绅士的钟爱。

具有品位的生活，应富于知识性。先施公司图书部出售各种图书，从经典著作到通俗性读物，从中国古代典籍到最新西文杂志，种类极为丰富，足以供现代都市人增长知识、陶冶性情。

总之，维系30年代上海中、上阶层新型业余生活的道具，尽可在先施公司各相关营业部门内“一网打尽”。在这种新型业余生活的形成过程中，先施公司扮演的并非只是被动的商品供应者的角色，它还通过推介商品、引导消费潮流等方式在有意或无意间成为这种生活方式形成的推手之一。

中、上阶层男女对于日常饮食的偏好，也可从先施公司销售的相关商品中窥见一斑。烟、酒、茶、糖果、饼干、水果、调味品、腌腊食品等，不一而足。这些食品中，进口货与传统土特产兼而有之。如烟草部既销售欧美国家卷制的风味醇厚的雪茄，也销售国产盒装纸烟。罐头部的商品堪称中外杂陈、琳琅满目：法国白兰地、西班牙葡萄酒、澳洲白脱、英国太妃糖、美国葡萄干、福建听装肉松、广东腊肠、烟台苹果、国产鲜辣酱油……先施公司的情况表明，30年代上海中、上阶层对于中高档食品的需求量大，口味挑剔，对质量要求上乘。

现代城市中、上层家庭，用于儿童的日常开支是不菲的，因此商家非常乐意制造与儿童有关的商机，其中大有利润可图。30年代的先施公司即是如此。玩具部、童服部所售商品的价格与成人所需商品的价格不相上下，有些甚至更贵。美国制造的玩具电火车、工程玩具系列等，售价均为一百数十元。

由是观之，上海先施公司基本可以定位于中、上阶层以及城市新兴中产阶级的消费乐园，它为上述阶层人士提供维持其生活方式的商品。虽然公司在商业原则上对所有消费者一视同仁，但在经营上的定位则非常明确。纵览先施公司的商品目录，城市中、上层日常消费生活的概况即可浮现于眼前。先施等百货公司通过提供商品，一方面维系了上述阶层的生活方式；同时又通过有意识地引进、推介商品，制造、引导消费潮流，参与了对生活方式的构建。再进而通过中、上层的示范、辐射效应，形成一种具有全社会氛围的商业消费文化环境。

### （三）从孤岛到解放——多难岁月

1937 年 7 月 7 日，日寇发动卢沟桥事变，大举侵华。8 月 13 日，日寇集中数万精锐兵力突击上海，遭到数十万中国军队顽强抵抗，可歌可泣的淞沪抗战开始了。繁华的上海遭遇了近代以来未曾遇到过的荼毒，以华界为中心，城市的多处被日军炮火、飞机投弹炸毁，市民死伤惨重，幸存者流离失所。先施公司、永安公司亦未能躲过劫难。8 月 23 日，日军战机投下一枚炸弹，直落先施公司，繁华的商场顿成人间地狱。公司大楼损毁严重，顾客、职员以及途经此地的行人伤亡严重；对邻之永安公司亦未幸免，毁损、伤亡情况与先施不相上下。日寇的暴行，使先施公司遭遇了在上海创业以来最大的劫难。但是上海人民并没有屈服于日寇的淫威，而是积极投身于抗日救国的洪流之中。先施、永安公司在全体职工及社会各界支持下，很快从灾难中走出，恢复了正常营业。先施、永安、大新、新新四大公司用多种方式支援抗战，包括由职工组成服务队，为前线将士提供服务等。

历时三月的淞沪抗战在敌强我弱的形势下，终以我军失利告终。上海沦陷后，租界成为日军统治范围以外的“孤岛”。大量的人员、资金、物资涌入公共租界及法租界，形成了上海抗战史上一段特殊的时日——“孤岛”的畸形繁荣时期。先施公司位于公共租界的南京路，也自然从这畸形的繁华盛宴中享受到了自己的份额。

即便缺乏后劲的“孤岛”繁荣于1940年底已呈现强弩之末之状，先施公司自身的状况也日益陷入困境，但仍紧抓商机，举办一些促销活动。如玩具部新进了大批时令送礼玩具，“廉价发售”；以每部七十五元的特价销售大号双座玩具汽车，还发售每套十五元的“上海股份票游戏”。绸缎部也“照码半价”销售一批“新式绸缎”，以每磅七元半的特价销售“蒙古骆驼绒”（每位限购两磅），还将原本每件售价十九元五角的“大伟呢”男袍料降至每件十元五角。洋伞部特价发售五华伞厂出品的各类雨伞：透明油绸女伞，每把十三元；木柄学生伞，每把二元八角；化学柄方骨女伞，每把三元半；化学柄水流骨男伞，每把七元。尺头部销售的全毛哔叽男袍料，每件二十七元半；织花天香绉旗袍料，每件五元半；双面彩条维也绒，原价每尺七角六分，现以每尺三角八分的半价出售。袜部特价出售仁裕电机针织厂的一批产品，包括：长统夹底双线男袜，每双一元三角半；十三支长统麻纱男袜，每双一元四角半；十三支女装中统小方根麻纱袜，每双一元四角；女装长统小方根麻纱舞袜，每双一元半；二百支女装特长小方根麻纱舞袜，每双二元二角；320针极细特长英国麻纱舞袜，每双三元。西药部发售一种新式饮品——巧克力味“维他麦精”，每罐“大牺牲”至四元八角。女式部销售的商品包括：女装全毛长袖外套，系合兴毛织厂出品，原价每件十五元，现降至半价；志成明记棉织厂出品的各类内衣，如女装新式罗纹袖卫生衫，每件三元二角半，女装罗纹脚卫生短裤，每条三元二角半，女装上下橡根卫生裤，每条二元；祥生皮件厂出品的几款女式皮手套，如女装真皮手套每双九元，女装真皮绒里手套每双十元，女装毛口绒里皮手套每双十一元等。皮夹部发售国泰提袋厂出品的几款提袋：37 纹皮手提袋，每只三十三元半；21 纹皮手提袋，每只十二元；40 摩洛哥皮手提袋，每只二十一元半；55 光皮小手提袋，每只四元半。罐头部则将一批食品九折销售，包括各种中外盒装巧克力糖、蜜饯什果等。

甚至“儿童世界”内也举办了商品促销活动。如洋什部就在此发售义华织造厂出品的“金马”牌系列产品，包括柔软线毛巾、圣诞条子儿童面巾、五彩条子软面巾等。沙利文公司以生产糖果饼干著称，它在“儿童世界”内设置了“沙利文”专车，供入场儿童们乘坐，还发给每人一包“沙利文”饼干。鞋部发售每双特价二十五元的进口“Kiddy”牌大号男童鞋，袜部也推出了一批特价童袜。①

无线电收音机也是当月促销活动中的“明星”类商品。如无线电部推出的最新款“美歌”(MELCO）牌 M57 式彩色小型五灯机。该型号被称为“一九四一年最新出品”，外观五色缤纷，外壳有大红、紫红、奶白、银绿、银蓝五种颜色。② 每台特价一百七十五元。

1941 年 12 月 8 日，日军发动太平洋战争，旋即占领租界，结束了“孤岛”时期。在上海完全沦陷的年代，百货业极为萧条，先施公司自不例外。由于日本与英美开战，致使海外商品的供货渠道几乎丧失殆尽。进口商品的路径既已断绝，从国内也很难筹集。日本发动全面侵华战争已历数年，对于经济造成极大破坏，无论是工业制成品，或是工业原料的生产，都处于难以维持的状态。战时经济造成了各类民生物资的短缺。此外，抗战前经国民政府规划、建设，已初具规模的国内交通运输网络，被割裂得七零八落，难以正

① 《申报》1940 年 12 月 14 日，星期六。

② 《申报》1940 年 12 月 15 日，星期日，（第三张）。

常运用于经济领域。在这种情况之下，必然造成货物短缺、价格暴涨的局面。与此同时，沦陷区人民的收入状况步步恶化，多数人在战争末期勉力维持温饱尚感难以为继，并无余财进行生活必需品之外的消费行为。上海虽然是日本占领军与汪精卫伪政权极力维持的重点地区，然而实际情形并无例外。对于类似先施公司这样经营"环球百货"、以城市中、上阶层为主要顾客群体的现代大型百货企业而言，目下的局势不啻是"灭顶之灾"。在商品难以补充、库存日益下滑的情况下，先施等公司希图以涨价之策来保全商品数量，避免陷入因无货而被迫歇业的结局。但是，汪伪政权主管经济的部门从政治角度出发，并不在意工商业者的命运。为了平息上海市民对物价疯涨的愤怒情绪，强撑危机四伏的统治，伪政权有关部门以平抑物价、保护民生为名，颁布了限价令，人为地促成了一波抢购风潮，从而令先施等更是雪上加霜。

虽然在崩溃的边缘徘徊，但先施公司最终并未彻底倒下，而是支撑到了抗战胜利。之所以如此，主要原因在于先施公司管理层及员工上下一心、群策群力，共渡难关。其次在于日本帝国主义的力量在太平洋战争爆发之后加速走向覆灭，仅维持了不到四年即宣告无条件投降。

抗争胜利、上海光复，给上海社会各界带来了久违的希望之光，人们感到重见天日，此后可以在一个和平、民主的新环境中建设家园，重建生活。但是未过多久，上海市民就在严酷的现实面前感到了幻灭。战后重建任重道远、困难重重，沦陷区人民原本在敌伪统治下已饱受磨难，因此切望重新回归的国民政府能够切实采取措施，恢复经济、民生，使人民早日走向安居乐业。但国民党政权在战后首先考虑的却是如何在政治上一统江山，而各级官僚普遍贪污腐化，在前“沦陷区”以“接收”敌伪财产为名大肆掠夺，疯狂地重新瓜分社会财富。如此政府，带给人民的只能是灾难。抗战胜利后，上海社会累积的新旧矛盾一触即发，经济惨淡，民生凋敝。人们对国民党当局的态度也由光复之初的热烈欢迎迅即转为极度不满、怨声载道。

与沦陷时期相比，先施公司面临的形势发生了变化，但经营困难的状况依然没有实质性改变。老问题中有的一成不变，不见改善；有的则更为严重。以商品的进货来源为例。抗战胜利后虽然海外的运输路线恢复了通畅，但昔日的重要货源地——欧洲主要工业国却在第二次世界大战中大伤元气，经济尚未复苏，无法大量出口商品。在亚洲，战败的日本极度萧条，导致曾在“环球百货”中占据很大比例的“日货”竟然销声匿迹。国内则是经济残破加之政局动荡，民族工业的处境极为艰难，也无望成为稳定的供货渠道。再以消费者为例。抗战胜利后人民的生活非但未有所改善，相反随着内战的爆发进一步跌入深渊。大多数上海家庭为穿衣吃饭而疲于奔命，男士们为了不被解雇而兢兢业业，主妇们整日为了柴米油盐精打细算。如此生活状态，很难使市民们有余力与闲情去关注稍高层次的消费。与这种情况相适应的则是，上海街头出现了数以十万计的小贩，他们赖以维持小本经济的货源，是抗战后充斥上海的美国援华物资。与百货公司、大中型商店相比，小贩们的货物更为廉价，显然受到市民们欢迎。

如此局面下，先施公司只能是继续衰落。其一表现为营业额、利润持续萎缩。其二则表现为先施公司在四大公司中的地位及影响日益靠后。40 年代末，先施非但与老对手永安相比大为逊色，即使与属于后起之秀的新新、大新相比也存在着很大的差距。但它毕竟在“四大公司”中历史最为悠久，也曾有过二三十年代的辉煌业绩，这块“金字招牌”对于顾客仍具有不可小觑的魅力，构成了先施公司得以支撑危局的重要基础。

但是若进行更为客观的分析，那么就不难得出这个结论，即造成上海先施公司每下愈况的要素中，远在香港的先施总公司所起的作用至关重要。上海先施公司自成立以来，始终被定位于总公司的分公司。这不仅表现在经营决策、人事管理方面，还体现于另一个关键性因素——资金控制方面。上海先施公司每年的利润，原则上均归于总公司。至于公司所需各项流动资金，则由总公司拨付。在经营鼎盛时期，总公司除了取走利润之外，对于上海先施的资金投入并不吝惜。然而在40年代末期，情况发生了变化，总公司对于上海先施的资金控制越来越严，甚至有时竟至于“只进不出”。在提取利润方面采取越来越严格的措施，态度越来越不通融；与此同时，在拨付必需资金方面却日益消极。先施总公司如此作为，并非有意与自己的分公司为难，而是经过深思熟虑之后采取的经营决策。先施最高经营管理层出现了一些新的情况，加之对于内战的前景不抱乐观态度，已决定有意逐步收缩乃至不得已时被迫放弃上海先施的经营。由于缺乏资金，上海先施左右支绌，窘态毕露。

苦苦挣扎之际，却又遭到来自国民党当局的致命一击。1947年内战全面爆发后，当局开始强力干预经济，采取的措施包括强行币制改革、发行金圆券等。国民党政权的此类举措纯属倒行逆施，难逃失败的结局；但却给上海社会造成了极大的苦难。1948年8月中旬，国民政府行政院通过币制改革方案，强制法币退出货币流通领域，代之以“金圆券”。稍后，蒋介石以总统身份颁布法令，在全国范围内发行、流通金圆券。上海作为民国时代的金融中心，自然处于这次币制改革的风口浪尖之中。

国民政府强行币制改革，原先内含遏制通货膨胀的本意。大量增发法币，是当局自抗战以来解决财政赤字的“法宝”；但是国内经济状况持续恶化，政府财政收入始终捉襟见肘，国库中的黄金、白银，以及外汇储备多年未有增长。抗战胜利尤其是内战爆发后，国民党当局的开支更是急剧上升，依靠财政收入已完全无法应付局面，惟有通过大量印发纸币这种饮鸩止渴的办法来救急。在推行“金圆券”之前，法币造成的通货膨胀已相当严重。因此，当局废止法币、强推“金圆券”，最初确实希冀借此解决通胀问题。但由于缺乏足够贵金属、外汇作为新货币的发行基础，当局竟借此动了劫掠民间财富的歹念，并且付诸行动。政府禁止国民私人持有金、银及外汇，限令于9月30日之前必须按当局规定的汇率兑换成金圆券，违者一经查处，即予没收。此外，还命令在国外存有外汇资产的国民必须于12月1日之前前往指定金融机构如实登记，接受管理，违者严处。这种近乎劫掠私产的做法，激起了国民尤其是全体资产阶级的愤怒。

9月30日本是当局“收缴”民间贵金属及外汇资产的限期，但9月下旬，当局无奈之下宣布将限期推迟一个月，实质上宣告了金圆券已丧失信用。于是抢购风顿起，市民们倾巢而出，席卷商店、百货公司，抢购各种物资。先施公司本就库存羞涩，在突如其来汹涌而起的抢购风潮面前更是毫无对策，公司眼看就要被冲垮，但除了束手待毙以外似乎别无出路。按照常理，商家本可大幅提高物价以应对抢购风潮，但当局通过限价令的方式以行政手段冻结物价，此举原本在于稳定社会局势，但却对抢购风潮推波助澜，将社会公众的不满转嫁到了工商业者身上。在这种情况下，工商业者只要维持经营，就注定亏本，于是便转而竭力保存物资，以期度过此劫。先施公司也参加了这种事实上的罢市行动。但是此举触怒了国民党当局的最高领导人——蒋介石，他派遣蒋经国前来上海，以威吓、高压手段逼迫工商业者恢复营业。然而蒋经国在国民党高层利益集团的强大阻力面前碰了壁，铩羽而归。此后，上海的金融、工商完全处于失控状态，直至解放后才得以恢复。

先施公司在这场经济风潮中不可避免地遭到了冲击，存货、资金两方面的短缺问题更形突出。为了维持经营，公司管理层采取了一些措施。例如对传统的营业部体制做出重大调整，采取招商的方式，吸引一些生产厂商直接进驻商场，设专柜售货。在当时的形势下，这样做确实有效地改善了货品不足的状况，但随之也派生了新的问题。由于进驻商场设立专柜的多为小工厂，在制定零售价格时各自为政，并无统一协调，造成商品价格整体偏高，结果乏人问津。对此，公司方面惟有听之任之，别无解决之道。

1949 年 5 月，上海解放。城市形态、社会结构开始发生巨变。虽然新成立的人民政府有意扶助先施公司，意在使其维持经营，然而由于历史遗留问题过于沉重、香港总公司态度消极，加之受到社会、经济新环境的影响，遂导致其于 50 年代初连年亏损，业务量大为减缩。自 1952 年起，先施公司陷入歇业状态，依靠出卖资产维持日常运转支出及给员工发放生活费。经香港总公司董事会决议并在中共上海市委、市政府及老闸区①委、区政府的妥善处置下，先施公司的商场部门于 1954 年 12 月关闭，结束了 37 年经营环球

① 老闸区是指上海市区东部的一片区域。民国 34 年（1945 年）以东沿山西南路、汉口路、山东中路，西沿西藏中路，北沿苏州河，南沿中正东路（今延安东路）。以吴淞江上建有老闸故名。1956 年撤销，辖地划归黄浦区。

百货的辉煌历史。[1]1956年8月，国营南京路时装商店（即现上海时装公司）于先施公司旧址隆重开业，这极富象征性的一幕，是南京路步入一个新时代的重要标志。

商场关闭之初，先施乐园及东亚旅馆并未随之一同关闭。先施乐园于1958年大跃进高潮中改建为黄浦区文化馆，对外开放；东亚旅馆则改为国营东亚饭店，继续以其烹制的美味佳肴著称于世。

## 三、乐园记趣

1917年10月21日上海先施公司开业之际，与商场、东亚旅馆一并开张的，还有先施乐园。这是先施公司的一种经营模式，在广州等地已被证明极为成功。百货公司附设游乐场，创自先施公司，后为粤系百货公司的一种经典模式，影响深远。

### （一）日夜戏场——鼎盛时代

先施乐园揭幕之日，比商场正式开业还要早一月余。先施乐园是民国时期上海著名的公共游乐场，它对于城市社会及市民生活所造成的影响，在某种意义上并不亚于商场。鼎盛时期，先施乐园拥有两家剧场（安乐大剧场、繁华剧场）、五家书场（第一至第五书场），另设屋顶花园等设施。[2]先施公司大楼集商场、酒店、游乐场于一体，使到访者可在同一空间内享受到购物、美食、游乐的三重乐趣。购物、美食与游乐，都可包括在上海人通称的“荡马路”



① 《近代中国百货业先驱——上海四大百货公司档案汇编》第41—52页，上海市档案馆、中山市社科联编，上海书店出版社2010年10月版。

② 《上海文化艺术志》第158页，《上海文化艺术志》编纂委员会编，上海社会科学院出版社2001年版。

这一休闲方式之内，先施公司的这种经营安排，将“荡马路”毕其功于一役，凡踏进先施者，无论初衷如何，都有可能前往乐园一游。并且，先施乐园拥有的娱乐设施在当时堪称时髦、一流，加之收费低廉，因此很快便名扬沪上，成为著名的公共游乐场所。

在民国时期的32年历史中，最为有声有色的阶段当属抗战之前的20世纪30年代中叶。因为抗战之前先施公司商场的服务定位，与城市普通市民尤其是贫民的日常生活毕竟存在距离。但先施乐园的情况就不同了，相对低廉的收费，夜以继日的演出安排，非常清楚地说明了它的定位。显然，它是以普通市民为目标顾客群的大众化游乐场。它的演出节目安排、设施以及收费等，切合、满足了普通市民的口味与要求。通过分析1936年12月的节目单，可以进一步得出该乐园的若干特征。

1936年12月先施乐园的演出类节目包括京剧（当时称“平剧”）、蹦蹦戏、话剧、电影、绍兴文戏、维扬新戏。上述几类节目，当时都极富人气。上海虽然地处江南，却是京剧艺术的重镇和举足轻重的演出市场。晚清以降，京剧开始在上海的戏园中崭露头角，很快便成为商业演出的主力，拥有了大量观众。诸多名伶相率自北京南下至沪，登台演出，一方面满足了广大戏迷如饥似渴的诉求，同时也使自己及戏班的钱袋大为膨胀。有的京剧名伶除了在上海这座舞台上大放异彩之外，还留下了颇为丰富的遗闻轶事。如杨小楼等人，就曾制造过不少耸动一时的花边新闻，为关注他一举一动的公众提供了不少津津乐道的“八卦”素材。在这种社会氛围之下，上海的京剧艺术逐渐形成了独具一格的局面：“海派”京剧终于脱颖而出。时代进入了民国，京剧在上海的人气非但没有呈现出衰退的迹象，相反却在新的条件下愈益高涨。在唱片公司录制的唱片、广播电台每日播出的播音节目中，京剧均占有极其重要的份额；至于剧场演出，就更可谓“热闹非凡”了。先施乐园的演出类节目情况，也非常清晰地说明了这一点。设施比较完善、门面更为气派的安乐大剧场，专门供京剧演出使用。就演员阵容及演出内容而言，京剧的重要性远远超出其他演出类节目。

除广受欢迎的京剧以外，蹦蹦戏、绍兴文戏，以及所谓“维扬新戏”是出现于1936年12月节目表中的三种地方戏曲。这绝非意味着沪上居民欣赏地方戏曲的口味只向上述三种倾斜。实际上，上海城市人口显著的“五方杂处”特征，决定了居民对于地方戏曲多种多样的喜好。除了蹦蹦戏、绍兴文戏、维扬新戏之外，当时较受居民欢迎的还包括本地的“申曲”及说唱、宁波一带的“四明文戏”、苏州的评弹、粤剧以及昆曲等。受制于场地设施、先施方面与相关戏班交涉进展是否顺利、租界当局的某些针对公开演出的限制等因素，先施乐园在一段时期内只能安排数个戏班进场。就如1936年12月有机会在此献艺的是蹦蹦戏、绍兴文戏、维扬新戏三个班子一般。但无论时期差异，在先施乐园内演出的都是在部分市民中较受欢迎的剧种，这点毋庸置疑。

上海是中国话剧艺术的发源地。话剧在中国一度被称作“新剧”、“文明戏”，由此可见国人对于话剧的观感，以及它在中国戏剧中的定位。话剧剧目内容富于现代气息，富于时代感；对白使用国语，讲究语言艺术。因此，话剧观众多为都市知识青年，在上海演出市场的地位也比较重要。它能在并不宽敞的先施乐园内占据一席之地，绝非偶然。

自中国有电影始，上海就是中国电影业的重镇。30年代，国产有声电影在上海获得了巨大进步，中国电影史上的一个黄金时代已揭开帷幕。上海各影院一到放映时间，场内往往座无虚席。原先各大影院放映的影片中，以美国片居多；至30年代中叶，国产电影奋起直追，遂呈现平分秋色之势。先施乐园设置日夜影戏场，显然意在吸引电影爱好者入园。但是与戏曲演出不同，放映电影不可能每日更换新片，约每周换一次。

从先施乐园日、夜场的节目安排来看，重点显然在于夜场。如安乐大剧场的京剧演出，夜场多为大戏，《狸猫换太子》由五本开始，不断“升级”，最终上演至十本。而日场除了两天之外，每日上演的均为折子戏。再如蹦蹦戏、话剧，夜场安排上演的剧目往往比日场剧目更为叫座。虽然终日游荡的有闲阶级不乏其人，但属于愿以小洋两角购买门票、且享受“买一送一”消费层次者，终究以白天辛勤劳作者居众。夜幕降临，人们终于可以放松一下心情，于是先施乐园便成了一个极佳的目的地。

先施乐园实行低价门票，无疑是向更多人敞开了入园游乐的大门，从而极大地发扬了公共游乐场的社会性。然而，这也造成了一些负面效应，如演出团体、戏班的水准等。以如此门票收入，断无延请一流戏班之理。于是在此演出者，多为二、三流戏班。先施乐园终非专业戏院，这样反而更符合其公共游乐场的属性。

1936年末的上海，尚是一派歌舞升平景象。但此时的华北大地，却早已险象环生。日本驻屯军肆意挑衅、摩拳擦掌，与平津中国军队之间的大规模冲突态势如箭在弦上。1936年12月12日，西安事变爆发。后在国内外各方进步力量的努力推动下，国共双方再次宣告合作以御外侮，一场震撼中国的政治危机得到了和平解决，国内政治由此出现了积极、健康的新局面。1937年7月7日，卢沟桥事变爆发，就此揭开了八年抗战的历史大幕。

此时，作为中国经济的重镇，国民政府统治的重心，上海开始感受到巨大的震动。整个城市的气氛空前紧张，日本在上海的驻军早已做好了军事进攻的准备，人数多达数万的侨民也摩拳擦掌、跃跃欲试。约一个月后，“八·一三”事变终于爆发，日军出动陆海军数万精锐部队猛攻上海，欲一举拿下这座中国经济的中心城市，随后直扑首都南京。国民政府毫不示弱，调动数十万大军顽强抵抗，打响了淞沪会战。先施公司等虽位于公共租界，较为安全，但仍遭敌机投掷重磅炸弹，人员、财产损失惨重。

### （二）由沉沦走向再生——先施结局与城市史意义

1937 年 11 月末，淞沪会战以中国军队失利告终，日军占领了除两租界之外的上海地区，这种状况持续至 1941 年 12 月 8 日太平洋战争爆发，是为上海抗战史的所谓“孤岛”时期。由于大量资金、人员涌入两租界，使得“孤岛”竟出现了一时的繁盛景象。日本急于扶植伪政权，以示占领秩序的建立与稳定。然而随着与英美摩擦的加剧，租界的形势变得日益不稳，前景日趋黯淡。这种情势，从先施乐园的日常经营中也得到了反映。以太平洋战争爆发前的 1940 年 11、12 月的光景为例，虽仍在勉力维系，却已今不如昔。

1940 年 11 月 5 日。先施乐园的门票价格上涨至每张一角三分。安乐大剧场的戏班业已实现男女同台公演，“日戏”剧目为《杨贵妃》、《白马坡》、《南天门》、《扫松下书》、《伐子都》；夜场上演《高平关》、《嫦娥奔月》、《割须弃袍》、《吴汉杀妻》、三本《铁公鸡》。日夜影戏场日、夜场上映《三壮士》。此外，尚有一些魔术、甬剧、维扬新戏等节目。①



① 《申报》1940 年 11 月 5 日，星期二，（第三张）。

1940年11月9日。门票价格每张又上涨两分，为一角五分。安乐大剧场日场上演《红梅阁》、《法门寺》、《裴元庆》、《立志投军》、《枪挑小梁王》；夜场剧目为四本《狸猫换太子》。日夜影戏场放映新片《红粉歼仇记》，其余节目不变。①

1940年11月14日。安乐大剧场日场剧目为《五花洞》、《玉堂春》、《北汉王》、《鸿门宴》；“夜戏”上演《胡奎卖人头》及《潘金莲》。日夜影戏场放映新片《大闹德盛庄》，其余各班节目依旧。②

1940年11月23日。安乐大剧场日戏上演《天女散花》、《白绫记》、《莲花湖》、《斩经堂》、《翠屏山》；夜场上演十本《西游记》。日夜影戏场更换的片目为《青春时代》，其余各班的节目预告不变。③

又进入了岁末时节。1940年12月5日。安乐大剧场日场剧目依次为《天女散花》、《百花亭》、《杀四门》、《莲花湖》、《潞安州》；夜戏上演十二本《西游记》。日夜影戏场上映新片《重见光明》。④

12月9日。安乐大剧场日戏上演如下剧目：《坐皇宫》、《杨贵妃》、《探亲家》、《长坂坡》、《四进士》。夜场仍为十二本《西游记》。日夜影戏场上映新片《黄金祸》。其余各班的节目预告不变。⑤

12月14日。安乐大剧场日场剧目如下：《查头关》、《花蝴蝶》、《华容道》、《刺惜娇》、《怀都关》。夜场上演《八仙飘海》、《小春香》、《别寒窑》、三本《铁公鸡》、《九更天》。日夜影戏场更

① 《申报》1940年11月9日，星期六，（第三张）。
② 《申报》1940年11月14日，星期四，（第三张）。
③ 《申报》1940年11月23日，星期六，（第四张）。
④ 《申报》1940年12月5日，星期四，（第三张）。
⑤ 《申报》1940年12月9日，星期一，（第三张）。

换了放映片目，上映新片《黄海盗》。其余各班的节目预告不变。①

12 月 19 日。安乐大剧场日戏上演如下剧目：《打花鼓》、《濮阳城》、《梅龙镇》、《巴骆和》、《贩马记》。夜场上演剧目为《双奔月》、《界碑关》、《花钿错》、《鹿台恨》、《雪弟恨》。日夜影戏场上映新片《人海狂澜》。其余各班的节目预告不变。②

12 月 23 日。安乐大剧场日场剧目依次为：《万花亭》、《打花鼓》、《三娘教子》、《麻姑上寿》、《双珠凤》、《周瑜归天》、《乌龙院》、《大溪皇庄》。夜场上演《三星图》、四演《五花洞》、《一棒雪》、《代法场》、头本《麦城升天》。日夜影戏场上映新片《石破天惊》。其余各班的节目预告依旧。③

在"孤岛"畸形繁荣时期，先施乐园等公共游乐场依旧呈现出一派热闹景象。一切似乎照旧，但其实已发生了变化。比如，门票价格的变动。此外，还包括诸如节目方面发生的变化等。有一个情况似乎颇能对先施乐园的经营情况从侧面做出某种说明，即乐园在《申报》上刊登节目表的频繁程度。1936 年 12 月及 1937 年 7 月，《申报》几乎每天都刊登先施乐园当日的节目表，但这种情况到了 1940 年 11、12 月却发生了很大改变。这两个月内，先施乐园共在《申报》刊登节目表九次，从每日一刊缩减至几乎每周一刊，颇能反映乐园的某些经营实态。大致可以就此做出两点推论：其一是节目的更新频率变得比较缓慢了。节目维持相对稳定，自然便失去了在日报上频频刊登节目表的必要性。其二是乐园的经营状况可能不如以往那么理想。"孤岛"虽依然维持着歌舞升平的局面，但一走

① 《申报》1940 年 12 月 14 日，星期六，（第四张）。
② 《申报》1940 年 12 月 19 日，星期四，（第四张）。
③ 《申报》1940 年 12 月 23 日，星期一，（第三张）。

出这狭窄的地界，就是被日寇占领的广大地区。况且“孤岛”自身的处境也在不断恶化。而上海普通居民的生计，自沦陷以来，包括“孤岛”时期在内，处于持续恶化的状况。在如此社会背景之下，公共游乐场所的整体经营情况不可能不受到影响。

1941年12月8日太平洋战争爆发后，日军全面占领了上海。1942年，日本当局为了取得宣传优势，宣布废除租界，原上海租界地区的治权名义上回归了汪精卫伪政权。先施乐园的境况照旧，每天昼夜不息地迎接前来寻求轻松、娱乐的人们。只要不上演公开揭露或影射敌伪统治的节目，敌伪当局对于公共娱乐场所的管制还是相对宽松的。这些展示“歌舞升平”的地方既能使生活在严酷现实中的人们暂时得到精神方面的放松，又可作为统治稳定的表象之一。看来，敌伪当局深谙此道。不过，敌伪的文化统制终究是严酷的，它给先施乐园等公共娱乐场所日常经营造成的影响难以避免。这种影响主要体现在演出节目方面。例如，日夜影戏场及露天影院均不得放映英美影片，具有英美背景的话剧、歌舞节目等也被禁止上演。又如宣扬民族意识的节目也在严禁之列。一旦发现有“违规”事例发生，敌伪将施以严厉的处罚。

1945年8月，日本无条件投降，上海光复。此后不到四年的岁月内，上海社会经历了巨大的震荡。人们由最初的满怀期待迅速走向幻灭，直至最终满怀愤怒，转而迎接一个新政权的诞生。在这段艰难的岁月里，先施乐园内仍然游人如织。平民百姓需要在生活的煎熬中获得片刻放松，艺人们需要挣钱养家糊口，这些都构成了先施乐园得以维系的要素。1949年5月27日，中国人民解放军进入上海，新的人民政权成立；先施乐园也随同上海社会一起，迎来了崭新的时代。

解放后，根据中共的建国蓝图，新中国将着手建立新民主主义社会，并以此为过渡，走向伟大的社会主义社会，最终实现共产主义的人类理想。为了建设新社会，就必须对旧的社会秩序进行全方位的改造，包括政治、经济、文化、道德……先施乐园虽只是区区一介游乐场，但几乎与社会秩序的任何方面都有关联。若无脱胎换骨的改造，则很难在新社会得到重生。

先施乐园若计划维持经营，必须适应新的社会环境，进行自觉或不自觉的改造。首要、也是最关键的一点，就是政治态度及表现，即先施乐园对于新社会及人民政府所持的基本立场。这其中包括是否遵守政府的相关法令、上演的节目中是否存在与主流意识形态及道德规范相抵触的内容、艺人及职员中是否有反动分子等。对此，先施乐园采取了服从、响应的态度。虽然，究竟哪些节目允许上演、哪些艺人及戏班允许登台，经营方最初并不清楚，但只要有关政府部门做出具体指示，即坚决遵照执行。与此同时，还须积极督促本园所属艺人、戏班排演反映新的社会环境、讴歌时代精神的作品。客观而言，在政治方面转向、适应变化了的形势，并不是一件难事。



但对于另一些变化的适应过程，就不那么轻松了。其中比较突出的问题主要在于观众人数的减少，以及艺人流动性的弱化。这似乎不能归因于先施乐园的经营方略，而主要是由社会环境的巨变所造成的。旧上海退出历史舞台时，留下的是一个百业凋敝、民生崩溃的烂摊子。这主要是战争创伤，以及统治阶级疯狂搜刮掠夺造成的结果。上海解放之初，普通百姓的日常生活非常艰难，饱受恶性通货膨胀与基本民生物资奇缺的折磨。如此时局，很少有人有闲心和闲钱去泡游乐场，这是先施乐园游客人数大为减少的原因之一。

原因之二，在于社会风气的转变。50年代之初，整个社会充满了斗志与激情，大多数社会成员认为应该为建设祖国美好的未来贡献自己的全部精力。积极向上、努力进取成为社会风气的“主旋律”，游手好闲、无所事事被认为是一种不正确的人生态度。况且，人民政府开始着力解决旧社会的痼疾之一“失业”，并将劳动的意义融会到生活方式与道德水准之中。社会风气的转变，反映着人们的价值观、道德观、生活方式都发生了变化，这对于先施乐园此类旧日留存下来的游乐场而言不啻为巨大的考验。

总之，进入新时代的先施乐园仍在努力适应变化了的形势，勉力维持。上海市商业局1953年12月“关于先施公司目前情况的报告”中有关先施乐园部分的情况显示：截至1953年12月，乐园共有职工52人。职工文化程度情况如下：文盲5人，初小31人，高小8人，初中7人，高中1人。年龄情况如下：25岁以下2人，26至45岁16人，46至60岁27人，60岁以上7人。①从以上数据分析，先施乐园职工整体的文化程度较低，年龄偏大。就职工文化程度而言，先施乐园的情况应属正常；而就职工年龄情况而言，则明显偏大，从一个侧面反映了乐园经营面临的窘境。

虽然情况并不乐观，但1954年中共上海市老闸区委、区政府与先施公司协商接手事宜时，政府方面仍提出将乐园与东亚旅社交由资方继续经营。之所以如此，一方面在于减轻上海先施公司事实上国营化对海内外造成的影响。毕竟，私营工商业的社会主义化运动当时还没有进入“疾风骤雨”阶段。另一方面是出于人事安排的考虑，做出如下说明：目前上海先施公司资方负责人黄祖康解放后

① 《近代中国百货业先驱——上海四大公司档案汇编》第31页，上海市档案馆、中山市社科联编，上海书店出版社2010年版。

一般表现尚好，因此应考虑妥善安排；除仍责成其负责先施乐园和东亚旅馆，并推动其做到保本自给，将来视需要再分头改造。①

黄祖康是黄焕南之子，17岁起即进入上海先施公司工作，其时担任公司副经理兼东亚旅馆经理。显然，他在解放后的表现得到了政府的肯定。1956年，包括先施乐园、东亚旅馆两部分在内的先施公司实行公私合营，完成了社会主义改造。此后，先施乐园完全改变了旧日的风格，舞台气象一新。1958年，在大跃进的热潮中，先施乐园民艺京剧团上演了现代戏《白毛女》。这一具有标志性的剧目仿佛成为了先施乐园的绝唱，同年，先施乐园改为国家事业单位——黄埔区文化馆。

民国时期上海具有代表性的公共游乐场——先施乐园，终于结束了旧日的篇章，以全新的面目展开了另一段历史。就某种意义而言，这也可谓城市社会变迁史中一件具有象征意义的事件。昔日的先施乐园，作为南京路四大公司附设游乐场中最初开设的一家，对于上海城市娱乐、戏曲演艺事业的发展曾发挥过非常重要的作用。数十年来，无数游客在先施乐园内寻找到了生活的乐趣；众多的艺人、演艺班子在先施乐园内亮相、成名；一些地方曲艺剧种也在此走向成熟、趋于完美。先施乐园还出版日刊，刊登娱乐信息、评点艺人及剧目，为时长达十年。先施乐园与其他公共游乐场一起，构成了民国时期上海民众公共娱乐空间的重要部分；这些公共游乐场内安排的节目、项目，成为了民众娱乐生活的重要内容。因此，先施乐园内上演的一切，是民国时期上海城市社会生活中颇具色彩的一段，这也是先施乐园在城市社会生活史方面的意义所在。作为民

① 《近代中国百货业先驱——上海四大公司档案汇编》第39页，上海市档案馆、中山市社科联编，上海书店出版社2010年版。

国时期上海城市社会生活的标志之一，先施乐园的繁荣乃至维系均无法脱离民国上海社会这一特定的社会环境。它是先施乐园生存的土壤，离开了这一社会环境，原先的先施乐园就必然会发生质变，成为新的社会环境下的新型公共娱乐场所。解放后，先施乐园演变为黄埔区文化馆的历程，就为此做了很好的诠释。虽然先施乐园已走进历史，但它曾经闪耀的光芒却并未消失，仍在历史的天空中熠熠生辉。

# 第二章
# 上海永安　时尚窗口



## 一、永安传奇的创世纪

### （一）澳洲淘金——郭氏兄弟的创业与转型

中山是我国著名侨乡，民国时期侨居海外的中山人数就数以十万计。中山人大量向外迁移是由 19 世纪 50 年代珠江三角洲特殊的自然、社会环境造成的。

其一，中山，原名香山，1925 年 4 月，为纪念孙中山先生，改为现名。原为珠江口外一处偏僻岛屿，人口不多，经济落后。明代时，县境屡遭海盗侵扰，生活难以安定，人民不断外迁。入清以后，受清政府海禁政策影响，沿海土地大量抛荒。康熙二十三年开禁，至嘉道年间，耕地面积和人口都得到恢复性增长，嘉庆二十四年，全县有田地 125.37 万亩，人口 43 万，与南海、番禺、顺德、东莞一起列为大县。1934 年全县人口 116.8 万余人，北部平原每平方公里有人口约千人，全县平均密度约 400 人，地狭人稠的矛盾十分突出。

其二，濒海的中山是自然灾害频发地区，最寻常的是水灾，其次为风灾。《中山市自然灾害史料》一文载，自宋庆元五年至 1908 年，中山共发生大水灾 31 次，尤以 1843 年、1844 年、1855 年为重，造成禾谷朽腐，颗粒无收。风灾的危害同样可怕，1814 年 8

月12日夜香山飓风大作，“坏屋无数”，澳门尤甚，舟船尽覆，漂溺万余人。1848年8月15日至30日，黄梁都遭遇三次飓风，“山田禾穗杂粮概坏”。1871年7月18日夜飓风袭击中山，岐头树偃毙2人，民居多损坏，“海舟多漂溺”。①

其三，社会秩序失控，人民的生命和财产长期处在威胁之中，如1879年8月5日的《申报》报道：“广东香山县境盗风日炽，今春2月间有盗20余人明火持械，抢劫翠亨村陆庭耀、陆庭顺、陆忠桂家，共计赃银约值3000两。4月间又抢唐姓家，5月间抢谭姓家。”盗匪如此猖獗，地方官府多束手无策，百姓无以自保，只得自寻机会，向新的生存空间发展。迁移海外就是部分香山先民的选择。

早在中英鸦片战争之前，香山人就开始向海外迁移，据载，嘉庆5年十余名香山人分乘两艘帆船，自澳门出发，经月余海上漂泊，抵达槟榔屿。1802年槟榔屿香山会馆建立。1819年一梁姓香山人抵新加坡，1821年，香山移民组成的“香公司”在新加坡问世。1848年，北美发现金矿的消息在珠江三角洲引起骚动，赴北美淘金的粤民急剧上升。有报道指出：抵旧金山的华工“以香邑恭谷两都为众”。

1852年，澳大利亚发现金矿的消息传到中国，急于摆脱贫困的闽粤沿海人民开始前往澳大利亚，据学者科格伦估计，1854年至1856年到达新南威尔士的华侨有2000多人，1856年开始有大批华侨到达墨尔本，并称之为“新金山”，其中绝大多数是广东人。90％以上的澳洲华侨来自珠江三角洲，如四邑（新会、台山、恩

---

① 《中山文史资料》第7辑，广东省中山市政协文史编辑委员会1986年版。

平、开平）、三邑及中山、高要、肇庆等地，分布在各殖民地，新南威尔士及维多利亚、昆士兰是华侨最集中的地区。新南威尔士的广东华侨，中山人占40%，高要人24%，东莞人20%，四邑人（以台山和新会为主）10%，南海、番禺及顺德3%。19世纪末20世纪初，昆士兰凯恩斯的粤籍华侨，中山人占83.3%，大部分来自中山的隆都。1900年后，悉尼及周围地区的粤籍华侨大部分也是中山人。

悉尼的中山人不少来自竹秀园，竹秀园郭氏以宋致政公为始祖，至郭乐之父沛勋公，竹秀园郭氏已历廿三代，郭氏先人有过腾达，出过两位进士，但大多数年代，子孙多依靠力耕度日。沛勋公弟兄四人，公居长，少年力学，虽读书不多，也知圣贤之言。尤其难得的是沛勋公识时务，思想开通，家谱称，是他资遣长子郭炳辉前往澳洲谋生。到澳洲后郭炳辉一直在菜园当工人，十分艰难，不数年积劳成疾，无奈之下返国，死后葬于家乡的石岗。郭炳辉死后不数年，郭乐在父亲支持下，再次开始郭氏兄弟的海外闯荡之路。

19世纪90年代的悉尼与郭炳辉到悉尼时相比，华侨的职业发生了一些变化，菜园业取代采掘业成为华侨职业的首位，麇集着大量来自珠江流域的农民工，他们通常几个人合作，将荒芜的土地开垦成齐整的菜园，用心浇灌、栽培，收割后或肩挑到镇上出售，或批量售给中间商，菜园业使不少华侨在当地站稳了脚。个别华侨在经营菜园成功后尝试种植其他经济作物甘蔗、香蕉等，甚至合伙开设水果栏、杂货店及批发行，加快了致富的速度。

至19世纪90年代，一些从事中澳进出口业的广东华侨几乎垄断了澳洲对华贸易，他们从中国进口陶瓷、茶叶、丝绸、中草药等土货，将澳洲的农牧产品牛奶、面粉、皮革及肉类等输往中国香港，赚了不少钱，有的成为有名的侨商。

郭乐到澳大利亚同样经历了从力耕到经商的转型。刚到悉尼时，郭乐当过菜园工人、蔬果小贩，后由堂兄郭标介绍，到同乡马应彪开设的果栏打工。勤奋、节俭且具商业头脑的郭乐很快脱颖而出，获得赏识，逐渐积累起一点资金。1897 年，雄心勃勃的郭乐与同乡欧阳民庆、梁创、马祖星、彭香坤等人集资 1400 镑收购永安栈，更名为永安果栏，由郭乐任司理。永安果栏以经营水果为主，兼营中国土特产为辅，生意十分红火，郭乐遂将三个弟弟招去协助工作。

1902 年马应彪开设的永生、泰生与永安果栏合办生安泰公司，郭乐被推举为司理。三家商号合伙的生安泰有很强的市场竞争力，赢利相当稳定。但是批发生意，只能赚取中间价，要实现利润最大化，惟有实行产销一体，自己购置土地，办种植园，雇人种植，收割后销售市场。一些澳洲华侨菜园主正是通过这一方式迅速脱贫。有鉴于此，泰生在斐济购置过 100 英亩的土地，雇当地土人种植香蕉，每两周用船运载 4000 串香蕉到悉尼销售。生安泰三家合伙后，永安仍有自己独立的商业活动，郭乐在斐济也开辟了香蕉种植园，永生、永安、泰生在斐济、昆士兰总共拥有香蕉园达 350 英亩，生安泰每半个月运一万串香蕉到悉尼销售，产销一体，提高了马氏和郭氏的赢利能力。

经营水果栏得手后，郭氏兄弟将业务扩大到杂货营售和进出口业。

当时华侨大多住在悉尼郊区，进城一趟办事有诸多不便。永安果栏在销售水果的同时，兼售华洋杂货，从国内采办土产售给华侨，很受欢迎。果栏也扩大了在华侨中的影响。永安果栏另一深得人心之举是无偿为同乡给家乡的亲属汇钱。华侨远赴海外打拼，目的是能在经济上让留在家乡的亲人摆脱贫穷，但辛苦积攒的钱要迅速安全寄到亲人手上并不容易。19世纪末20世纪初，中国的现代银行刚刚起步，仅有的几家银行远没有能力建立遍及城乡的通汇网，闽粤地区的民信局、侨批局就是在这样的背景下设立的，设立民信局的大多数是同乡商人，熟悉家乡的每个村每个镇，因而受到海外华侨的信任。但即便如此，民信局的延投事件仍难以避免，原来精明的中国商人在收下华侨委托汇寄的欠款后，往往利用等候轮船回国的日子，将积有成数的巨款用来放款套利，因此不能说民信局绝对可靠，如何及时安全将钱寄到家乡亲人手上，仍是华侨十分揪心的事。

永安果栏代同乡汇兑有两个让人啧啧称奇的优点，一是安全、及时，二是无偿，不取报酬。这都显示了郭氏兄弟的不同他人之处。郭氏兄弟在香山雇用了一批信使，常年走村串巷，及时无误地把信送到华侨在国内的家人手上。日子久了，永安果栏的口碑像风一样传遍悉尼华侨社会。郭氏兄弟无偿为同乡汇款原本并没有商业目的，没想到不少同乡因信任永安，把钱存在永安果栏，果栏没费多大力气，便获得一笔其他商家梦寐以求的资金。

由于在悉尼华侨社会深孚众望，郭乐、郭泉、郭葵等人回国筹建百货公司后，留在悉尼主持永安果栏的郭顺于1920年被当地华侨一致推选为悉尼中华商会会长。

澳洲淘金生涯对郭氏兄弟的影响是难以估量的，正是在澳洲，兄弟数人完成了从乡民向商人的转变，积累了丰富的经商经验，他们后来来到洋人主宰的上海租界，对那里的商业环境并无不适是有原因的。澳洲的经商经历，还帮助郭氏兄弟建立了庞大的人际网络，香港永安的大股东大都与郭氏兄弟在澳洲有过合作经历，彼此信任。

### （二）香港永安公司——业务的累积与扩大

1906年郭氏兄弟到澳洲创业已进入十多个年头，随着越来越多的华侨在商业上取得成功，澳洲政府对亚洲移民的排斥也越加严厉，如在一些华商较有成就的行业，制订相关政策，对华侨的投资活动予以种种限制。1901年还在全国推行《教育测验法案》，规定华侨的申请入境者若不能填写一张欧洲文字的申请书并签名，即属“违禁移民”。这个法案虽然只是个入境法规，却是风向标，预示华人未来的生存和发展将面临更大的困难。郭乐动了回国发展的心思。将近十年前马应彪先生告诉他回国的决定，他就知道终有一天，自己也会仿效好友，回到祖国发展。归去来兮，1906年前后，他感到这一天已经来临。

他把回国投资的决定与一些朋友进行了沟通，提出按照澳洲的大百货公司——英地海顿在香港建立大公司的可行性。这些商业伙伴一致认为无论从人口、商业繁荣、通讯和交通便利哪一方面看，香港都是建立大百货公司的合适地点，虽然先施已先行一步，香港市场应该容得下两座大百货公司。说干就干，随后郭乐先期回国，进行全方位的筹备工作，1907年8月28日，香港永安公司在皇后大道正式揭幕。

香港永安公司由郭氏兄弟与永生果栏的合伙人及侨商欧阳民庆、梁创、马祖星、孙智兴、欧阳品、容子荣、郭朝、郭剑英等共同创办，资本港币16万元，商场只有一间铺面，聘用职员十余人。1912年，香港永安公司增资为60万港元，将合伙制改为股份有限公司，但不对外招股。公司由郭乐任总监督，系公司最高领导，郭泉任司理（经理），杨辉庭任副司理。公司迁移到德辅道重新开业，铺面扩大至4间，职工增至60余人。搬到德辅道后永安的经营十分顺利，公积金增长迅速，1916年达到120万港元，业绩之佳超出所有发起人的预料。公司把120万港元公积金全部转作股本，新增投资20万港元，总资本增至200万港元。公司的性质也由以前的“私家有限公司”改为“公共有限公司”，可公开向社会招股。



公司的管理制度以英国企业为模本，业务机构分为干事部和贸易部两部分，干事部设7部，分掌总务、出纳、办货、中账、西账、股务、租务等职责，贸易部按商品划分，设50个部，重要商品均单独设部管理，此外，还设立了三个管理部，分别负责职工的德育、智育、体育、训导工作。

香港永安公司还设立了若干附属企业，金山庄是香港永安公司设立的第一个附属企业。作为一个东方大港，出入香港的华侨十分频繁，他们逗留香港期间，需住旅馆，也有一些琐事如汇兑等须办，金山庄即专以华侨出入境业务为主的商业机构，郭氏兄弟在澳洲时即涉足此业，多年来积累了丰富的从业经验。永安附属的金山庄，业务分为两部分，一是从事悉尼与香港之间的进出口业务，商品以华洋杂货为主，二是办理华侨的住宿，出入口手续及汇兑。金山庄的设立一定程度扩大了永安公司在华侨中的影响，也为以后公司吸纳华侨存款提供了渠道。



1910年，香港永安公司还在家乡香山县的石岐镇开办了永安银号，以侨汇业务为主。1915年设立永安水火保险公司，在国内外多个城市设有分号，上海即其中之一。1918年在香港开设大东酒店，1919年收购维新织造厂。

1914年，香港先施公司决定到上海去创办上海先施公司，对马应彪来说，这一决定多少有点激进。事实上，先施公司最初几年的经营并不顺利，1907年，公司除给股东发放股息红利外，尚有盈余9万余元，决议改为股份有限公司，添招新股，资本金增为20万元，1910年，公司在广州设立了广州先施，不久又在广州十八甫及惠爱街等处开设了分店。



郭乐等人虽未去过上海，但并不陌生，永安在上海设有一个办庄，即商品采办机构，永安水火保险公司在上海有一分号。通过办庄和保险公司，他们对上海有着不同一般人的认识。

一是上海是当时中国人口最多的都市，1912年仅市区人口就达到81万①。大百货公司能否赢利，关键看客源，城市人口多，一定程度可确保商场的营业额。

二是地理位置特殊，一个城市的地理位置对商业零售业有着重要影响，位置偏僻，交通不便，外来客流稀少，是大百货商场最忌讳之事。发达国家的大百货公司总是设在一国之中心，那里的交通四通八达，过往客流极其庞大，对百货商场的营销十分有利，如法国的邦马尔谢、英国的哈罗德、日本的三越百货，都地处一国最繁华都市。从地理位置分析，上海无疑是中国最适宜建立大百货公司的城市，地处中国东海岸的中点，长江口南侧，是东西南北交汇之处，每天都有难以计数的中外游人到来。



经过数十年发展，上海已成为中国的经济、政治、文化中心，上海以贸易起家，19世纪60年代即超越广州成为中国的内外贸易中心，全国50%的进出口商品通过上海转口。1894年甲午战争后，上海的民族工业在原有基础上加快发展，至1914年，已成为中国

① 《上海通志》大事记（1909—1921年），《上海通志》编纂委员会编，上海人民出版社2005年版。

的轻纺工业中心，棉纺织、面粉、火柴、卷烟、机械制造业的年产量占全国的50%以上，重要工业门类齐全，已形成较为完整的工业体系。



与上海经济一同成长的还有商人和中产阶级。上海的富裕阶层人数最多，消费能力最强，上海的中产阶级和职员也是稳定的消费群体，这一庞大的消费群是大商场赖以生存并成长的最重要保障。

显然，这座城市需要一批高档大百货商场，来满足人们的消费需求。

上海历史上并不是商业繁盛的城市，至明代后期老城厢的商业才渐成规模，嗣后，随着沙船贸易的兴盛，商业得到较快的发展，至上海开埠前夕，已形成以十六铺码头和城隍庙为中心的商业区。

上海开埠后，人口迅速增加，一个过去只有数万人口的县城中心，已无法满足近百万市民的购物需要，租界的兴盛逐步把旧城厢边缘化，不少老城厢的百年老店受租界巨大人流的诱惑，纷纷搬迁到租界，加速了租界的商业集聚。

南京路是公共租界和上海最著名的商业街，素有“中华第一街”之称。



南京路，分为东段和西段，东段又称南京东路，东起外滩，西至西藏中路，全长1600米。西段名南京西路，又名静安寺路，因西段的静安寺得名。南京东路在开埠前，还是“溪间纵横”的卑湿之地，1843年之后，租界从黄浦滩向西延伸到界路（今河南中路），过了三年，又推进到现在的西藏中路。1850年，英商在今南京东路、河南中路口置地80多亩，辟立花园，并在花园南面建了一个球场，后来被称为抛球场，英商跑马总会围绕花园建造了一条跑马道。从外滩到跑马场之间的小道，叫派克弄，又称花园弄，即今日南京东路的雏形。1855年，英商以低价在今西藏中路处圈地170亩农田，建成第二跑马场，1862年，英方将第二跑马场土地出售，另在今人民广场一带购地530亩，建立第三跑马场，第一、第二跑马场两次迁移，原址逐渐成为市廛繁盛之地。为便行旅，工部局遂将花园弄拓宽至40英尺，1865年正式命名为南京路。

南京路筑成之初，便有公共租界的行政机构进驻，如第一捕房（即中央捕房）、英国驿务局、市政厅、会审公廨、电报局等，酒吧、店铺也掺杂其间。有资料称，汇中饭店前身1865年即在今南京路外滩开设。自1865年至1912年，南京路逐渐呈现万商云集的气象，据1906年统计，从外滩到成都路段的南京路上有华商行号184个，“高屋连云，轩窗阔辟，两侧店号光明照耀，货物充溢”。1918年，经过第一次世界大战，南京路的市面更加繁盛，店铺商号也较前增加，据《上海商业名录》，南京路东段至少有中外商号319家，计有洋行、洋杂货店、百货公司、照相馆、五金铜锡店、电灯器材公司、瓷器店、煤油灯店、洗染店、皮货行、绸缎庄、棉纱号、眼镜店、外国棉布呢绒号、衫袜厂、帽鞋店、银楼、金号、首饰铺、钟表行、咖啡馆、茶食蜜饯店、南北货店、菜馆、酒肆、游戏场、药房、外文书店、琴行、外国家具店、纸烟雪茄、浴室等30多个商业零售部门。

南京路不仅以繁华著称，而且是真正意义上的现代都市购物中心，处处显示现代特色。

外国商店在数量虽然少于华商店铺，但给南京路带来了难以估量的影响，在外观上，外资饭店、百货公司、华洋杂货店等大都以巍峨、气派、精致与中式店铺形成对照，当时华人商铺大都只有一二层高，外商开设惠罗公司楼高五层，汇中饭店层高七楼，均为煌煌巨厦。商业史研究者认为建筑外观是吸引顾客的第一要素，外资机构巍峨高耸的外观，气象上已先胜一筹。

除在建筑上追求高大宏敞外，外国商号在经营上也有许多迥异华商的特色。

首先，外商十分注意门面设计，力求以新、奇吸引顾客，例如汇中饭店，正门凡二，中间大门，采用了旋转门，“无阀收扉，相交中贯以旋轴，入其门者略一推移而身已在屋中”，当时旋转门还是稀罕物，一下子引起上海市民的兴趣。实际上是商家的商标，为使商店店招取得过目不忘之效，外商往往绞尽脑汁，如“西商惠罗公司、福利、亨达利等，均以铜质镂成西字牌号，悬至门首，“商标为营业之符，必当使见者深印诸心，凡门面之商标，必明了而动目”。日本富士洋行以富士山为商标，“门窗之上，均用横匾绘富士形，则凡过其门者，无不熟记其商标与店名矣。”

注意橱窗布置和内部陈设是外资商店的另一大特色，惠罗公司的内部布置极具匠心，柜台、玻璃橱、货架的排列，星罗棋布，安置得宜，顾客入其门，左宜右有，有引人入胜之概。“且盘旋行内，处处通达，人虽众，绝无拥挤之弊”。惠罗、福利公司还在店内楼梯两侧的玻璃橱内，陈设商品，以充分利用空间展示商品。这也体现了西方百货商店与中国传统小商铺经营理念的不同，外国商店往往希望尽可能多地展示商品，任人审视，故到外国商店中，顾客环行室中，“能周览一切。南京路各西国商店无不用玻璃橱窗，陈列货品，让人倍觉美观，又能令人一览无余”。中国的小杂货商都不愿意把商品充分展露。作者以福利公司的家具布置为例，来说明外商百货公司在商场陈设上的独创之处。福利公司层高三楼，位于惠罗斜对面，家具陈设在一间“模范室”，分隔成数间，每间分别按客厅、卧室、餐室布置，陈列相应的家具，“举凡几案、火炉、橱桌、床榻以及窗帘、地毯之属，无不精美绝伦，盖皆以该公司所产最佳之品，罗致于是，以博顾客之叹赏也”。

沿街玻璃橱窗最能吸引路人的眼球，也被外国商店注意，“窗饰最贵烘托，亨达利钟表窗饰，系以明镜及女子石膏像，便觉动目，美艺、纽约等洋服店中，橱窗内均设美人蜡像，展其所售之服”。

种种迹象表明，上海租界正处于零售商业从传统向现代都市转型的转折期。

## 二、上海永安公司的创立

1915年郭乐和香港永安公司高层作出到上海创办永安的决定，随即有条不紊地展开筹建工作，整个过程相当顺利，上海永安于1918年9月开幕，晚于先施一年。

### （一）招募股东——规模的确立

最初，上海永安公司的投资为50万港币，随着对上海市场了解的深入，香港永安公司最高决策层意识到，这一资金规模不足以在上海建造一座有巨大影响力的百货公司，董事会很快决定将投资金扩大到200万港元。按照当时的市价，以200万元投资开设一家百货公司，其规模是惊人的。

这样一笔巨大的资金，要完全依靠香港永安公司独家承担是无法办到的，但香港永安董事会对于资金的筹集胸有成竹。事实上，也没有遇到多大的麻烦。很快，就收集了股款。其中的90%以上由海外侨胞认购。股东又可分为两方面人，一是大股东，二是普通的散户，大股东以郭氏兄弟以及永生果栏的合伙人为核心。据1919年的股东名册统计，郭氏兄弟及其子侄合共投资140500元，占全部股东的5.6%，香港永安公司投资50万元，占全部股本的20%，其他股东中属于华侨的投资为1643100元，占全部股本的65.7%，两项合共占股本的91.3%。

郭氏兄弟之外，郭氏同宗族人的投资，据1919年的股东名册，有189人，大部分为竹秀园郭姓。马应彪在永安也有投资，马姓族人投资永安者有54人，欧阳民庆为永生果栏合伙人，欧阳家族有33人投资永安，杨辉庭家族54人，李桂彰家族有181人，梁创投资5万元，从股东名单看，这些投资者大多为永生果栏的合伙人及其同宗族人。这些投资人分别为居住在香港、澳洲、美国檀香山华侨华人。

### （二）精准选址——“黄豆”计数法

1915年7月，郭葵等人率队到上海进行选址考察，商场位置恰当与否，和营业的关系最大，因此郭葵等人在南京路来来回回走了很多遍，仔细寻找最合适的地址。当时，南京路东段，即外滩到河南路云集着大量外国洋行、百货公司、华洋杂货店、银楼、绸庄等。抛球场（今河南路）及往西的盆汤弄（今山西中路）四周呈现繁荣景色，比较而言，南京路浙江路一带稍逊一筹，但仔细观察，这里离南京路西段更近，南京路湖北路口，虽然不如抛球场一带店铺林立，但也有一些吃食店、小店铺，来来往往的游人也不少。郭葵感到这里有开发的潜力，大致确定了在这一段南京路上觅地建楼。随后，郭泉和郭葵围绕在路北还是路南建楼作了一番考察，两人一人站在路北，一人站在南边，以豆作为统计南北人流的计数工具。发现路南的人流明显多于北边，遂决定在先施公司的对面建造永安公司。后来有人在探求永安的经营长期领先先施的原因时，认为在选址上永安作了正确的决定。原来，当时上海的富家大户多住在南京路以南，有钱人到南京路购物，去永安比去先施要少穿一条马路，加上永安的洋货比先施多，也比先施新潮，造成永安长期领先先施。

确定选址后，郭氏兄弟便与地产主哈同谈判签订租约，结果，租方（甲方）以当时外人不可思议的租金每年白银5万两租地30年，30年后，连同所建商场大楼无偿还给哈同。郭氏兄弟计算了一下，认为30年内，永安能够赚到约20吨黄金价格的利润，哈同的租约尽管苛刻，还是值得的。

租地合同签订后，郭乐亲自带了几名香港永安公司的高级职员来上海，成立了临时办事处，开始有条不紊推进公司的筹建。

上海永安公司商场大楼工程于1916年正式打桩开工。至1918年一期工程竣工，1918—1920年完成工程二期，1922年至1924年又建成三期工程。

### （三）设立组织机构——管理制度的完备

1916年底，上海永安公司向香港英国当局注册，将总办事处设在香港永安公司。董事会由郭乐、郭泉、杜泽文、孙智兴、李彦祥、林泽生、杨金华、欧阳民庆组成，除郭乐、郭泉外，其余6人均为香港永安公司的董事或高级职员。与郭家有着多年交往，是郭氏兄弟认为靠得住的合伙人，其中孙智兴在澳洲时就是永安果栏的合伙人，与孙中山先生是同宗族人，1924年广东商团叛乱，孙中山从广州前往香港避难期间，曾在孙家待了一段时间。

有没有一个强有力的领导机构是企业能否取得成功的关键，上海永安公司成立时，香港永安公司已取得了良好的经营业绩，形成了一支稳定的干部队伍。因此，在考虑上海永安公司的管理层时，董事会没有遇到大的麻烦，原先郭乐考虑由郭葵担任上海永安公司的司理（即经理）一职，并把他从澳洲调回香港，香港方面由郭泉担任主要负责人，澳洲方面由郭顺负责。郭乐担任总监督，同意管理永安公司的联号企业。因郭葵不幸在上海永安公司筹建期间逝世，郭乐不得已将香港永安公司的副司理杨辉庭调到上海，任正司理（经理），马祖星任副司理。

在正副司理下，设立了40多个商品部，部设部长，除商品部外，还设有进货部、收货部、送货间、招待部、广告部、账房间。① 总务方面包括庶务部和木匠间，永安管理机构的一个特色是，在经理部（正副司理）与商品部之间，还有一层职位，即高级管理，每位高级管理负责几个商品部，高级管理与进货部长、账房间主任、大东旅社的经理同级，但地位次于这三个部门的领导。这样，永安公司的管理实际上有四层五档，第一层为（董事局）监督，即郭乐，第二层为经理部，即正副司理，第三层，高级管理，又分为两档，第一档为账房间司库，进货间主任、大东旅社经理，在公司的地位仅次于正副司理，高于一般管理。第二档为管理，人数不多，第四层为部长，公司除40多个部外，尚有服务部、广告部、招待部，与商品部部长同等级别。





---

① 永安公司的商品部作过几次调整，总的趋势是增加的，铺面：罐头食品、糖果饼干、雪茄香烟、洋伞扇巾、丝毛线袜、文房四宝、五金杂货、各种洋酒、草帽毡帽、香水香皂、西装衣着、五洲药品。二楼：纱罗绸缎、京苏衣边、承造西衣、呢绒匹头、女式用品、鹤绒被褥、丝毛绒线、顾绣礼服。三楼：欧美钟表、珠宝玉石、千里眼镜、中西乐器、电灯器具、福州漆器、金银首饰、华洋银器、象牙古铜、儿童玩物、玻璃灯泡、中外名瓷器。四楼：铜床铁床、红木台椅、枕席蚊帐、玻璃画镜、地毯地席、瓷盆浴盆、西式家私、皮箱漆箱、门帘窗纱、漆布皮漆、缝车脚车、藤织器具。

这一领导机构具有一定的合理性，尤其是在商品部与经理部之间设立管理，使正副司理可以通过管理对商品部实行有效的管理，少了这一层，难于避免陷入大量琐碎的事务。将进货部主任提到较高的地位，也反映了永安公司董事会的精明，郭乐认为，百货公司经营好坏，一定程度取决进货的质量，能否以低价及时采办适销的商品对整个公司的业绩具有决定性影响。

据记载，郭乐一身数任，是整个永安集团的总管，十分忙碌，郭乐经常从香港来上海，对公司面临的重大问题作出决断。《永安公司的产生、发展和改造》一书指出："他不仅对公司经营管理上的重大问题作出原则性的决策，而且事无巨细，都要亲自过问。郭乐每周都要召开两次会议，一为管理会议，一为部长会议，在管理会议上，他会就公司管理上的问题作出指示，在部长会议上，则将管理会议上的决定向部长们作传达和布置。郭乐有事必躬亲的良好习惯，有空即到商场各处随意走走，发现问题，立即解决。为便于工作，他在大东旅社长期包了一间房间。

永安公司的高级管理及商品部各部部长有较大的权利，不仅在业务上要负重要责任，在人事方面，也有调动、奖惩职工的权利，可以说部长的态度，决定了公司的管理效率，因此董事会在部长的选用上，十分注意，其中一部分是原香港永安公司使用多年被证明德才兼备的干部，一部分是在上海经数年考察各方面都较优秀的人员。

公司要笼络人心，保持管理层的稳定，合理的利益分配也不可忽视，永安设计了一套特殊的利润分配办法，赢得了这些部属对公司的忠诚。

招股人红利。永安公司在发起成立时，即在招股书中允诺给予认股500股及介绍他人认股一万元以上的股东以股息之外的分红。就是说，这些股东除领取股息外，还享有分红。招股股东的人数为62户，占公司原始股东1498户的4.1%，1919年按公司增资后的资金250万元，分为250股，认购招股1万元者为1股，香港永安公司占66股，郭家四户占46股，郭标占2股，杨辉庭4股。马祖星8股，其余50多户1至2股不等。招股认红利主要受益者是郭氏家族，但也一定程度惠及于其他发起股东。

受职股东，享有此项权利者大多为公司中层干部，如高级管理和部长等。用这套分配方法，永安建立起一套等级分明的分配制度。董事攫取了大部分公司的可分配利润，受职股东也有机会分得些许余利，靠着这一分配制度，永安公司的核心管理层一直十分稳定，与新新公司内讧不断形成鲜明对照。

职工是公司最基本的力量，对于以追逐利润为主要目标的私营企业，永安公司和其他企业一样，对工人的工资、劳保待遇能扣则扣，能压则压，曾多次引起工潮。但公司领导层也意识到过低的工资待遇，无法调动职工的积极性，因而永安公司的职工待遇相对其他华商企业要略胜一筹。公司能否让顾客满意，获得市民的青睐，都取决职工的工作态度。因此，如何挑选职工，管理职工，是公司经营中不可忽视的一环。

永安的职工人数在七八百人之间，数量庞大，公司因系广东资本开设，按照乡情习惯，招收了一些广东籍的男女青年，人数占职工总数的5%左右。这些广东青年进永安大都有些关系，或与永安的中层干部沾亲带故，为帮助他们说上海话，公司在开张之前，办班教授沪语。招收同乡进公司对永安职工队伍是有益的，中国人看重乡情，广东人更甚，但公司对职工是一视同仁的，看重的是职工的工作态度，是否对企业忠诚，有无特殊能力，干部的提拔，公司高层重视笼络人才，对在某些商品的销售上有一技之长的职员，往往比较器重，分配上给予倾斜，使之忠心耿耿为企业服务。如给予一些股权，这部分职工在年底的分红中，也能分到一些余利。

公司对职工实行严格管理，尤其是第一线的柜台服务员，公司是很严的，营业员绝对不能与顾客吵架，不能有态度冷漠、不耐烦，不仅各部部长经常在商场内巡视，郭乐、郭琳爽等公司高层也经常到商场巡视，监督。发现不称职职工，即开罚单，或请你走人。



## 三、发展沿革

### （一）出师告捷

1918 年 9 月 5 日，经过数年的建造，被脚手架完全遮蔽的永安公司终于脱去外装，露出巍峨身影，这是一幢高七层的大楼，商场基座占据南京路浙江路转角处，楼底沿南京路一侧为骑楼走廊，走廊后面是大玻璃橱窗。除正对先施公司的正门外，南京路路口及浙江路路口各有一道侧门，整个建筑欧式风格，顶端建有楼塔，名绮云阁，商场外墙藻饰精致华贵，超过当时上海南京路上的外国建筑，引起一阵赞叹。为开幕准备的大酬宾活动，事先已在上海《申报》、《新闻报》两报连续登载多天，公司方面从香港购办了三四十万港币的商品，约有一万多个品种。



9 月 5 日上午正式开幕，早已等候在门口的市民一拥而入，堆积如山的商品让许多见过世面的上海人也惊叹不已，40 多个商品部，所有的柜台和货架上，都堆满了簇新的商品。开业期间有相当的价格优惠，第一天永安公司就创下了骄人营业额。以后平均每天都在一万元几千元，在当时是一个惊人的数字。公司方面原来估计置备的货物足可应付一个季度，实际上仅过了20天，即已售去一半，营业之佳，超乎想象。

从1918年9月开张到1931年，永安的经营一直呈上升趋势。1931年的利润比1921年增加了204%，平均每年利润率在20%左右。

永安公司这一时期的优异经营业绩，客观上得益于城市经济的蓬勃发展。自1914年第一次世界大战爆发至1925年，通常被史家称为中国民族资本主义的“黄金时代”，上海经济每年以9%的速度持续增长。此后数年，仍然持续增长，上海的富裕阶层、中产阶级队伍急速扩大，市民的购买力明显提高，从而为大百货公司提供了良好的经营环境。

从主观上分析，永安公司很好地把握了环球大百货的经营特色，努力将其发挥至极致，因而取得了良好的经营业绩。

本时期永安公司十分注重洋货的销售，进货比例上，洋货和国货之比为7∶3，超过三分之二的进货为洋货。在所有进货中高档商品约占83%，中低档商品为17%。洋货中的60%为西洋货，15%为日本货。

公司对进货十分重视，要求进货间对市场需求作深入的调查，掌握海外消费品市场的动态，关注时尚的变化。公司通过四个途径进货：（1）洋行。委托上海的洋行向国外进货。（2）向批发字号进货。（3）外国旅行推销员，外国旅行推销员经常带着自己工厂生产的产品样品，到世界各大都市推销。永安公司因盛名在外，他们一到上海总是先去永安兜售。向旅行推销员订货，扩大了公司商品的品种。(4)外国工厂。公司与一些外国工厂建立挂钩关系。永安经常收到一些外国工厂的产品样品，与不少工厂建立了稳固的联系，如果需要货物，永安去信，对方就会把货物寄来。在永安挂钩的外国工厂中，以英国为多。(5)去国外采购。每隔一两年，上海永安公司即会同香港永安公司一起派人到欧美各国，了解市场，挑选适销商品。(6)办庄。公司在日本神户、英国伦敦设有办庄，受托替公司在海外办理采购业务。

通过以上进货办法，永安公司成了一家真正意义的环球百货，各种海外商品应有尽有，满足了沪上中高档消费者的购物需求。

营销上，永安勇于尝试，采取了不少具有开创性的在各国大百货公司已成熟的方式。薄利多销是大百货公司的重要营销手段，公司与先施一样，每年推出四季大减价、圣诞大减价、公司创立纪念大减价等，在减价期间大幅度降低商品售价，以促进销售。

公司十分重视与消费者的关系，尽力提高服务水准，推出了多项便于消费者的措施，从而赢得了消费者的好感。永安建立后，会同先施公司掀起了一场零售业的革命，相关内容十分丰富，本章第四节永安公司与近代上海的零售业革命另作详细介绍。

### （二）战前七年——经济危机的冲击

1933 年，受 1929 年爆发的世界性经济危机的影响，上海永安公司的营业额逐年下降，如以 1931 年的营业额为指数 100，1934 年的营业额指数只有 69.5，1935 年为 62.8，1936 年为 60.9。危机造成的另一冲击是永安公司银业部的存款大幅度减少，以 1931 年的存款指数为 100，1932 年为 48.8，1933 年为 42.5，1934 年为 41，1935 年降至 31.3，存款额的大幅度下降，给公司的资金运转造成相当困难。

这次危机对上海永安的另一打击，是失去香港永安公司的资金支持。

1935年香港国民储蓄银行倒闭，该行由香港先施公司发起创办，存户担心先施公司的资金受到影响，公司附设的银业部发生存户挤提存款风潮，随之殃及香港永安银行。郭乐不得不从联号企业上海永安纺织印染公司、上海永安公司抽调了一千余万回港，平息港民的提存风潮。但此伏彼起，上海永安公司银业部的存户风闻香港国民储蓄银行倒闭引发提存风潮，纷纷前往提存。幸亏郭乐提前作了准备，除向永安纱厂抽回借款外，还向美国花旗银行借款80万元，同时连日在报纸上作广告，反复宣传永安的资金实力，结果除第一天存户提存了数十万元外，此后的提款人数便逐渐减少，侥幸躲过一劫。

1931年至1938年，永安公司还遭受了“一·二八”和“八·一三”两次淞沪战争造成的破坏以及经营条件恶化的影响。

1931年9月18日，日本帝国主义悍然发动“九·一八事变”，又于翌年1月28日在上海挑起第一次淞沪战争，战火从闸北虹口一带燃起，迅速蔓延到吴淞、蕰藻浜，日机的狂轰滥炸给上海人民的生命财产造成巨大损失，永安公司的部分产业也被殃及，开设在闸北永兴路的木工厂被炮火全部炸毁，位于北四川路的房产永乐坊和永安坊遭到炮击，总计损失达286964.44元。

战争对商业的一大影响是导致市面不景气，百业萧条，社会购买力急速降低。1932年与1931年同期相比，公司的销售额急剧下降，1932年2月仅为1931年2月的13.0％，1932年4月为1931年4月的32.9％，至1932年5月，永安公司销售额仍然低于1931年同期。1932年9月后永安公司的营业逐渐恢复正常，当年销售额与1931年相比为同期的88.9%，但此后又逐年下降，至1936年销售仅为1931年的60.9%。

1937年8月13日，第二次淞沪战争爆发，8月23日，先施公司被敌机投下的炸弹击中，先施沿街店面炸出巨大的窟窿，永安公司也被炸弹波及，死难职工15人，受伤者数以百计，沿南京路的一至四楼商场一片狼藉，毛巾、阳伞、内衣等部损失更为严重，总计损失至少达40余万元法币。

永安资本家曾要求英国驻沪领事馆向日本交涉赔偿，英国领事馆不仅不予接受，反而以永安公司董事均为华人，无英国资本为由，撤销了上海永安公司的英商注册。为求生存，郭乐转而向美国注册，通过与美商慎昌洋行的磋商，该洋行同意由总经理吉利兰兼任永安公司总裁，郭乐、郭顺、郭礼安任副总裁，正副司库由已加入美国籍的公司高级职员李业棠、刘生初担任，总经理仍为郭琳爽。1939年7月，永安公司向美国注册成功，成为美商企业，但永安公司资本家的如意算盘并未起到保全企业的作用，1941年，太平洋战争爆发，永安公司作为美商企业被敌战国日军实行军事管理。

两次淞沪战争对公司的打击是巨大的，但公司管理层并没有放弃努力，通过调整华洋商品结构，增加国货销售，有效应对了战争危机。

永安公司长期以销售高档洋货为主，洋货和国货的比例在第一时期为7∶3，在上海的华商大百货公司中，这一比例是最高的，永安的利润很大程度依靠高档洋货的销售。“一·二八”以后，由于市民购买力的下降，这一销售比例很难继续维持，抵制日货运动的逐渐高涨，也给公司管理层以很大的压力，在此背景下，公司加大了国货销售的比重。1934年，永安国货进货占总额的60.5%，超过洋货的39.5%，至1937年，永安的进货国货一直高于洋货。公司还主动与国货工厂加强产销关系，辅助民族工商业。据统计，1931年前，与永安建立了产销关系的国货工厂仅十余家，1932年迅速增加到70余家，不少国货工厂借助永安的平台，扩大了销售额，赢得了市场，有的国货产品还取代洋货，成为深受中国消费者喜爱的民族品牌，如永字牌热水袋，火炬牌羊毛围巾、双马牌雨衣、华南牌电风扇、裕华牌润肤香皂、中华保暖壶等。

（三）从孤岛到沦陷——国际环境的影响

1937年11月中旬，中国军队在进行了三个月的英勇抵抗、大量杀伤日军有生力量后，为免于在战略上处于被动，撤离淞沪战场，日军占领了大部分江浙地区，所到之处，烧杀掳掠，残暴之极，为躲避日军的残杀，上海周边地区的百姓大量逃往上海，造成租界人口激增。据统计，上海人口从战前300余万骤增至400余万。人口的大量涌入，一方面带来了巨大的游资，另一方面因交通中断，物资短缺，导致物价大幅度上涨，公司自然不会错过这一机会，一方面提高商品售价，另一方面，增加储备。通过各种途径增加进货。当时从国外进货比较困难，而上海与香港的交通仍然畅通，公司就把香港永安公司存储的商品运往上海，以应门售需要。同时，鉴于去欧美直接办货极为不便，通过香港转口贸易继续从欧美输入洋货。嗣后，欧战爆发，各国减少日用消费品生产，加以商轮多被日军征调，航路梗阻，从香港输入洋货基本停止，永安公司不得不改为向本市洋行及囤户进货。自1939年至1941年，永安从国外进货额占进货总额的比例呈逐年下降趋势，1939年为29.1%、1940年为21.8%、1941年为16.2%。但由于物价逐年上涨，永安公司的进口百货几年间赢得了巨额利润。如以1938年的营业额及利润总额为指数100，1939年营业额为1938年的173.48，利润为224.65%，1941年为1939年的656.98%，利润增长了1235.47%，即12.35倍。

1941年12月8日，日军偷袭珍珠港，太平洋战争爆发，次日日军进占租界，上海沦陷，整个经营环境彻底改变。

自1941年至1945年，上海的进出口贸易基本中断，这对以销售环球百货为主的永安公司不啻是致命的。其次，在上海沦陷的四年间，日军对华商敲骨吸髓式地掠夺，造成许多企业倒闭破产，作为著名的华商企业，上海沦陷后，永安公司成了日军掠夺的重点对象。

1942年3月25日，日本兴亚院小原财务官召集永安、先施、新新三大公司代表开联席会议，正式宣布派遣会计监督官进驻各公司。次日，兴亚院派出的中村、松山等4名日军会计监督官即进驻永安公司，命令库存现金全部解交横滨正金银行存放，如需提取，必须事先报监督官审核、批准。对公司的业务，日军也通过会计监督官加以控制，如公司各部门需要涨价，必须得到会计监督官同意，方可实行。此外仓库商品的存放与移动，均须逐项报告监督官，以便日军掌握公司的库存情况。除此之外，公司每天的销售额必须列表报告监督官，由监督官据此确定进货商品品种和数额。总之，事无巨细，监督官都要“监管”、控制，成了公司事实上的主宰。

对公司业务打击最大的是敌伪政权实行的限价政策。

要求公司所有的商品必须以5月底的价格标价，未经批准，不得加价，由于当时物价已大幅度超出5月底的水平，限价令发出不久，南京路上各大公司、商店的商品立即成为抢购对象，永安公司的商品被抢购一空。这股抢购风持续了数月，库存日渐萎缩。

大量商品以低于进货价售出，使公司元气大伤，永安公司的利润额降到历史最低水平，按照1936年的币值折算，如以1941年的利润额为100，1942年的利润额仅为上一年的25%，1943年更下降至8.8%，1944年是1943年的1.8%。库存情况同样严峻，如以1941年的库存额为100，1944年的库存仅为1941年的2.9%，基本空空如也。

1943年，日军为支持太平洋战争，加紧了对中国沦陷区的物资掠夺，3月，汪伪政府成立“全国商业统制委员会”，宣布对沦陷区的各类战略物资实行严厉控制，规定凡列入名单的统制物资，必须无条件上报登记，由政府强行收购。拒不配合、少报甚至隐藏统制物资的商家，一经查实，被查处物资全部没收。在战时物资极度缺乏、物价飞涨的背景下，限价收购无异掠夺。公司管理层冒险隐藏了一批统制商品，主要是质量较好的国货和高档洋货，如棉布、肥皂等，后被人告密，全部被没收。此外大量库存统制物资（主要是纱布）被迫以低价“卖”给日方。故文献记载称：“公司当时存货，悉数搜索无遗。”

沦陷四年期间，永安的资本家无法进行正常的销售，为减少损失，不得不进行各种投机活动牟利。这一时期，永安公司的资本家热衷于炒作股票、黄金、美钞、外汇、房地产，赚了不少钱。“永纱”和“永公”股票，是公司资本家炒作的重点，其中永安公司的股票价格，1942年11月与1941年1月相比，涨了将近11倍。1942年12月，为便于操纵股价，永安公司向汪伪政府申请股票正式上市，获得批准，郭琳爽等人筹集了一批资金，高抛低吸，赢取暴利。同时，为避免失去对永安公司的控股权，郭氏兄弟也在低价时，适度增购公司股票。资料显示，1937年永安第四次增资后，公司资本总额为法币1500万元，郭氏家族占股份总额的8.26%，1943年9月郭氏家族所占股份的金额已达14.56%。



（四）战后劫难——国内环境的影响

1945年8月15日，日本宣布无条件投降。经历了八年的噩梦，上海各界人民渴望治理战争创伤，恢复经济建设，享受没有战争阴霾、和平安祥的生活。令他们做梦也没有想到的是，一场大规模的内战正在迫近，上海的民族企业家再次跌入地狱。

9月28日，国民党政府宣布以法币一元比“中储券”二百元的兑换率限期要求国统区人民到银行兑换手中的中储券。合理的比例应该是1∶25。如此不合理的兑换率对国统区的人民无疑是一场浩劫，实际价值只剩下八分之一，为了避免损失，市民开始疯狂抢购商品，几乎市场上有什么买什么，上海的百货公司又经历了孤岛时期的畸形繁荣，各个商场都想方设法进货，供应市场，赢取暴利。永安公司也不例外，只是公司有更多的渠道进口洋货，采办国货。当时郭乐在美国主持永安办庄，应国内要求，组织了大量美货运往上海，在永安公司进口的洋货中，美货占总额的86.6%。充裕的货源使永安的销售额一年内增长了近20倍，扣除物价影响的销售额，1946年比1945年增涨了6.5倍，是大新公司的1.8倍、新新公司的2.3倍。



但这一短暂“繁荣”，随着国民党政府于1946年11月发布的进出口贸易暂行办法而终结。按照新的办法，进口商品物资必须由进口商提出申请，经核定进口限额，发给输入许可证才能进口。据说颁布这一办法的目的是遏制外国货大量进口对本国工业的冲击，但进口许可证制度限制了永安公司这样的大商场，公司的进口洋货总额急剧下降。据公司账册，1947 年进口洋货的总额只有 1946 年的 35%，其中三分之二还是通过上海洋行进口的。1948 年只有 1946 年的 2.1%，其中直接从国外进口的洋货，只有该年进口洋货总额的 6.7%。

战后永安公司遭受的最为惨重的打击莫过于 1948 年的经济改革及八一九限价政策。从 8 月 19 日至 10 月底，在限价政策被强行推行的 74 天中，上海出现了接连不断的抢购潮，商品甫上柜台，便被抢购一空。为防止手中货币进一步贬值，人们见东西就买，永安公司是抢购者最集中的商场，许多“顾客清晨等候店铺开门，绸布、呢绒等货顷刻售罄，百货店营业额较平日要增加三四倍至十多倍，……永安公司楼下的手帕部和化妆品为女客搜购的最大目标，玻璃柜里的样品已所剩无几，较高贵的化妆品也完全绝迹”。①

据统计，八一九限价前的 60 天，永安公司销售总额折合金圆券为 738333 元，限价之后的 60 天销售总额计金圆券 3886780 元，比前 60 天增加了 4.2 倍。但后 60 天的商品售价因被迫限价要低得多，卖得越多，亏得越厉害。经过一番低价抢购，公司库存急剧萎缩。为防止金圆券进一步贬值，永安公司不得不以高价设法补购商品，这样，低价售出，高价补进，进入了买卖越大，亏损越重的怪圈。至 1948 年年底，由于物价上涨过猛，人民的购买力开始迅速下降，加之在内战战场上国民党军队节节败退，国民党的垮台已指日可待，工商界人士纷纷脱货求现，抛售商品，这股恶性的通货膨胀才暂告消退。

永安公司在战后四年遭受的煎熬可从统计数字清晰看出来。以

① 1948 年 10 月 5 日《大公报》，转引自《永安公司的产生、发展和改造》，第 214 页，上海社会科学院经济研究所编著，上海人民出版社 1981 年版。

进货总额为例，扣除物价因素，1948 年公司的进货仅为 1931 年的 13.9%，减少了 86.1%，流动资金为 1931 年的 11.1%，利润为 1931 年的 0.66%。

### （五）公私合营——走向新生

1948 年国民党经济改革的失败对中国民族工商业不啻一场浩劫，它所造成的灾难性后果，直到 1949 年上海解放，仍在发酵。许多企业流动资金枯竭，无法维持生产，大批倒闭、歇业。不少资本家携带资金，离开上海，前往香港或海外。据 1949 年 7 月的调查，上海 87 个行业 13647 家工厂中，停工的占 74.1%，1949 年 8 月至 1950 年 3 月，私营商业企业申请歇业的达 3253 户。

商业单位营业清淡与旺盛与市场景气度高度相关，市面不景气，购买力不足，对百货商场的影响不言而喻，除此之外，永安公司等大百货公司还面临一些更棘手的难题。

一是上海解放，富裕阶层或离开上海，或在 1947 年的通货膨胀中损失了大部分财产，再也没有以往的消费能力。因此，永安无法秉持以往的营业方针。此外，朝鲜战争爆发后，西方对华实行禁运，公司即便想进口洋货，也无法办到，只能将以往储存的存货拿出来销售。永安公司已无法通过洋货销售赢得超额利润。

二是国有商业的崛起及国家对货源的控制。共产党承认国家资本主义在现阶段的积极作用，同时以坚定的决心和有力措施，建立国有经济体系。在商业零售业，解放不久，政府就着手建立国有零售公司，在政府的全力支持下，国有百货公司在贷款、税收、供货等多方面享受优惠政策，迅速成长，很快成为私营商业的竞争对手。相比之下，尚未从流动资金短缺中缓过气来的私营商业则尚无振作气象。最困难的是国家控制了大部分货源，过去的商品自由市场名存实亡，私营零售业要批货，必须向政府有关部门申请。从1950年上半年开始，考虑私营企业停工太多，为调动私营工厂的生产积极性，减少停业对工人生活的影响，丰富市场供应，国家对工厂实行委托加工，以成品换取原材料的方式，如棉纱厂由国家与私营厂订立合同，实行国家供（棉）花，私营工厂按合同生产棉纱，然后以纱换棉。在一般日用工业品私营厂，国家也采取委托加工、收购的办法，与政府订立合同的工厂可从国家那里得到原材料或贷款，这个方法对私营厂恢复生产能力起了巨大作用，得到私营厂的欢迎。但由于产品大部分由国家控制，一些商品如棉纱交易所关闭，过去开设多年的商品自由市场不复存在，这对私营商业的经营构成非常大的困难。以百货商场论，上海国营百货公司成立后，私营百货公司要补充商品，只能向国营百货公司申请。国营百货公司有自己的供销商店，且扩张迅速，网点遍布全市，这就造成国营和私营商店对商品的竞争。私营商店既受资金不足的限制，又不可能得到优先采办商品的便利，经营之难可想而知。

国家对永安公司还是给予相当照顾的，公司能够从上海百货公司采办到一定数量的商品，以维持营业。但对于一家大型百货公司，无法按照计划从市场采办所需商品，对业务的影响之大是可以想见的。据统计，从1950年到1955年，永安公司的经营，有升有降，总的趋势是亏损日益严重，尤其是1954年，全年总计亏损74万元，其中商场亏损48.6万元。①

1955年底，社会主义改造运动全面展开，公私合营作为国家资本主义得到推广，上海市有关部门在工商界作了大量工作，得到

① 《永安公司的产生、发展和改造》，第260页，上海社会科学院经济研究所编著，上海人民出版社1981年版。

积极回应。郭琳爽意识到公私合营是挽救永安公司的唯一出路，向政府正式提交了公私合营申请报告，两天后申请得到批准，消息迅速传遍全市，传到海外，引起巨大反响。

按照国家对于永安公司资产的核定，估为700多万人民币，给予股东每年5厘的定息。合营后，国家对私方人员作了妥善安排，郭琳爽仍担任公司经理，其他管理人员也各自做了安排。至此，这家经营了近40年的中国著名私营百货公司开始了新的发展历程。



## 四、永安公司与近代上海的零售业革命

从1918年到1949年，上海永安在华商四大公司中，经营业绩长期保持领先，究其原因，可以说出许多，从经营角度分析，约有三点，即以顾客为主，努力以优质服务，赢得顾客信任，为商场培育稳定的购物群体；充分发挥大百货公司资金雄厚的优势，按照顾客需求从世界各国搜罗商品，满足市民的各种消费需求；以薄利多销为基本经营战略，通过多种形式的广告宣传，促进销售。①

### （一）以顾客为中心的营销理念

大百货公司与小杂货铺在服务上有着明显不同，前者注重服务，后者服务较差，对此，许多商业史著作都如是说，20世纪30年代，上海商业杂志刊载的一篇题为《上海百货商店之概观》的文章，开头第一节描述30年前，顾客进小杂货铺砍价的情景：

顾客问售货员："此价若干？"



① Wellington K.K.Chan，*Selling goods and promoting a new commercial culture*：*the four premier department stores on Nanjing Road*，*1917—1937*. edited by Sherman Cochran，Ithaca：Cornell University，1999.

营业员："两元五角半矣。"

"尔何狠辣哉，以若斯之物，乃欲索我二元五角耶。"

"君出几何？"

"一元五角。"

"如此亏蚀过巨。"

"甚佳，尔善藏之，余去矣。"

"来，作价二元便了。"

"否，余仅愿增至一元七角半。"

"售君，纵余因作蚀本生意而致停职，亦不顾惜矣。"

"尔当自度得一佳主顾如余。"①

作者欧伟国，先施公司创办人之一、马应彪先生好友欧彬大公子，曾任香港先施公司董事，1921年派往伦敦开设先施分行，留任经理，1925年回国任先施公司秘书长。在英期间，对欧美大百货公司的起源、经营理念、组织结构、促销方式等作过深入考察。文中，欧伟国将商品售价可随意砍价当作小杂货铺的显要弊病，将"不二价"视作大百货公司经营理念上的重大变革。

先施公司在中国首创"不二价"，这一全新的经营理念，后来被华商百货公司普遍接受。上海永安公司开张后，在经营理念上，十分注重从消费者角度去思考问题，改进服务方式，力求与顾客建立新的供求关系。不二价即永安坚定不移的营业方针。《永安公司的产生、发展和改造》举过这么一个例子，永安公司的首饰部很长时间无法与上海本地的金银号大同行竞争，如杨庆和、费文元、裘天宝、方九霞等银楼，开设时间长，顾客信任度高，对售价的掌握



① 欧伟国：《上海百货商店之概观》，《商业杂志》，1927年第2卷第2号。

也十分灵活，有时售出价可比定价优惠千元以上，面对这样的竞争者，永安是否还要坚持不二价，公司内部是有不同意见的，但郭乐认为，如此大幅度的削价，对消费者虽会产生一时的诱惑，但顾客最终会意识到原来的定价是有问题的，进而对削价是否真正优惠了产生怀疑。只要永安的不二价建在合理的定价上，一定可以赢得消费者的信任。结果，永安不仅维护了不二价经营理念，也获得了良好的市场口碑。

永安以顾客为中心的营业方针，还体现在服务态度上，郭乐认为获得顾客对百货公司的信任，是商场能否持续发展的关键。不能让顾客满意的商店，一切都无从谈起，郭乐把自己的这一理念变为对营业的严格要求，并制订了严格规章制度予以实施。

永安的营业员大都与公司的领导层有各种各样的社会关系，但这并没有降低公司对员工的要求，每个员工进公司都须经过语文、英语、算术、形象等课目的测试，永安经常有外籍顾客，因此英语是新进员工必考课目。公司对形象也十分注意，在采访中，笔者曾听几位老永安回忆，当时进店考试时，一位郭姓考官，一面打量应聘者的形象，一面暗中翻看麻衣相术书本，目光呆滞或偶露愠色者，难逃被刷命运。

对于被聘员工，公司制定了员工服务准则加以管理，准则对营业员与顾客接触的每一细节都有具体规定。许多老职工对此一面颇有烦言，但也同时承认，永安的服务是一流的。

对比其他大百货公司，这种差异更加鲜明，新新是一家后成立的公司，开业后长期受董事会内讧困扰，根基几度动摇。后勉强转险为夷，但管理混乱、服务差的痼疾，一直得不到解决。新上任的总经理李敏周力加整顿，最终引来杀身之祸，此后，新新的服务一直为人诟病，但谁都没有能力根本改变。

谚语说：从善如登，从恶如崩，严格的管理须花大力气抓才能收到成效，非一蹴而就，郭乐及永安的当家人深谙此理，不仅制定了详尽的规章制度，同时躬亲监督，发现问题，及时处理，不让问题积累到难以解决。不少资料反映，公司对违反店规的员工处罚相当严厉，但公司有罚有赏，对经过长期观察认为确实优秀的营业员，提供向上升迁的机会，有的给予受职股东待遇，有的甚至提至部长。

为方便顾客，同时也为了促进销售，永安公司推出了一些特色服务，如送货上门，发行购货折子和礼券等。

送货上门，并非永安独创，但永安做得最好，公司备有多辆送货车，每日奔驶上海的街巷，按顾客提供的地址，送货到家，一般说，大多数商场都会把笨重的商品送到家，但永安不仅送笨重的货物如家具等，只要顾客有要求，小至几把刀片，公司一概照送，老职工陈瑞麟回忆，他在当营业员时，曾应顾客要求，把几把刀片包装后送去。

为拉拢重要的顾客，永安公司还向特定客人发放可以赊购的折子，顾客凭折子到永安买东西，不用当场付钱，只在折子上记一笔账，在规定时间一起结账付清。有资格领到永安折子的有英美各国驻沪领事官员、国民党政府的权贵和社会闻人及豪门大户。1924—1925 年前后，永安已有西折户 1000 余户，中国折子户 3000 多户。西折户每月一结，中折户一年分三次结算，即端午、中秋和年节（俗称“三节”）。由于发放的数量有限，顾客颇以拥有永安的折子为荣，公司由此拉住一批富豪。

除赊购折子，永安还发行过礼券。逢年过节盛行送礼，是中国的传统，因此节日礼品销售相当火爆，公司管理者有鉴于此，每逢节假日如端午、中秋、春节以及圣诞，便开展礼品促销活动，印有“永安”两字的礼品是上海人最佳的送礼礼品。后来，公司发现尽管所售礼品大都考虑到了能得到受礼人的喜爱，仍有一些不适合受礼者的。1919 年底，永安开始发行利权，让顾客以礼券去送人，受礼者可凭礼券到永安来任意选购喜欢的商品，此举受到市民的欢迎，永安的礼券发行数额也比先施多了一倍以上。

礼券发行由永安启其端，后来风靡上海，各公司对礼券发行十分重视，力求以精美的印制或优惠折扣来吸引顾客，如惠罗的礼券印得特别精美，汇司、泰丰公司的礼券有 95 折购货优惠。

永安公司还按照国外大百货公司的惯例，开展过外地邮购业务，因国内政局动荡，战乱频起，邮路经常中断，这项业务未能正常开展。

（二）货备万家的价格策略

大百货公司与小杂货铺的一个重要区别在于后者销售品种有限，款式不多，而大百货公司则货备万家，能从世界各国搜罗商品，所谓“搜罗环球百货”。大百货公司正是凭借无所不备，应有尽有的销售方式，淘汰了小杂货铺。

在《妇女乐园》一书中，小杂货商蒲杜对同伴抱怨，“你是明白生意该怎么做的罢，你想想一爿棉布呢绒店怎么好卖起别的货来？从前做生意，还像做生意的时候，棉布呢绒的铺子，只卖棉布呢绒。可是现在他们（指大百货公司“太太的乐园”）要抢别人的生意，什么都不顾了！做衬衫生意的泰丁姑娘、皮货生意的范宝依兄弟都吃了他们的亏，哼，棉布呢绒店会卖起皮货来，这还成话吗？”

“还卖手套呢。他们竟办了一个手套部，这一来，诺浮圣奥古斯丁街的手套店就倒霉了！昨天，我碰到那老板昆南，他说乐园里不顾血本贱卖，他的主顾都走去了。”

“还卖洋伞，”蒲杜先生赶快说，“这真是笑话，布店里怎么搭得上洋伞？居心和老头子波拉捣乱罢了”！①

面对无所不卖的大百货公司，小杂货铺的被动、踉跄显露无遗。但大百货以“应有尽有”迎合了正在日益膨胀中的城市庞大消费群的需要，给他们带来了购货上的方便，从而获得市场的认可。

永安公司从开张之初，即以搜办环球商品标榜，为做到名实相符，永安公司对进货予以高度重视，把它置于整个公司运行好坏的重中之重。

为保证永安货备万家的名誉，永安公司对进货奉行一个原则，即名牌商品，不管赢利多么微薄，也一定采办齐全，并以低价销售，以吸引顾客，如美国的丝带牌牙膏、英国的塔牌手帕、法国的三星斧头牌白兰地等，永安公司均按成本销售，其他名牌商品，毛利一般不超过30%。但大凡名牌商品都有代理商，永安向洋行代理商进货，主要利润已被洋行赚去，为了赢得更多利润，永安很注意寻找那些还未热销的名牌商品的替代品，建立独家代理关系，然后利用雄厚资金实力，大做广告，促进销售。由于独家商品代理商有定价权，因而利润很厚。永安代理“康克令”金笔就是一个典型例子，康克令并非金笔名牌，但永安获得独家代理权后，设立销售专柜，大做商品广告，康克令由此成为永安文房部的利润保障。

用上述方式，永安基本做到了从全球各国搜罗商品的承诺，往





① ［法］左拉：《妇女乐园》第22页，上海译文出版社1994年版。

往西方流行不久的商品款式，就能在永安公司看到，永安与先施为20世纪二三十年代上海生活时尚的摩登化提供了充裕的货源。

### （三）薄利多销的竞争手段

现代大百货公司营销的一个基本战略是“薄利多销”。凭借大批量采办商品以及在业界至尊的优越地位，大百货公司对生产厂家有着特别的吸引力，因而有可能以低价进货，压低销售价格，提高竞争力。此外，大百货公司还通过举办各种名目的大减价，以大幅降价吸引顾客。

《妇女乐园》有一节描写，巴黎大百货公司“太太们的乐园”因为季节性大减价事先在巴黎大小报纸上为一款名为巴黎快乐绸的新产品做了数十天广告，这种绸缎的进货价是5法郎12个苏，大减价期间的销售价也是这个价。如果扣除中介费，及一些附加佣金，这个定价实际是亏损的，当商店襄理不解地询问总经理莫尼，这样做的理由何在。莫尼和盘托出谜底，他指出，巴黎快乐绸的大幅折扣会给消费者造成印象，这家公司的商品价格特别便宜，有了这个错觉，公司可以很容易地在其他商品上赚回来。大百货公司营销的真谛是做大销量，虽然商店在一种商品上赚的是蝇头小利，但销量大了，小利可变成巨额利润。①

莫尼的一番解释几乎成为各国大百货公司管理者的经营准则，上海的环球百货公司也不例外，外商四大百货公司首先开启大减价大潮。早在20世纪初，惠罗、福利公司等便经常实行大减价，尤其是圣诞前后，惠罗很聪明地把圣诞称作外国冬至，开展降价促销。此外，每逢换季，惠罗的大幅图文广告登载在《申报》、《新闻

① ［法］左拉：《妇女乐园》第28页，上海译文出版社1994年版。

报》两报上，一物配一图，附上商品用途及折扣说明，同时印制精美的商品手册，赠送消费者，扩大影响。为更有效地提高营业额，惠罗在大减价期间经常推出特别优惠的商品，即“一元货”，一元钱可买到的商品有精美的进口玻璃缸、自来水笔、真皮钱袋、进口香水、热水瓶玻璃杯、妇女长统丝袜、钢制烧锅等。① 这项活动后来成为沪上各大公司流行的促销方法。

须特别指出的是，大减价期间，惠罗公司推销的商品并不全部是滞销品，相当一部分是公司刚从海外采办的最流行的商品，如最时尚的香水、绸缎、洋纱、窗帘、台布、羊毛衫裤、鞋帽、提包等，因此大减价不仅是淘货，也是“尝新”的良机。

永安和先施公司开张后便经常举行大减价，后来逐渐固定为一年四季加圣诞 5 次大减价，公司创办五周年、十周年的重大日子，还增设一次大规模的大减价。

上海三大公司（先施、永安、新新）的大减价，基本是同时举行的，公司很早就为大减价作准备，备足货源，除滞销品外，还从海外采办最新潮的商品。大减价期间《申报》、《新闻报》两报每天都刊载永安、先施的大幅广告，有时登在头版，有时第二版，版面从半版至一版不等，详细列出各部门打折商品名单，折扣，此外在《申报》的本埠增刊，还配合刊登综合报道，介绍重点商品，报道公司新从海外采办的商品讯息，如对香水，会介绍从何国进口，在该国如何受消费者青睐等。②

在大减价的手法上，上海华商四大公司都受到惠罗的影响，如

---

① 《申报》1927 年 11 月 23 日，《申报》复印本（240）510 页。

② ［日］菊池敏夫著，陈祖恩译：《战时上海的百货公司与商业文化》，《史林》2006 年第 2 期。

先施、新新公司都仿效惠罗，推出一元货，永安则换了个名堂，叫“特色栏”，实际上就是每日最优惠打折商品。1932 年 11 月 12 日永安公司冬季大减价特色栏商品有每磅 1 元 4 角的新西兰牛肉、每件 1 元 2 角半的英国毛布连领衬衫、每件 4 元 2 角半的格绒晨大衣、每件 2 元 8 角的鼠马褂等。① 圣诞节实际上是外国的儿童节，惠罗公司原有玩物部，专售儿童玩具，圣诞期间，公司把玩物部布置成“玩具岛”，增添大型儿童玩具，供小朋友玩，吸引消费者，这一做法后来被华商四大公司普遍仿效。新新公司的儿童幸福世界，曾以布置豪华、富有童趣成为商场的亮点，销售成绩可观。永安公司也把玩具部改成儿童世界，以促进销售。



总之大减价成了华商四大公司的促销手段，大减价期间，无论夏季大减价，还是冬季大减价，走进永安公司，顾客都不能不被那种气势震慑，所有柜台背后的空间都堆着小山垛似的商品，柜台前人山人海，拥挤不堪，《申报》对此曾作过多次报道，如 1926 年 12 月 29 日的《申报》这样写道：“永安公司昨为减价之第一天，顾客拥挤，营业极盛，而铺面之毛衫部、文房部，二楼之匹头部、绸缎部，尤为闹忙，人山人海，几有应接不暇之势”。②



（四）灵活多变的广告宣传渠道

《妇女乐园》对大百货公司与小杂货店的营销手法有不少不经意的描写，如乡下姑娘台尼丝第一次来到陌生的巴黎，和许多人一样，被大百货公司——太太的乐园的玻璃橱窗深深吸引，“大橱窗里陈列着五光十色的绸缎、布匹、呢绒、围巾、衬衫、手套，几百法郎一码的花边，以至几个苏一方的手帕，还有现成的绸袍，穿在

---

① 《申报》1932 年 11 月 22 日。

② 《申报》1926 年 12 月 29 日。

假人身上，凸出了胸脯扭着大屁股，越见得腰部细小，可是都没有头，项脖上是一块挺大的纸片，表明着价目”。①

这里，原作者左拉准确地抓住了大百货公司的一个重要营销手段，橱窗广告。大百货商店设立橱窗不仅有物质基础，如铺面基址大都相当宽阔，也反映了大百货商店利用空间有效进行促销的先进理念，橱窗宣传后来成了百货商店区别于小杂货铺的重要特点。

《妇女乐园》还通过欧尔倍老店主蒲杜之口透露了“太太的乐园”暴富的秘密之一，即舍得在广告上砸钱。“咱们是百年老店，不用广告，不用吹喇叭，几个老主是逃不去的！”②

这段话泄漏了大百货商店不同于小杂货铺的经营策略。蒲杜，一家巴黎百年老店的店主，多年来做的就是左右街坊的生意，自然用不着花钱做广告，但大百货商店则不同，一般都开设在都市的中心，以整个城市的市民为营销对象，它的顾客甚至可以从未谋面远在外省，顾客的陌生化使得广告成为大百货商店不可或缺的促销手段，没有广告，大百货商店的生意要逊色得多。太太的乐园总经理莫尼深谙此道，在广告上舍得花大钱。该书描写了商店的一次大减价，早在大减价前的十多天，巴黎报纸上便开始狂轰滥炸式地报道公司拟在大减价期间推出的一款新式商品——巴黎快乐绸，广告取得了预期的效果，大减价当天，店堂里的巴黎快乐绸全部卖空。

巴黎大百货公司的总经理注重广告营销后来被全世界的百货业商人奉为宝典，广告投入之大小，效率之高低，与营业成绩有着直接关系是百货业的基本常识。

① ［法］左拉：《妇女乐园》第 2 页，上海译文出版社 1994 年版。

② ［法］左拉：《妇女乐园》第 20 页，上海译文出版社 1994 年版。

近代上海尤其是1906年惠罗公司创设之后，广告形式呈迅速发展态势，从纸质广告，到户外广告，橱窗广告、霓虹广告、电影广告、播音广告，形式越来越丰富；二是广告的投入与日俱增，商业竞争的加剧一定程度成了广告大战，消费者受广告的影响也同步增加。①



永安公司开张后，按一般百货商店的经营惯例，成立了广告部，经常在报纸上刊登纸质广告，嗣后，随着与先施及外资百货商店竞争的加剧，逐渐增加投入，采用不同广告形式以促进商品销售。永安的广告促销活动，从一个侧面反映了现代大百货公司不同于小杂货铺的经营理念。

1. 纸面广告

指刊登在报纸及杂志上的广告。这是上海商家使用最多的广告方式。《申报》、《新闻报》创办后即刊登商业广告，随时间推移，版面越登越大，商家越来越多。上海《申报》、《新闻报》两报广告之多曾引起人们的注意，有人对上海和北京的报纸广告版面大小作过分析，认为北京的报纸因多由政客官方资助，故不用登那么多的广告，但上海的报纸大多由商人投资开办，为获赢利，不得不大量接受商业广告。翻开《申报》，巨幅广告无日无之，其中南洋兄弟烟草公司、五洲大药房等商家的广告经常占据第一版。永安公司的巨幅广告，主要出现在一年几次的季节大减价期间，平时并不多，但永安对于独家经售的商品，如“康克令”金笔等则投入了大笔广告费。平时，永安公司不时在《申报》上发布一些



① ［美］Sherman Cochran（高家龙）：“*Inventing Nanjing Road*：*Commercial Culture in Shanghai*，*1900—1945*”（《创造南京路：上海的商业文化（1900—1945）》），Cornell University East Asia Program，2000。

商品到货的消息，说明用途、进口国家、价格优惠情况。除《申报》外，永安的商场广告在其他报纸和杂志上随处可见，据我们随手翻检的就有小报《福尔摩斯》、《金刚钻》、《社会日报》等，难以缕述。



2. 播音广告

无线电收音机是20世纪的重大发明，可播送千里之外播音台输出的各类节目，拥有收音机的市民闭门家里坐可尽知天下事。1923年1月，美商奥士蓬（E.G.Osborn）创办的中国无线电公司与上海出版的英文《大陆报》合作播送音乐及新闻节目，为上海广播事业的发轫。1925年美商开洛公司从美国进口收音机，输入上海，为配合销售，在店铺内设立了上海第一家电台，每天播送几个小时的节目，播音内容有商情、船期、音乐及戏曲等。当时收音机是汽车之外价格最昂贵的奢侈品，一台收音机的售价可达800元，仍不乏问津者。随着价格的降低，收音机逐步进入一般中产阶级的家庭。至20世纪30年代，上海市民拥有一台低档的收音机，不再是遥不可及的梦。



播音社是上海广播电台时代的另一产物，它们并没有自己的电台，只聘请了一些播音员，专司播音之责，工作模式即租电台推出播音节目，扣除租赁电台的费用，剩下的便是播音社的收入。

20世纪30年代初，上海广播电台初创阶段，电台播音还是新生事物，丰富多彩的播音节目，令市民大饱耳福，人们足不出户，就能欣赏到戏剧、音乐、故事、宗教布道等，沉溺于播音者颇多。商家见播音广告确实有效，唯恐落后，纷纷斥资赞助节目点播。据说，这是上海广播电台最好的时期。绸缎商是最热衷于播音广告的商人群体。南京路上的几家绸缎商每月花在电台播音上的费用达一两千元之巨。①

“盛极必衰”，电台的丰厚利润，吸引了许多人进入播音界，上海的电台数量快速上升。各电台为招徕广告各户，纷纷削价竞争，一档播音时间的价格从二三百元降至20元。不仅如此，电台的增多，也使可播节目变得捉襟见肘，节目荒导致播音内容趋于粗糙、乏味，对听众吸引力减弱，上海播音广告进入衰落期。上海沦陷后，因江浙民众大量涌入，市面出现畸形繁荣，上海的播音事业有所恢复，1935年电台数量又达到35家。

上海广播电台的播音节目最初以滑稽为主，演员刘春山以唱时事出名，后因唱词太粗俗，遭到当局禁止，为申曲和弹词代替。申曲即上海地方戏，较受欢迎的演员有王筱新、施春轩、筱文滨等人。弹词综合了曲折情节、典雅唱词、噱头和出其不意的包袱等多重因素，给观众以享受，很长时间一直牢牢占据着播音电台，可以说这是弹词的黄金时代，据说占播音节目的十之六七，一大批弹词演员得以走红。除戏剧曲艺外，故事和音乐等也较受欢迎。

上海四大百货公司中，利用播音作商品营销的，新新公司最为突出，除在全市率先建立商业电台外，20世纪30年代商业电台又改建为玻璃电台，聘请著名影星、歌星主持播音，效果显著。不少报道指出，玻璃电台开播后，凡有名演员出现，玻璃电台所在地新新四楼商场常被市民挤得水泄不通，无形中带动了营销。我们未发现永安公司作播音广告的材料，但播音广告对永安的营销是有正面影响的，永安公司的不少合作生产商尤其是织绸厂、化妆品制造商最热衷于播音推销，作为代理经销商，永安无疑能间接受益。绸缎





① 游客：《从勃兴到没落的上海播音界——两年之间声价一落十倍》，《评论报》1947年第15期。

部、化妆品部如此，其他部门同样如此。

3. 霓虹广告

霓虹灯，20 世纪 30 年代也写作“年红灯”，是一种新的广告形式，霓虹灯是电光源的一项重要成果，原料计有 5 种，玻璃管、霓虹气，有白色、红色、亚贡三种，橡皮线、方棚、铝壳，三种霓虹气注入不同颜色的玻璃管，可发出多种斑斓的光来，由于玻璃管可随意完成各种图案和文字，霓虹灯遂成为 20 世纪 30 年代深受市场欢迎的广告形式，租界大小商店几乎家家都采用霓虹灯来作宣传，有的制作店牌，有的用霓虹灯勾勒商店的轮廓，有的制作大幅广告。

有文献指出，霓虹灯登陆上海的时间为 1928 年，是一位犹太商人把这项西方的灯光技术带到了上海。我们不知道这一报道的依据，但上海第一家专营霓虹灯广告的公司名丽安，确由洋人开设，注册资金 25 万美元。

第一家华商霓虹灯公司东方年红灯公司 1930 年开办，注册资金 4 万元，作为一项新技术，颇受商家欢迎，东方年红灯公司成立后营业额从 4 万逐步增加到 20 万元，年有盈利。继东方年红灯公司之后，又有通明、紫光、华达、福来胜等公司成立。

霓虹灯的普及推广，把上海的夜变得色彩斑斓，“不夜城”美称由此而起。在霓虹灯的使用上，南京路的先施、永安、新新三大公司远比小公司舍得花钱，大减价期间，三大公司争先把商场外墙用不同颜色的霓虹灯线勾勒出来，远远望去，公司成了琉璃世界，灯光照亮了夜空，也在穿梭于南京路的游客脸上投下奇异的色彩，让人兴奋。永安的绮云阁 1935 年之前还是南京路最高建筑之一，绮云阁的四侧分别安置“永安”霓虹灯管，夜晚，巨大的“永安”

霓虹灯熠熠发光，“虽远在江湾、真茹、浦东，只要抬头一望，便可看见红红绿绿的年红灯”，其“宣传力量的伟大，绝非从前仅以电灯为都市点缀者所可比拟”。①

4. 时装表演

衣服面料和成衣因需求量大，在大百货公司的销售中，一直受到格外重视，各大公司无不力求在品种款式新潮上超过同行，以争取更好的市场业绩。同时拿出看家本领，促进销售，时装表演就是20世纪二三十年代上海各大百货公司比较喜欢的促销手段。

上海的时装表演始于何时，未见确考，最晚至1926年上海已有时装表演。据报道，联青社（广告公司）这年12月16日在夏令配克电影院举行了为期两天的时装表演，一天展出中国古装，一天展演时装。古装所展之服号称分列汉唐宋明，实际上是一些戏服。时装分为四季晨、晚礼服、便服，均取法英法之新装束。这次时装表演确立了此类活动的模式，即以文艺演出穿插时装表演，文艺演出节目有充满中国特色的艺术化技击、传统乐器的演奏、新剧等。夏令配克时装展览后，此类活动一发不可收，迅速流行。1930年第三届国货展销会期间，在大华饭店举行了一次规模盛大的时装表演会，发起人为市长张群夫人及郭安慈等7位女性。会上孔祥熙、潘公展等人发表了谈话，强调推广国产绸缎，既可扶持民族绸缎工业，又可减少失业率。展示的时装既有女装，也有男装，以女装为主，男装有西装、便服，女装有长、短旗袍，有各类西装。展出的绸缎有嫦娥绉、麒麟绉、印花府绸、闪色软缎、鸳鸯绉、京蓝洋布、闪色月华缎等。罗锦屏、蒋绮志、薛锦园、卞剑影、郭安慈

① 《夜色的上海市场：商人利用灯光招徕顾客，年红灯公司营业之现状》，《市政评论》1935年第3卷第14期。

等参加了时装表演。薛锦园，中山人，是当时上海滩出名的交际明星。郭安慈，上海小姐、永安发起人郭标女公子。这次时装表演得到沪上绸缎业同业公会的鼎力支持，美亚绸厂、震旦绸厂、章华呢绒厂、三友实业社等企业或赠送名贵衣料，或派裁缝师傅缝制新款服饰。演出引起轰动。①

参加时装表演的最初只是一些舞星、名媛、交际明星等。1933年百乐门舞厅举行时装表演，电影皇后胡蝶携一批当红女星着装表演，从此，影星成为T台主角。市民能从时装表演会上见到阮玲玉等女星的倩影，这时，时装表演不再仅仅是商业推销活动，还是粉丝与偶像的近距离接触，深受市民的喜爱。

市民的浓厚兴趣引起百货公司的注意，1935年，惠罗公司、先施公司、永安公司也参与举办时装表演，以促进销售。5月2日《申报》报道："惠罗公司在昨日与礼华肥皂公司联合举行时装表演，场所设在公司三楼，布置非常摩登，灯光配置清雅，周围陈列，为时代新女料。下午三时半音乐声起，众姝款步而出，身衣新颖时装，表演各种姿势，观众拥挤，异口赞美，并由利华肥皂公司分赠样品肥皂粉"。② 惠罗公司之后，先施公司5月13日起也在公司五楼举行了时装表演，聘请上海著名舞星作"廉美国货时装表演"，一天举办两场，上午11时起，下午2时半到4时半。表演者身着"现代妇女的标准衣着，""摩登姑娘的新时装束"。公司声称，"各种新奇式样皆系本公司新装部自出心裁深具美化富有艺术思想"。③

① 《沪市国货时装展览会开幕盛况》，《工商半月刊》1930年第2卷第20期。

② 《申报》1935年5月2日，《申报》复印本（328），第50页。

③ 《申报》1935年5月14日，《申报》复印本（328），第335页。

5月24日先施的时装表演结束，同日，永安推出了夏季时装表演，这次表演由永安公司与美亚绸厂联合举办。据《申报》广告，时装表演在永安公司的四楼举行，每日下午2点半、5时半举行二场。会场同时发售美亚丝绸，还设有现场有奖抽珠。①

1936年春夏之际，永安公司举行了第二次时装表演，聘请了10名公司女职员担当时装模特儿。表演于5月1日开始，举行一周，地点在二楼绸缎部，合作者增加至15家，计有震旦丝织公司、美亚织绸厂、美文丝织公司、大美丝织公司、宏祥印花绸厂、协兴绸庄、久丰绸庄、云章绸庄、嘉记绸庄、同章绸庄、大康绸庄、恒豫绸庄、大盛绸庄、衡久绸庄、庚元庆绸庄，均为上海著名的绸缎商店。② 表演同时在场内分送纪念品，有留兰香牙膏半价券。活动半途有四家衫袜厂加入产品展览，即足安兴记织造公司、瑞纶织造厂、富华电机织造公司、兴泰袜厂。活动结束后出版了《永安时装表演特刊》，共刊出40余帧照片，展示的服饰有新式旗袍、披肩旗袍、泳衣、旅行便衣、家庭便装、运动衣、西服与外套、晨装、海滨浴衣等。其中新式旗袍有16帧，制作师傅在领口高低、下摆长短、有袖与无袖、滚边之式样及面料选择上力求推陈出新，以体现女性身体妩媚之美。支持这次时装表演的15家绸缎厂均为行业名厂，各自拿出最新产品，面料的色泽、图案款款不同，置身演出现场，有满园春色之感。时装展览期间，永安公司天天人满为患，绸缎部的销售明显上升。表演结束后，全体表演者应香港永安公司的邀请，赴港继续进行表演，《竹秀园月报》作了跟踪报道，刊登了





① 《申报》1935年5月25日，《申报》复印本（328），第667页。
② 《申报》(本埠增刊)，1936年5月1日。

十余幅照片。①

永安、先施、惠罗等大百货公司在商场内举行时装表演，其影响非同寻常，一是和一般时装演出不同，演出时间较长，通常为一周，有时还延长数天，二是演出在商场内举行，三是观看演出的观众为普通购物市民，这三点决定了商场所办时装表演商业气息更浓，有利于新款服装的传播。

5.《永安月刊》

1939年5月，永安公司创办了《永安月刊》，以传播健康、有益的文化知识，塑造企业正面形象，从侧面促进销售的发展。

早在20世纪20年代，上海一些著名的企业就开始斥资创办刊物，公开发行。如新新公司就创办过两种杂志，即《新都周刊》、《家庭良友》。中和灯泡公司由四家外资灯泡销售商合办，创办了《中和灯泡》，国际饭店有《帆声》杂志。这些工商企业创办的刊物大都以行业知识传播为主，以同业员工为主要阅读对象，也有的兼顾普通市民的阅读兴趣。如《帆声》是一本以大旅馆服务人员为对象的刊物，曾刊登大量探讨服务之道的文章，读者面不限于本店职工。《中和灯泡》以介绍灯泡制作技术及与电光源有关的知识为主，编者很注意向市民传播如何利用新潮电灯技术改善生活的质量，发表过一些新潮电器如收音机、唱机知识的文字。

由前述可知，企业办刊非永安公司首创，但《永安月刊》能连续出版9年之久，并达到很高的水准，是难能可贵的。

《永安月刊》的创办小言，对办刊宗旨有清晰的说明。编者强调，该刊无关国家治乱之道，即不以政治为重点，但希望在“国家

① 《上海永安有限公司时装表演纪念册》，藏上海档案馆，Q225-2-66。

多事、世乱正殷，黎明在望，大地昏黑的时代”，为读者提供一些能“宁静其精神、鼓励其振作、裨益其身心”的文字。《永安月刊》的创办得到了总经理郭琳爽的全力支持。郭琳爽毕业于岭南大学，受过良好的现代教育，平时酷嗜粤剧，喜欢读书，这也许是他决心支持《永安月刊》创办的客观原因，从另一方面分析，当时上海的大工厂和企业不乏创办刊物的先例，有的还创办了电台，在促进商品销售上取得明显成效。永安公司在广告上一直没有大的动作，与公司本身地位很不相称。但郭琳爽不希望刊物的商业气息太重，应追求一定的文化品位。精明的郭琳爽估计到刊物收回成本的难度，但不以为然，再三对办刊人员说明，《永安月刊》不以赢利为目标，刊物的出版不受经济起伏的影响。

郭琳爽的支持，是永安月刊取得成功的主要原因，该刊出版时间之长，同类刊物无出其右，刊物的质量得到一致公认，不仅胜于同类刊物，也超过了当时市面上出版的大多数商业性文化期刊。如果考虑杂志创办不久，上海即告沦陷，出版条件很差，战后又遭通货膨胀之劫，《永安月刊》能始终以进口纸张、一贯的版式和栏目、扎实的内容、严谨的编排出版 9 年，不能不对主持者表示钦佩。

按创刊小言，《永安月刊》的内容包涵甚广，“举凡足以辅助商业、家庭及个人之知识与夫散文、小品、图画、摄影等，无不兼收博采，取材求富，选材求精”。《永安月刊》的内容大致分为以下几类：

（1）店员修养。围绕职员如何提高服务艺术组织文章，如《职业青年》（潘仰尧）谈青年修养，鼓励职业青年要重视知识与技能，富有朝气，用于上进。

（2）美容知识。化妆品是一个巨大的市场，但为什么要美容，追求肌肤美有没有错，怎样科学使用化妆品，爱美女性存在不少认识误区，准确的指导十分必要。《永安月刊》经常刊登这方面文章，普及美容知识，其中有学术性、趣味性俱佳的黄觉寺撰写的连载文章《女性与装饰》、《谭美》，影响甚大。还有一位著名画家、散文家黄寄萍，对何谓美、女性美的真谛有着非凡的认识，她的文字，对于读者无疑是美的启蒙。此外，《漫谈皮肤维他命》、《夏季的皮肤健美法》、《头发的卫生》、《肌肤美和化妆美》、《从女人们的嘴唇说起》、《妇女化妆讲座》等分别谈到皮肤、头发及女性不同部位的美容和保养。

（3）保健类。翻开民国时期的报纸，有两类广告可以说铺天盖地，形成狂轰的局面，这便是保健品和香烟广告。中法大药房、五洲药房、英美烟公司、南洋兄弟烟草公司的广告长期占据各大报纸和媒体。《永安月刊》很少刊登香烟广告，但保健品的广告却不少，从“强种即强国”的氛围中，这是可以理解的，不同的是作为一份文化刊物，《永安月刊》在普及保健知识方面也做了不少努力，从第一期起，该刊即刊载《中西医药问答》栏目，就一些常见病，聘请医师书面回答，这一专栏一直保持，介绍了许多常见病的防治知识。

（4）国际时事。《永安月刊》创办于孤岛时期，面对国人对国内外战局的关切，《永安月刊》发表了大量国际时事类文章，如《西欧烽火话芬兰》、《纳粹独裁与希特勒缩影》、《两次欧战较量谈》、《太平洋美英战略的形势》、《欧洲大战的回忆与前瞻》、《轰炸中的伦敦》等，评述国际政治之动态，分析欧战之走向，以满足民众对国际局势的关切。

（5）掌故类文章。掌故是《永安月刊》有影响的栏目，作者均一时之选，如李伯琦、周瘦鹃、郑逸梅等人，有的是清朝遗老，有的是鸳鸯蝴蝶派干将，有的是“报屁股大王”。这些作者也在其他地方发表文章，但《永安月刊》的牌子显然颇为他们看重，故提供的稿子均上乘之作，如李伯琦系李鸿章的公子，具有别人所不具备的优势。他在永安发表的都是长篇掌故，动辄数千言，提供了不少鲜为人知的珍贵史料。

（6）长篇小说连载。刊载过顾明道等人的长篇小说，但《永安月刊》月出一期，周期太长，故不太为读者重视，影响不如报纸连载小说。

（7）漫画和摄影。《永安月刊》的一大特色是图文并茂，每期编发数页漫画作品，针砭时弊，发人深省。一幅题为“补”的漫画，对上海人爱进补的原因，作了分析，指出既是广告影响所致，画幅中，鼓吹进补的广告铺天盖地，占据了城市的户外广告，另一方面也和上海人的生活压力太大有关，“上海居，大不易”，精神容易疲惫，故有实际进补需求。《永安月刊》还经常刊载中外绘画名作，尤其是西方的作品，配上文字介绍，帮助读者提高欣赏能力。撰写介绍文字的大都系知名专家，如温肇桐在《永安月刊》发表过多篇介绍中国现代美术名家的文章，如《忆薰琴》、《记丁衍庸》、《新从巴黎回来的陈士文》、《我所认识的倪贻德》、《关良的画》等。作者精通绘画史，故言之有物，悉中肯綮，在他的笔下，中国现代西洋画的成长轨迹得以呈现。

摄影是《永安月刊》艺术类作品的另一重点，主要刊登自然风光、人物肖像和市井风情类作品，人物肖像的作者多为永安摄影室的摄影师。

（8）商品广告。在严格奉行传播健康文化知识办刊宗旨的前提下，《永安月刊》每期都以适量版面，刊登广告。《永安月刊》卓尔不群的社会声誉，对上海的商家有相当吸引力，刊登广告的不仅有《申报》、《大美晚报》等著名媒体，也有不同行业的商家。

《永安月刊》的商业广告有如下几类：

丝绸纺织品：三神鱼极细麻纱袜、亚光手帕、和丰织造厂、景纶织袜、福利多布、振华织造厂、大同织造厂、都锦生丝织品、鹅牌麻纱汗衫、林森织造厂、德胜织造厂、荣丰夏令棉毛呢、九星牌手帕、龙门牌衫袜、霸王蓝布、康福花袜厂、美亚绸缎、荣昌棉织品、富乐色布、锦纶枕套、中国兄弟领带围巾、三轮老牌纯羊毛男女衫裤、飞马牌卫生衫、狼牌蚕丝衬衫、菊花牌麻纱汗衫、马威牌上等横机女丝袜、勤兴袜衫厂、鹅牌四字标准内衣、兄弟女式羊毛呢、大华内衣、新光标准内衣、九昌织造、南华棉毛染织厂、寰球奇异手帕、明月牌最优等精制丝纱线袜、金字塔商标长统真羊毛袜、华光织造厂。

化妆品：夜都会巴黎香精、贝林牌美容品、格郎白美容品、百雀羚、健美牌化妆品、永安润肤香皂、高而富花露水、裕华银星香皂、特丽美指油、蜜丝佛陀美容品、新姊妹香粉、四合一吻不褪色胭脂唇膏。

中西药：吐拿吐谨、南洋太和堂太和油、天喜堂老牌调经丸、龟鹿肾气丸、宝青春、罗字牌鹿茸精、世一堂参茸、雷允上中成药、半夏曲、好力生鱼肝油精、参茸赐保命、信谊维他赐保命、德国老牌肝治、强心药茶、鹧鸪菜、广东老牌何济公、良园白沙枇杷膏、韦廉士药局儿科药、胚生蒙、亚林沙而、寿尔康、介力大蒜油精、种洸福堂、胚命素补丸、造血肝精。

香烟：三五牌香烟、蓝买司干、汉昌雪茄、白金龙香烟、美丽牌香烟、鹿对牌雪茄烟、秋海棠上等香烟、老牌树牌吕宋小雪茄。

食品：伟大上等罐头、ABC 糖果饼干（爱皮西糖果饼干公司出品）、渴乐斯鲜桔汁、老人牌甜炼乳、义利洋行糖果、伟多利糖果、标准代乳粉、吹兰香糖、吉美罐头、泰康鲜果子露、花标鱼露、沙圣帝白兰地、兰陵枣酒、马宝山马头牌梳打饼干、安健儿乳品、维他奶糕、带铃果汁糖。

家用电器：华南电扇、增你智收音机、百来牌长短波收音机、胜利爱西尔收音机、飞歌牌五灯收音机、时代牌优等唱机、华德老牌灯泡，天球牌、地球牌灯泡，立面新电剃刀。

杀菌剂药：疾龙药膏、爬勿动臭虫自灭粉。

日用工业品：金钱牌热水瓶面盆、旦华热水瓶、双鱼牌长城牌热水瓶、永星牌火油、亚米茄自行车。

肥皂牙膏：万金香药皂、爱兰牙膏、米许林牙膏、五福临门牙膏、绿宝牙膏、鸿运牙膏、夏士莲牙膏、双中牌牙刷、结而精洗衣素。

文具用品：博士金笔、光明牌文具、大众金笔、康克令金笔、粤兴照相纸、金星金笔、华星金笔、大华铅笔、华孚真空金笔、拜罗德自来水笔、三乐金笔、宝华金笔、派拉蒙金笔、南阳制盒厂。

橡胶制品：丽月牌雨衣、双马牌雨衣、宇宙牌雨衣、派拉蒙哔叽雨衣、益昌橡胶制品、正泰信记橡胶制品、美纶雨衣。

家具：光亚厂机制弹簧床垫、安眠思活动八用沙发床。

首饰、手表：摩凡陀手表。

玻璃五金：新华玻璃杯、亚晶玻璃电料、荣昌弹子锁。

总计《永安月刊》刊载过的广告不下一千种，上述广告只是其中的一小部分。① 这些广告国货占了绝大多数，以丝绸纺织品、食品、中西药、化妆品、家用电器等为主，部分商品几乎每期必登，常年占据永安月刊的版面，如裕华香皂、景伦衫袜，均为国货著名品牌，产品不仅畅销国内，还远销南洋各岛。舶来品集中在收音机、食品、药品和化妆品中，如美国绿宝果汁、夜巴黎香水、德国产补品散拿吐谨等。洋货广告远低于国货，可能与战时中外贸易停滞有关。

（9）封面人物。封面刊载女性肖像可以说是特定年代的时尚，例如《良友》画报的封面即为女性肖像，《玲珑》的封面也是女性。追溯其源，显然与“月份牌”有清晰的联系。据考，“月份牌”一词最早出现于光绪二十二年（1896 年），当时位于四马路的一家名为鸿福来的吕宋大票行（彩票店）随彩票附赠一种《沪景开彩图》中西月份牌画片，从此月份牌一词逐渐流行，月份牌的制作也较前增多，发行范围有所扩大。按郑逸梅在《月份牌谈》中称，月份牌画作内容经过了四个阶段的嬗变，早期多为风景画，如杭州之西湖、苏州之虎丘等；第二阶段以历史题材为主，如《三国》、《岳传》故事是这一阶段月份牌画作的主要题材；第三阶段为古装仕女图，莺莺、红娘、黛玉、湘云等俱为画中之人。第四阶段为时装仕女，这一阶段的月份牌最为后人关注，人们可通过仕女所穿时装，了解女性服装的变迁。②

制作和赠送月份牌的多为工厂企业以及海上各大报馆如《申报》《新闻报》等，南洋兄弟烟草公司对月份牌的广告效应特别重

① 这里只摘录了《永安月刊》第 1、14、27、40、53、66、79、92、105 期刊登的商品广告。

② 郑逸梅：《月份牌谈》，《联益之友》1930 年第 140 期。

视，聘请画师创作月份牌图画，大量印刷，广泛赠送。后起的仿效者不绝如缕。到底有多少工厂印制过月份牌时装仕女图，无法确计。月份牌广告画盛行了数十年，最著名的作者不超过十人，即周慕桥、郑曼陀、周柏生、徐永青、谢之光、关蕙农、金梅生、杭稚英、胡伯镇等，其中又以周慕桥、郑曼陀、杭稚英的成就最大。

月份牌是广告附赠品，但广告商品一般都印得很小，且放在边隅，广告商品最多的是香烟，其次有电池、火油、肥皂、药品、酒类等。①

月份牌什么时候出现摄影作品，似无确考。但1925年创刊的《良友》画报一直使用女性摄影肖像为封面，在月份牌广告画盛行的年代可谓创新。

《永安月刊》从创刊到1945年8月号，一直以女性摄影肖像为封面，除个别女童肖像外，大多数为著名影星，女界名人，其中多为半身照，只有面部特写的肖像不多。所穿服装绝大部分为旗袍，面料无一雷同，色彩浓淡相宜，图案缤纷，有星星点点的碎花，有雍容华贵的大瓣花朵，旗袍的袖口、领口的滚边也竭尽变化。半身肖像大多以现代居室予以衬托，如落地台灯、西式沙发、插花瓷瓶等。仔细观察《永安月刊》的封面照片，不仅可从肖像中捕捉到发型、发花、耳环、化妆品（如唇膏、指甲油）、服饰方面的信息，也可从背景中领略居家装饰方面的新动向。

综合上述，正是巨大的资金投入，宏壮的商场建筑、全球搜罗的商品、多元化经营、较低的售价、视顾客为上帝的贴心服务，薄利多销的基本战略，无所不用其极的广告促销，帮助公司牢牢占领





① 杨剑花：《月份牌续谈》，《紫罗兰》1927年第2卷第10期。

市场，永安公司的成功，一定程度引领着上海零售业的变革潮流，推动其他小商店也转变经营模式，最终把上海的零售业带进了新的时代。

## 五、永安百货与上海摩登时代的生活时尚

人们通常把20世纪二三十年代的上海称作“魔都”，“摩登”一词风靡全市，市民的观念呈现昂扬向上的进取和开放。

摩登时代的上海，充分展现了现代都市的许多特点，城市经济无论工业、商业、贸易、金融，都处于历史最好水平，市政建设的进步尤其明显，新的道路不断辟筑，水、电、煤等基础设施让更多市民用上了洁净水，霓虹灯的发明使上海的夜空变得更加明亮，摩天大楼如雨后春笋，城市的天际线明显长高。在消费领域，城市的现代性表现得更加充分，女性的衣着更加自然大方，尽显身体妩媚。西方的科技产品收音机、照相机、唱机、电话机等从奢侈品变为普通商品，改变了人们的娱乐、休闲、交往方式。旅行热，国内的，国外的，打开了人们了解世界的窗口，开阔了视野。上海悄无声息地脱胎换骨，引来世人的惊诧，于是西方国家的游客，前往东方猎奇，上海成为必经之站，南京路成了必须“到此一游”的马路。

涌入南京路熙熙攘攘的人群，你可看到在西方世界流行不久的发型、时装、女式提包、鞋帽和佩饰。你可从拂面而过的熏风中，嗅到新近巴黎流行的香水气味。你还会发现，行走在南京路的女性个个顾盼自如，每个人似乎都力求标新立异，与众不同，同样是旗袍，面料不同，袖口长短不同，滚边不同。

南京路不愧是上海财富的象征，时尚的象征。对于南京路的繁华、摩登，先施、永安公司作出了突出贡献。可以说，没有先施、永安，没有四大公司，就没有南京路的盛名。永安公司因长期坚持以中高档商品销售为主，对南京路的繁盛、浮华影响尤大，凡西方市场流行的商品，永安大都聊备一格，以满足特殊人群，从 1918 年 9 月开张到 1937 年，永安公司成了那个年代摩登生活的倡导者和推动者。



### （一）永安百货——对都市时尚的观察

永安公司开业后，始终以提供市面适销商品为经营理念，采办的商品紧紧追踪都市生活时尚，在永安商场，顾客左顾右盼，触目所见的大都是散发现代气息的商品，它是观察摩登时代上海市民消费趣味的最好窗口。

1. 时装

近代中国是急剧变迁的时期，其间的思想、制度文化、物质文化都经历了巨变，服饰也不例外。导致这一变化的因素有两个，一是西方影响的渗入，二是清朝的覆灭。在服饰上，前者的影响导致西式服饰在中国流行，西装被一些高等华人所崇尚、接受，后者的影响，造成延续数百年的中式服装或淘汰。或改制，上海在近代服饰巨变中，扮演了重要角色。有评论称：“自来转移伏思之权力者，前清则推京师，近日，实在上海。”①



西服，一般指男性装束，女性的类似装束则区别为“女西服”。在西方，男装的正式晚礼服称作“燕尾服”，白天的正式礼服称作“晨服”。现代男性日常所穿着的西服源于一种名为“夫罗克

① 丹翁：《服妖》，《晶报》1920 年 1 月 15 日。另有报道：“海上女子，一时髦旗袍为最新之装饰品”，见《晶报》1920 年 4 月 18 日。

（frok）”的外套。由于这种服装符合自然、理性、平等、自由的时代思潮，诞生后迅速流行，并随着殖民势力的全球扩张，开始西服东渐。鸦片战争后，西服随外国侨民一起传入上海，并随着在华势力的扩大，逐步流传。

1894 年甲午战争中国惨败，中国出现了更大规模的改良运动，改良派在要求政治制度改革的同时，也提倡教育、风俗等一系列改革，“放足、剪辫、易服”成为风俗改良的重要内容。民国诞生，政府曾发布法令，重定服制，男子大礼服和常礼服，均采用西式服装，西服的传播在法律上得到保障。

对西装的传播，上海洋服店起了一定作用。惠罗公司 20 世纪 20 年代初，从国外聘用两名西装裁缝驻店，按顾客要求，用本店的面料，缝制各式西装。其他外资百货公司泰兴、汇司、福利公司等也都出售西装面料或成衣。此外，上海的外资洋服店 20 世纪 20 年代曾多次举行西装时装表演，交流西装制作技艺，1927 年，鸿翔时装店应邀参加这一从未向华商服装店开放的活动，所制西装以精湛手艺获奖，名声大噪。以后鸿翔还多次应邀参加，屡获好评。①



西装传播的另一重要因素是上海红帮裁缝的脱颖而出。红帮裁缝，即宁波西装裁缝。② 成衣制作原系当地手工业之一，以此谋生者甚多，上海开埠后，宁波裁缝大批移居上海，巨大的西装市场，

① 《鸿翔公司参观记》，《申报》复印本（241）406 页，1927 年 12 月 18 日。

② 刘云华在《红帮裁缝研究》一书中对红帮裁缝的名称来历提供了三种看法。她认为红帮裁缝的“红”字源于红发，江浙一带历史上把外国人称为“红毛鬼”，西装是红毛服装，制作西装的裁缝便称为“红帮裁缝”。这和上海的轮船木工被称为“红帮木工”同理，红帮木工指那些专修外国轮船的木匠。《红帮裁缝研究》，刘云华著，浙江大学出版社 2010 年出版。

为宁波裁缝提供了绝佳的发展机遇，自第一家红帮裁缝店开设之后，商人开设的西装制作店就迅速发展，1930 年增至 68 家，20 世纪 40 年代增至 340 家。① 不少红帮师傅前往日本等国学习西装制作技术，同时参以中国的服装缝制技术，逐步形成红帮制作特色，不断推陈出新。上海红帮裁缝的生产活动，极大地推动了西装的传播。

永安公司设西装部专售男女西装服饰，如美国金叶牌衬衫、美国羊毛领带，英国开领衬衫、德国什色丝围巾，英、美国制皮大衣，毛衫有老牌四条厚绒衫裤、英国毛布连领衬衫、英国老牌灰色全羊毛衫裤、英国本牌女装色边白羊毛衫、英国马牌上等羊毛衫裤、英国飞轮牌羊毛衫裤。20 世纪 30 年代，永安设立新装部，制售各类西装。

旗袍　本系满族女性服装，清朝覆灭，旗袍不仅没有退出历史舞台，反而逐渐流行，最终成为举国接受的民族服装。在旗袍从满服到民族服装符号的变迁中，上海扮演了关键的角色。

旗袍什么时候在上海流行？一般没有准确的时间说明。实际上，旗袍流行的时间，可准确确定于 1918 年、1919 年间。1920 年 5 月《晶报》发表的丹翁《服妖》一文指出，鼓书艺人刘翠仙自来上海登台奏艺后，许多女性因喜爱刘之艺术，爱屋及乌，纷纷流行刘翠仙所穿之旗袍。后有读者指出，刘所穿非旗袍，乃男子长袍。但这位读者没有否认女子着袍 1919 年已经流行。又有人指出，在刘之前，1918 年来沪的北方鼓书艺人小黑姑娘、英姑娘登台时，穿的也是长袍，据此可知，20 世纪初，已有一段汉族女子

① 《红帮裁缝研究》，第 29 页。

将男子长袍误作旗袍流行的时期，直至流行广了，人们才知道长袍与旗袍的不同，满族旗袍一是不开衩，二是宽袖，男子长袍则是开衩的。但男袍被误作旗袍已约定俗成，女子着袍从此被称作旗袍。

因气候不同，旗袍有单夹之别，春夏着单袍，秋冬换夹袍，夹袍有的里衬棉絮，有的外加毛衣。与原来的旧式服装相比，据说旗袍最大的优点是更能御寒，加之旗袍的制作比旧式服装省料，其流行是很自然的。

旗袍流行以后，它的袖口、开衩、领口、下摆日新月异地变化着，以旗袍长短的变迁最为频繁。自民国十五年起，旗袍自小腿处起，日渐缩短，至 1930 年，短到膝盖，到 1936 年，旗袍之长度，达至于顶点，近乎拖地。同时两面衩也开得高。一直到 20 世纪 40 年代，停留在膝盖的上下。至于袖子，在旗袍向下长的时候，袖子却日渐在缩短，到 1938 年，袖子缩到全部取消。当然冷天的旗袍仍以长袖为主。旗袍的领口，自盛行以来到 1936 年间，一直是站在高的趋势，所相差的，只是高的程度不同而已。此外，初期，旗袍的领口虽高，但仅有一档纽扣，而民国二十三四年间之领高，已达到顶点，纽扣亦自一档增至五档。①

为增加美感，旗袍的领口、袖口和下摆的滚边极尽点缀之能事，花式层出不穷，改革后的旗袍能尽显女性身材的婀娜之美，受到都市女性的喜爱。并传播到海外，得到美国、法国著名影星的大

① 沈贞玲：《谈旗袍的领口》。《家》，1948 年第 34 期。关于旗袍的变化，时人曾有这样的记载，“上海妇女衣服，岁有变迁，如去年尚短，下仅及骭，两袖窄而止于肘，今年重长，曳轻逾胫，袖少宽而覆脉际，故去年所置，今不入时，长短宽窄，恒有定废，短固不能改长，长亦不能作短，于是绸庄缝工，生涯茂盛矣”。《晶报》1932 年 10 月 28 日《女服变化》。

力追捧。又反过来促进了旗袍在国内的流行。①

旗袍的流行，对绸缎商家来说意味巨大的商机，惠罗百货公司、福利公司纷纷以进口西洋绸缎来招徕顾客。上海华商绸缎商老牌商家老九和、老介福等也不遗余力，推销国产绸缎，一般来说，西洋的绸缎制作工艺超过国产绸缎，穿着舒适，但国货绸缎的图案更符合上海女性的审美爱好，也有自己的市场。

永安公司的匹头部，销售各类旗袍面料，有丝绸、呢绒等类，既有舶来品，也有国产货，舶来品以英国、法国为主，先后销售过加阔花旗条格冲维也纳绒、英国杂色棉纺绒。意大利鹰登旗袍花呢等。

花边　20 世纪二三十年代，一个特点就是不断变化，一是式样变，如旗袍下摆、袖口、领口长短高低之变，二是面料之变，新的面料层出不穷。三是花边之变。花边包括滚边及肩饰、胸花等，有的服饰如旗袍，没有滚边，便显得单调。花边不仅起着点缀时装，增加美感的作用，也是女性争奇斗艳、力求自我标识，与众不同的用心所在，为满足市场需求，华商四大公司均设花边部，还出现了专售花边的专业店，如绮华公司。据报道，花边在中国有悠久历史，唐代即已使用花边，但中国花边多用手工编织，未能机械化生产，推广不易。1905 年前后德国花边传入中国，一直以精致、图案丰富，走俏中国市场，第一次世界大战结束，德国花边业受到重创，其在中国的地位被法国、瑞士代替，民国四五年间，法、瑞两国每年都有巨量花边输入中国，华商受此影响，开始设厂生产，但品质远不能同舶来品竞争。20 世纪 20 年代是舶来花边的全盛时

① 沈贞玲：《谈旗袍的领口》。

代，每年流行不一样的花边，如1926年最时髦的花边“要推螺甸闪光边、珠边、雀毛边、最阔绣花边……此外，还有假钻边，颇有光芒，夜里跳舞衣用之，跳舞时与电光相炫耀，精光四射，非常可爱”。① 花边的使用也扩大到鞋面、围巾、手提包等。旗袍流行后，滚边的花边式样很多，为增加美感，女性在对旗袍的袖口下摆、领口滚边力求标新立异，为百货商店的花边生意提供了市场需求，永安公司的花边部是上海花边销售的大本营，公司经常采办最新奇的花边满足都市爱美族。1923年5月的一则报道称：“公司新由欧美办到各种丝光纱边，花样玲珑，颜色艳丽，又有各款丝纱衬裙边、通花绣花多种洋纱袖口边。”②

女子内衣　中西服装的最大差别不仅在外套，内衣尤其是女子内衣也完全不同，这里牵涉如何看待女子的身体。传统中国，女子的胸部是被束缚的，用当时的说法即“束胸”，任何展现女性身体天然美的想法都违反封建礼教，是淫荡的。女性束胸的式样经历了几个阶段，最初用抹胸，后来改用小马甲，是一种比抹胸更具压迫力的束胸内衣。使用小马甲后，女性的胸部基本上被抹平了，在一篇《新式肚儿》的文章对女子内衣的千年变迁作了提纲挈领的说明：

> 今之有心人，皆提倡解放女子乳部矣，故继天足运动以后，而有天乳运动，然女子胸前无论如何，必有物焉以为之障，今故分三个时代言之：
>
> 旧式肚兜时代。此旧式肚兜，想已行千年矣。其运命最

① “修饰的大本营”，《申报》1926年12月21日。
② 《申报》1923年5月23日。

长，而制度最劣，征之历史，颇多记载，以为是一最香艳之物也。至近一二十年，遂有起而革命者，则代之以小马甲。

小马甲时代。熟知小马甲之残酷，胜于旧式肚兜，旧式肚兜仅在压迫乳部，未侵及胸部也，而小马甲则压及胸部，女子之乳部丰满者，以对襟之小马甲不足以束之，乃则为胸千之纽，而扣其于腋下，于是束缚至于呼吸亦不足以舒适。而打倒小马甲之呼声遂起。

新式肚兜时代，然而女子乳部，终必蔽以一物，中国女子如此，外国女子亦如此，而新式肚兜者，形如围裙，而束于乳部之上，再以两带挂肩上，使不坠下，此固舶来式也。①

对小马甲的危害，胡适曾以激烈的语言加以抨击，率先呼吁取缔小马甲，“放胸”与“放足”同时成为女子解放的目标，但直至20世纪30年代，小马甲仍没有退出历史舞台，尤其在农村，女性仍普遍束胸，倡导放胸，仍是知识界的时髦话题。

上海女性自20世纪20年代摒弃小马甲后，流行围裙吊带式内衣，20世纪30年代，胸罩传入上海，但并不流行，我们可从1935年惠罗公司、福利公司刊载在《申报》的广告中，发现好莱坞式女子乳罩广告，频度很低，这表明当时女子贴身仍以吊带式内衣为主。这一时尚推动了女子内衣的生产，20世纪30年代，上海共有内衣工厂数百家，几乎所有著名内衣厂都生产女子内衣，拥有著名品牌。景伦衫袜厂由大买办徐润从他人手中收购，苦心经营，被誉为“中国内衣厂之鼻祖”，女子内衣品牌有数十种之多。中国内衣





---

① 爱娇：《新式肚儿》，《晶报》1927年8月21日。

工厂是另一家内衣名厂，以 ABC 为商标，女子内衣品牌可与舶来品颉颃。

与女子内衣一起流行的还有普通市民的内衣，这与晚清西方舶来品的进口以及卫生观念的普及有关。人活动时容易出汗，不及时揩干，易形成汗渍和污垢，有碍皮肤卫生。汗衫则将汗渍随时吸干，给人体以清爽感，也减少皮肤感染的可能，因此汗衫也称作卫生衫。上海的华商大约自 1905 年开始生产内衣，但质量较差，直到 20 世纪初才慢慢被国人接受，从此汗衫成为百货公司棉纺织品销售的大宗。

袜子　和内衣一样，近代中国人所穿的袜子式样也经历了很大变化。男袜有长统、短统之分，长统者袜口齐膝，短统没胫而止，洋布未进口前，男袜多以大布及广东之竹布制之。清末同治光绪年间，制袜始用洋布。中国女性在封建礼教的约束下，被迫缠足，一双天足被裹成三寸金莲，女子之袜，皆短仅及踝，谓之“袜套头”，而不曰袜，皆妇女自制，以白竹布为多。19 世纪末 20 世纪初，一些开明人士感觉到缠足的危害，提倡天足，不缠足会在全国各地纷纷组设，例如 1902 年，两江总督端方就颁布了禁止缠足的布告，表示了开明的态度。不缠足从少数人的提倡，到社会组织参与，到成为民众的实际行动，经历了数十年，五四运动对女子缠足进行了激烈的抨击，经此一战，天足在上海逐渐成为潮流，洋袜市场由此形成。舶来洋袜曾在很长时间垄断了中国的消费市场，1905 年前后，上海开始出现了华商投资的电机织袜厂。20 世纪初，广东南海县旅沪商人余稚敬家族开设的花样杂货店广升祥生产织袜获得成功，所产袜子在华南市场赢得消费者青睐，广升祥先后开设了六家织袜厂，成为最著名的织袜集团，此外，上海的内衣工厂大多衫袜兼产，整个产业每年的产量达数百万打。但舶来的袜子在用料和式样上仍有相当的吸引力，上海的外国四大百货公司以及华商百货公司依然都销售进口袜子，以满足上等华人的需求。永安的袜子部经手英法等国的著名品牌，如英国的雷云娜小方跟真丝女长袜、英国各厂男女羊毛袜、Kayser 最薄全丝女袜、Holeproof 厚薄长统女袜、Rosaine 全丝最薄摩登女袜。



2. 美容与化妆品

爱美乃人之天性，对美的追求促进了化妆品的生产，一部人类的化妆品生产历史，一定意义上是人类不断追求美容的进化史。

中国自古就有追求美容的传统，用鹅脂、羊脂、猪脂、熊脂、鹿脂等做面脂面膏，汉代香药从外输入后，利用芳香的气味来刺激神经。普遍地用植物的树脂和香油、动物性的麝香、龙涎香、灵猫香等，来渗入发油、手膏、唇脂、香粉和其他美容品内，用香味来增强美的效果。①

脸庞是化妆品敷施的重点，眉毛是女性最看重的部位，一弯蛾眉，能尽显女性温柔恬静之气质，但眉毛式样和画眉的颜色，经历了反复变化。据记载，画眉在先秦已很流行，宇文氏《妆台记》称：汉武帝令宫人扫八字眉，魏武帝令宫人扫青黛眉，唐贞元中令宫人青黛画蛾眉，五代宫中画眉，有开元御香眉，小山眉、三峰眉、月陵眉等十种。古时画眉，起初先去了眉毛，涂上石黛，到明时才不再剃去真毛，直接涂上颜色。画眉的颜色有墨绿、黑色、黄色等。



女性点唇可上溯到唐朝以前，至唐末年，达到“尽态极妍”的

① 《中国美容史话》，载《新中医刊》第 2 卷第 3 期。

地步。当时点唇样子有胭脂晕品、石榴娇、大红春、小红春、嫩吴香、本边娇、万全红、圣檀心、花奴样子等。点唇的唇膏很长时间用紫红色，远望有樱桃小口之感，也流行过乌黑色。

脸庞敷粉，多用胭脂，制作历经变化。李时珍的《本草纲目》说明代有四种胭脂，一种用红蓝花汁，一种用山燕脂花汁，一种用山榴花汁，一种用紫矿染绵。《红楼梦》里宝玉用的胭脂是配了花露蒸成的。有闭月羞花容色的美人毕竟罕见，脸部敷粉化妆的女子非常普遍。

中国古人视手指纤柔洁白为美，指甲因而受到注意，但我们对染甲的起源并不清楚，一般认为唐代已有染指，元代诗人杨维桢有一首诗题染甲美："夜捣守宫金凤蕊，十尖尽换红鸦嘴。"唐时染甲的原料有二种，一为凤仙花，一为指甲花。①

由上所述，中国人的爱美一点也不亚于西方国家，普通百姓如此，统治者更热衷于此道，慈禧太后就是一位对美容着迷的女性，德龄公主的《御香缥缈录》对西太后的美容癖好有详细的描写。但中国传统的化妆品制作技术较粗糙，易使皮肤产生不适感，这是西方化妆品能垄断中国市场的主要原因。中国海关年报很早就有胭脂、香水等化妆品的输入统计，很长时间法国香水位居进口首位，但因法国香水用天然花朵如紫罗兰、玫瑰或动物香液龙涎香、麝香、香狸等制作，售价很高，20 世纪 30 年代化工合成的美国香水输入中国的数量逐步超过法国，市场充斥美国化妆品。

上海的百货公司，无论华洋，化妆品都是营销重点，先施公司 1931 年曾聘请美国交际明星及化妆专家来商场表演化妆术，盛况

① 本节材料均取自《中国美容史话》，载《新中医刊》第 2 卷第 3 期。

空前，预定结束日期到了，又延长了十四天。① 永安公司是舶来化妆品的销售重镇，长期经销法英美等国著名品牌的化妆品。据《申报》报道，永安公司新近从法国进口的化妆品达万余种，其中最有特色者，为巴黎道士各厂出品之爱情花香水，每套售价375元，这种香水是首次在亚洲市场面市，上海成了这款巴黎香水亚洲之行的首次秀城市。1930年11月冬季大减价期间，永安又进口法国雪花膏名牌百炼霜500箱，“巴黎妇女均视为美容圣品，既可保护皮肤，不使粗老，并能除斑灭累，嫩肤美容，堪称空前圣品”。② 永安销售的化妆品种，还有一款德国的香水也相当著名，即“4711香水”，在上海化妆品中，“久已首屈一指”，“4711”除香水外，尚有香粉、香膏等。③

3. 收音机及科技产品

科技产品的出现，极大改变了人们的生活，尤其是电的发明，人类生活的改善速度大大加快，至今未有穷期，电灯的发明，让人类与黑暗告别，活动时间得以延长，电话的发明，使咫尺天涯成为可能，收音机的发明，多方面改变了人类的生活，它既是新的传播工具，人们可从收音机中得到各种资讯，如新闻、名人讲话、宗教福音传播，还可收听戏曲、音乐等娱乐节目，收音机还是特殊的学堂，如广播英语的播出，使在家学习外语成为现实。在特定年代，播音和收音机还有许多特殊的功能，向前线将士致以慰问和鼓励，或通过播音寻找失散的亲友等。

收音机约于20世纪20年代初传入上海，美商开洛公司在南京

① 《申报》1931年11月24日。

② 《申报》1930年11月14日，“上海市场”栏目。

③ 《申报》1931年12月15日，“上海市场”栏目。

路12号开张，专售美国产收音机，当时叫无线电话，价格昂贵，一架四管带全套喇叭的收音机售价288元，一架最新式不用天地线不用线架RFL七管机售价1100元。为提供播音广播，开洛公司特设播音台，播音内容有弹词、京剧小曲、粤调雅乐，后又发展到名人演说、外国汇率、轮船航行船期等，还能收听日本大阪、东京、名古屋、朝鲜、大连、天津等处播音，神奇的“话匣子”使上海人的都市生活发生了巨大变化，拥有收音机成了许多家庭的梦想。

至20世纪30年代，收音机以较快的速度在上海流行，每当西方有新款收音机上市，不久就可在上海市场看到。美商美昌洋行、惠勒公司等开始代理销售美制收音机，售价较前有所下降，这一时期，上海流行的收音机款式有美国史德华无线电、美国无线电公司33号收音机、亚尔西爱5-T式收音机、爱美声（Emerson）长短波收音机。据介绍，爱美声可接收全世界各种长短波节目，可收远东各国广播节目，可收欧洲特别长波节目，可接电留声机。

永安公司销售收音机可能晚于先施，① 直至1934年，才看到永安销售RCA牌收音机的广告。此后，公司加强了收音机销售，成立了无线电部。1937年底，上海成为孤岛，市民对国内外的战局发展十分关心，高级收音机，尤其能清晰收听欧美短波播音的收音机成为市场抢手货，这一时期创刊的《永安月刊》显示，公司销售多款高档收音机，如增你智收音机、百来牌长短波收音机、胜利爱尔西亚收音机等。《永安月刊》在介绍时，特别指出，能清晰收听短波广播，以促销售。

① 先施公司1926年即设立无线电部，同年11月《申报》报道，先施三楼设柜售台式收音机、对讲电话及无线电零件。《申报》1926年11月21日。

4. 家庭装饰布置用品

人为追求舒适生活，除关心与身体消费直接相关的诸种因素，如饮食、衣着、化妆、健康、娱乐之外，必定会关心所生活的环境，即居家之装饰。开埠之后，西方侨民在上海生活、定居，他们对居室装潢的重视就颇引人注意。例如，一些外侨建筑事务所，不仅接受建筑设计，也承接室内装饰生意。外国旅馆的室内装潢更以豪华、舒适、便利生活等特点给华人留下深刻印象。受此影响，上海华商建造的大旅馆如扬子饭店、国际饭店、新亚酒家的客房均以外资旅馆为标准，可以说，居家需要装饰，好的装潢有益于调解身心，已成为社会的共识。从晚清至民国初年，家庭装饰一直颇为华人关注，探讨装饰的文章充斥报章杂志。至20世纪20年代，居家布置已形成都市新的生活时尚，《申报》曾专门开设专栏，推动居家装饰，在一篇《起居不应该丰美吗?》的文章中，作者宣称：我们如果不愿意永远过着苟且简陋、半生不死的生活，并且还想享受些现代的幸福，那就不能不努力着去改善我们的起居了。“我们需要的是要安逸丰美的生活，要使劳苦终日的精神，得着些憩息，得着些慰安”。

作者强调居家环境对身心调节的价值，指出，如果书房的墙壁没有一点装饰物，满是霉污的斑点及水痕，加之油漆剥落的书案，黯淡无华的电灯，你还看得进什么书，做得出什么好文章呢?

作者借其一位朋友之口，提出了理想的局势环境，至少是需要粉刷的，最好是贴上有图案的墙纸，上面应该挂着一些花和相片，内容应该适合主人的趣味，能给人以激励，茶几或书桌上可摆放一些雕塑或主人所崇敬的人物造像。整个居家应该像个小小的艺术展览会，“居室中充满了优美和伟大空气”。

作者主张使用灯罩，以增加居室之美，不同的居室应选用不同颜色的灯罩，使灯光和房间显得协调，如卧室用平和淡雅的颜色，“于和谐之中更见静默”，客厅则用兴奋刺激的颜色，“于光明之中更显灿烂”。

家具应以式样精巧实用为标准，木质不必名贵，中国旧式家庭打开房门，摆满了不适用的箱子以显殷富的陋俗，应予摒弃，衣橱和五斗橱与箱子很适合存放衣服，应予提倡。

作者对厨房尤为重视，认为炉灶是造成厨房四壁污黑一团的主要原因，大量煤炭不仅弄黑了四遭，也占据本来不大的空间，有条件应尽可能使用煤气灶。

“这样的起居，不是比较丰美有意味吗，人类的生活是应该这样的！”作者满怀激情地在文末这样写道，号召读者改变那种因陋就简不注意居家装饰的坏习惯。① 这是20世纪20年代无数推动室内装饰的文章中的一篇，代表了作者这类文化人对居家装饰的一种向往。

那么，更理想的家庭装饰是怎样的呢？1936年上海某西文报纸刊登了一组旅沪广东买办潘澄波新居的室内装饰照片，提供了一个范例。

潘澄波，广东新会人，怡和洋行买办，潘的新居位于劳利育路（Camille Lorioz Route，今泰安路）117号，是一幢独立的别墅。西报刊载的一组照片显示，新居有卧室、客厅、书房、酒吧间，墙壁装饰有的使用墙纸，有的用涂料，色彩淡雅，家具陈设中西合璧，室内顶部已采用吊顶，灯光布置颇为现代，这大概是摩登时代最豪

① 《申报·增刊》“起居号”1926年12月17日。

华的家庭装饰吧。①

众所周知，家庭装饰涉及墙纸、涂料、地板、家具、窗帷、床笫、灯具、卫生洁具等众多商品的生产与销售，是一个巨大的市场，聪明的商人不可能对此无动于衷。永安公司设有与居室装饰有关的多个商品部，如花纸部，供应墙纸，玻璃部供应果盆器皿，床上用品部供应被褥、床罩等商品。公司还设立了家具制造厂，自制西式家具，设计新潮，质量上乘，很受消费者欢迎。《永安月刊》曾多次刊载公司家具的广告及居室家具陈列图片，传播居家装饰知识，也带动销售。

5. 文化用品

文化用品在永安公司的销售中所占比例不高，但门类齐全，品位高，满足了大都市一部分特别市民的需要。和文化用品有关的有3个部，即音乐部、文房部、运动部等。文房部主要销售金笔、铅笔、扑克、图书等，曾长期代理美国金笔康克令。康克令金笔本非名牌钢笔，质量不如派克，但永安公司作为金笔的代理商，有商品的定价权，故利润较厚。永安公司为推销康克令投入过大笔广告费，在各大报纸上经常可看到康克令的图文广告，每逢季节大减价，康克令更是重点推销商品。代理康克令，永安获利不少。文房部另一值得注意的销售商品是西洋画材料，画笔、画布和颜料。上海是西洋画的重镇，土山湾被喻为中国西洋画的摇篮，培养了一批有造诣的画家。清末民初，上海的西洋画教学加快发展，先后出现了多所西洋画学校，为中国的西洋画创作奠定了坚实基础。由于从事西洋画的画家多，对油画材料的需求也较大，永安公司的美术部





① 《大美晚报》（*The Shanghai Evening Post & Mercury*）1939 年 7 月 22 日。

是上海西洋画材料的销售点之一。从广告中看，永安销售的西洋画材料大多向法国进口，1926年11月8日的《申报》载，永安公司大减价期间，打折销售“世界最著名的法国黎佛朗厂各种油画颜色，油画笔一概八五折，新式大号画架连皮带五元八角，此外还减价销售上等亚麻仁油、松节油等”。另有报道称，自发售法国油画材料以来，“久为学界及艺术家所赞许”。① 文房部还销售外文原版图书，计有小说及时政读物。

音乐部是永安和先施公司的特色部门，外国四大百货公司似未设此部。销售商品有三类，即唱机、唱片及乐器。永安销售过多种舶来名牌唱机，也销售过百代、高亭、璧架、物克多、大中华等公司的唱片，既有西洋音乐，也有京剧、苏滩、粤剧、申曲等。公司为粤商开设，经理郭琳爽又酷嗜粤剧，可能因这一层关系，永安音乐部经常有粤剧唱片售出，如1926年7月4日《申报》报道，永安音乐部自美国进口一批粤调物克多唱片销售，内有肖丽章之《爱娜姑娘吊影》、牡丹苏之《唐明皇醉酒》、曾瑞英之《聚珠崖》及《司马相如柳瑶金》等，皆印有唱词，随片奉送。②

上述只是永安公司1918年至1937年销售的部分商品，从这些介绍中，已不难看出永安公司与上海摩登生活方式的关系了。

### （二）附属机构——现代经营理念的植入

西方大百货公司大都附设多种附属企业，实行多元经营，既延伸了公司的服务，充分发挥了商场空间大、地理位置佳（处于闹市中心）、市场号召力大的优势，也为公司增加了多个利润增长点。

上海的大百货公司不下十家，但设有附属企业的仅“四大公

---

① 《申报·本埠增刊》1926年11月8日。

② 《申报·商场消息》1926年7月4日。

司”，即先施、永安、新新、大新。惠罗、福利等外资大公司一直未涉足多元经营，这也从一个侧面反映了四大公司在上海近代消费业中的独特地位。四大公司不仅都开设了多种附属企业，且从餐饮到娱乐、旅社，一应俱全，附属企业的设立一定程度增强了四大公司在业界的地位。

在四大公司中，永安公司的附属企业与先施旗鼓相当。新新公司因主业实力不如其他三家，不得不在附属企业上与先施和永安较劲，新新剧场、新都饭店、新新花园等，搞得颇有声势。下面我们选择天韵楼、大东旅社、大东茶室，对这三家永安最有影响的附属企业作一介绍。

1. 天韵楼

天韵楼建在永安公司楼顶，是一个综合性游戏场，分设小剧场、电影院、饮冰处等多种场所，门票甚廉，市民花一二角就能畅游一天。由于天韵楼的管理比较严，秩序好于新世界、小世界等游乐场，加上设在永安公司的楼顶，游客可登高俯瞰南京路、黄浦江及上海全景，开设后一直是上海市民最喜爱的游戏场之一。

据统计，天韵楼开设初期赢利相当可观，自 1921 年至 1930 年每年都有近 30 万元的进账。大量游客的到来，还一定程度促进了商场的销售。

天韵楼最吸引人的游乐项目是戏剧演出，主要有二大类，一为京剧，另一类为苏锡常滩簧，即长三角的地方戏曲。上海是京剧演出的重镇，自 20 世纪初，京剧演出就十分火爆，持续了数十年，在长期演出中，形成了迥异于京派的风格，人们习称海派京剧，海派京剧以连台本戏和机关布景为特色，适合南方人的欣赏口味，是上海戏剧舞台上最受欢迎的剧种。上海专演京剧的舞台远多于其他剧种，计有大舞台、共舞台等十余家，此外还有难以确数的小舞台，如游乐场的京剧演出。

在大舞台上演出的主要是京剧名家名角，为了招徕观众，各大京剧舞台无不以优厚包银，拉名演员加盟，以保证票房。但由于大剧场票价相对较高，非普通民众可以承受，尤其是连台本戏，多至十几本、数十本，看完全剧，须在剧场勾连一月以上，大多数市民无法承受，从而为小剧场包括游乐场的京剧演出提供了市场。

先施乐园的京剧舞台长期聘请优美班担纲，为与先施竞争，天韵楼聘请了同样著名的凤来仪戏班，凤来仪即朱家班，以朱家七人为主组成，颇有票房号召力，凤来仪与天韵楼的合作十分愉快，在天韵楼演出多年，演出剧目以单本剧为主，也短期演出过三本连台本戏《狸猫换太子》。《申报》的戏剧评论版曾发表文章，对凤来仪班的演员予以好评，如谓："天韵楼之凤仪班，亦名朱家班，其中角色如朱韵声、朱子卿、朱桂红、倪琴艳、靳桂芬等，为侪辈之出色者。朱韵声工须生，朱子卿善饰小生，朱桂红能旦能丑亦能生，唱旦则颦笑咸宜，唱丑则诙谐百出，演生则功架老到，出神入化。倪琴艳擅花衫，靳桂芬擅须生，其他如杨养宕之须生，朱桂芬之旦，元元红之小生等，各有所长，亦颇不弱也"。①

20 世纪 20 年代中期，海派京剧的影响力臻于顶点，天韵楼对演出场地作了调整，增加了一处京剧演出舞台，每日可同时安排两台京剧演出，以满足观众需要。

天韵楼戏剧演出的另一重头是苏锡常滩簧，即苏滩、锡滩（即无锡文戏）、常州滩簧。

① 《天韵楼游艺谈》，《申报》1924 年 8 月 17 日。

苏滩有两种，即坐唱苏滩与化装苏滩。坐唱苏滩如京剧之清唱，化装苏滩需穿戏服加以表演，苏滩的唱调也分两种，即阳面和阴面，阳面亦名“上口”，凡唱生、丑诸角皆属之，阴面又称“下口”，旦、净诸角均属之。苏滩按所唱内容又分为两类：一类所唱为全折古滩，大都脱胎昆曲，如《游殿》、《寄柬》等剧皆脱胎昆曲《西厢记》，《借茶》、《活捉》等脱胎《水浒》，《渔钱》、《赏端阳》等脱胎《渔家乐》，《里正关粮》脱胎《琵琶记》。另一种演唱内容带有滑稽性质，词句通俗，说唱者“妙舌如簧，诙谐百出”，如每演必唱的《马浪荡》、《卖橄榄》等，能全本百听不厌，常穿插时调小曲，编入时事新闻、爱国故事，或讽世或劝世，如《爱国五更调》、《教育歌》等，有一定社会教育意义。

两类苏滩，每次演出按顺序全折古滩在前，故又叫“前滩”，通俗说唱在后，又名“后滩”。脱胎于昆曲的苏滩，词句格调于昆曲大同小异，历史上吴中文人研究斯道者，颇不乏人，进入市场化演出后，营此业者为牟利，只知迎合观众，词意遂陷于不伦不类，甚或庸俗秽亵。但苏滩在苏浙一带流传甚广，有很好的群众基础，清朝末年，热心社会教育者对苏滩作了一些改良工作，上海一些著名音乐团体相继有苏滩部之设立，如国乐研究社、钧天乐、声社等，演出能脱尽市侩习气，格调为之一变。一些职业演出受此启发，也能弃旧从新，因此，苏滩的社会形象一直比较正面，为苏滩顺利进入上海的戏剧市场打开了通道。

苏滩有男女合演和男子、女子分演两种，分别称为“男子苏滩”、“女子苏滩”。最受观众欢迎的是女子苏滩。“各游戏场，除申曲及四明文戏外，莫不有苏滩一项游艺，以招徕游客，苏滩无淫秽不堪入耳之语，有时诙谐百出，令人捧腹，有时佐以歌曲，令人神往，但此只供耳听，不能尽观视听双收之益，故有化装苏滩。”①

在天韵楼演出苏滩时间较长的是以钱凤弟领衔的凤鸣社女子苏滩，演员有钱凤弟、钱凤玉、钱凤珠、钱凤英。四人中钱凤弟最孚时誉，“凤弟貌仅中姿，着戏装后颇为美丽，艺亦可观。与姐妹凤珠、凤玉搭配默契，一举一动，颇能惹人注意”。又有评论称：“全体女子苏滩凤鸣社，苏滩界之后起者也，该班角色，如钱凤弟所唱之阳面，凤弟、凤玉所唱之阴面，口齿清晰，音调圆润，大有初写黄庭，恰到好处之概，且对于前滩，根底极深，所唱如《渔钱》、《卖草囤》、《扦脚做亲》等，极有可取”。②凤鸣社女子苏滩一直是天韵楼最有票房号召力的戏班之一。在天韵楼鬻艺的苏滩还有王彩云、王美云、张凤英的化装苏滩，施湘云、施湘莲、施步云、施小云的化装苏滩。因上海市民以江浙籍为主，喜爱苏滩观众多，天韵楼每天都有多台苏滩演出。

天韵楼也曾聘请过扬州滩簧、杭州歌剧、申曲戏班登台演出。常州滩簧与苏滩系出同源，也有古装滩簧即全折古戏，表演者名周甫艺、过昭容。演出时间月约自1924年6月始，评论称所演各剧，“剧情纠正，类多劝世规俗之作，过昭容饰旦角，姿容美丽，身材苗条，观者莫不疑为坤伶，扮相之佳，已可概见，至于做工，温婉贞静，绝无时下妖冶劣习。周甫艺饰生角，唱作亦均极神化，非研究有素者不能也”。③

有人说，近代上海是个戏剧大舞台，百戏杂陈，天韵楼等游艺场是这一特点的生动体现。进入天韵楼，观众的各种欣赏需求都可得到

① 《苏滩小语》，《申报》1924年8月5日。

② 《苏滩短语》，《申报》1924年7月5日。

③ 自怡轩主：《评天韵楼常州歌剧》，《申报》1926年6月18日。

满足，天韵楼等游艺场也为中国一些地方戏剧提供了难得的生存、成长土壤。滩簧、申曲、绍兴戏等地方戏进入上海之前，尚未成为成熟的戏剧品种，只能在非正规场地演出。进入上海之后，最初它们多以菜场附近的小剧场演出，天韵楼等游戏场是它们能够进入的最好剧场，虽然舞台不大，难以与大舞台相比，但通过媒体报道，演员们仍然获得足够的重视，一些地方戏的演员由此赢得广泛声誉，剧种也得以成长。可以说天韵楼对一些地方小剧种的发展功不可没。

战后，天韵楼曾有过一段短暂的辉煌，但好景不长，不久便成了小偷、皮条客和流氓的混杂之地，他们或偷盗，或拉客，或盯梢污辱女性，永安公司虽力加整顿，终因沉疴已重，难以挽回，于1947年关闭。

2. 大东旅社

和国际上其他著名大都会一样，上海的旅社业极其发达，至20世纪30年代，大大小小的旅社达千余家，仅上海旅业同业公会的会员就有600余家。每日下榻各类旅馆的客人何啻十余万人。客人除住之外，有的还在店内吃、玩，旅社的营业额，大旅社每年可收入百万，小的也有数万，旅业是上海重要的商业服务行业。

为满足上等华人的需要，20世纪20年代起，华商也涉足高级宾馆的开设，最著名的有国际饭店、新亚饭店、扬子饭店。至20世纪30年代中期，上海华商开设的高等宾馆达到10家，即：国际、新亚、扬子、东亚、大东、东方、大江南、爵禄、大沪、中国等。上海的华资大饭店投资从数十万至一二百万，客房在150—300间之间。饭店的管理也参照模仿沪上外资大饭店。①

① 凌云：《上海之旅馆生活》，《旅行杂志》1930年第4卷第1期。

大东旅社设在永安公司内，和先施公司的东亚旅社一样，也是一家大百货公司的附属企业，有客房130间。服务周到，决不允许挟妓入内。不准在旅社聚赌。加之设施一流，房间布置格调高雅，很受旅客欢迎。大东附设了多种服务场所，如大东茶室、酒家、舞厅、弹子房、饮冰室等。入住大东的旅客多来自华南，当时广东政客北上南京问政、华商考察商务、南洋侨胞回国游览名胜，路过上海短住，都喜欢到大东、东亚、新亚，除设施先进外，旅社安排的侍应生多为广东籍同乡能操粤语也是重要原因。

上海大饭店的收费标准，外资大饭店自六七元至20元不等，华资大旅馆自2元至十七八元不等。大东的房金大小房间不同，小房间每天收费4元，加收一成小账，还须酌给“小费”，住一天总计花费6元。大房间在7元以上，连小账、小费需10元，最大的房间，住一天需20元。

除房金外，大东附设的酒楼、弹子房酒吧间等收入也颇可观，大部分旅客晚上都会在酒吧点酒或休闲，大东酒吧的白兰地进价一元一瓶，售价一元一杯，利润极厚。据统计，大东在1920年正式开张接客，每年的营业额从三四十万元至五六十万元不等。由于大东不实行单独经济核算，赢利全部缴入公司财务，对公司赢利增长作出了贡献。此外，大东旅社的大部分旅客为广东华侨，他们亲身感受永安附属企业的服务，亲眼目睹了公司的营业，对公司今后的增资无疑作了最好的宣传。

3. 大东茶室

粤人有饮茶习惯，随着粤人迁移来沪，粤式茶楼也在上海出现。

粤式茶楼与遍布江南城乡的苏式茶馆相比，有鲜明的特点：从名称上说，粤式茶馆叫“茶居”没有叫茶馆的。在服务上，苏式茶馆有只供茶水的，也有茶水之外兼售果脯瓜子之类零食的，粤式茶居在售茶同时，必售粤式点心，实际上是一种兼售茶水的饮食店。

据笔记记载，上海早期较著名的茶居有同芳、怡珍。同芳1876年（丙子）设于棋盘街，“装饰富丽，金碧辉煌，兼售精点糖果，视他处别有风味。以故生意一时称盛”。“楼虽不宽，饰以金碧，器皿咸备，兼卖茶食糖果。清晨鱼生粥，晌午蒸熟粉面各色佳点，入夜莲子羹、杏仁酪，视他处别有风味”。[①] 此外，1883年（癸未）设于四马路的杏花楼因酒菜生意清淡，也设茶座，“每碗收钱五六十文”。杏花楼开沪上广东酒家附设茶座的先河。从此，粤式酒家设茶座成为普遍现象。由于酒楼的装饰一般比茶居更讲究，规模更大，粤式饮茶文化在上海的影响也与日俱增。

同芳、怡珍之后，最享盛名的粤式茶居有一壶天，约于1919年前开设，茶售银三分，叉烧包一分一个，生意极其兴隆。与一壶天同时的茶居及售茶的酒楼有会元、粤南、美南、群芳、利男等。一壶天开设数年后，房东收回店址，租给海宁医院。不久安乐园与西湖楼开设。安乐园的茶较贵，至少五分一杯，火车座。西湖楼二楼茶售三分，三楼五分，叉烧一分一个，其他点心，最贵的也不过二分，花四角小洋可吃十多样至二十多样点心。1927年夏，老新雅开设于虹口路口，茶银一角，但茶叶选料上乘，识者纷至沓来。新雅的咖喱鸡饭选用正宗的印度咖喱粉，另加椰汁和奶油，有名于时，不独广东人、外帮人光顾，居住在虹口的外国侨民也常来品尝。同期为人称道的茶居还有憩虹庐，在福生路附近，粉果最具

① 葛元煦：《沪游杂记》第31页，郑祖安标点，《上海滩与上海人丛书》，上海古籍出版社1989年版。

特色。①

“一·二八”前，粤式茶居多集中在虹口一带。“一·二八”事变爆发后，受战争影响，虹口的粤式茶居大都闭歇迁往租界，同时粤式酒楼见卖茶有利可图，也卖起茶来，如四马路、爱多亚路的羊城、金陵、岭南、红梅；南京路上的新雅（新新雅）、冠生园、大三元等。新雅安装冷气设备，店堂布置装饰讲究，座有电灯，桌有电铃，呼唤如意，侍奉称心，点心精致可口。冠生园茶座雇女招待，马拉糕在全市粤式茶室中首屈一指。永安公司大东酒楼附设的大东茶室，设在大东旅馆内，点心一分、五分、一角、二角，夏季有冷气开放，加上地利之便，不仅一般市民趋之如鹜，一些文艺界的人士也喜欢以大东为聚会地点。一位记者曾有如下记载：自大东酒楼开辟茶室，雇佣女招待，经营以来，海上人仕，趋之如鹜，其中尤以文艺界人物，麇集其间者，为数更众。②按大东茶室开设于1931年，聘用女招待开风气之先，因而吸引了许多顾客。有报道称，大东茶室开业，夺去冠生园不少生意，即此一端，可见永安公司主事人确实不同凡响。



## 六、郭氏家族与永安公司

永安是一个集商业零售，银行、保险，酒店、娱乐业为一体的大百货公司，在长大数十年的发展过程中，永安集团历经各种困境，但大多化险为夷，和许多华商半途夭折相比，永安的生存和发

① 薛干公：《上海广东人集中的虹口》，《粤风》1936年第3卷第1/2期、第3/4期；《十年来我的上海饮茶生活》，《粤风》1936年第1/2期。

② 《茶室女招待》，《社会日报》1936年7月23日。

展不能不说是个奇迹，创造这一奇迹的因素很多，如海外华侨的竭诚支持，董事会成员的精诚团结，永安员工的辛勤劳作，但郭氏家族无疑是其中最值得注意的因素。20 世纪 30 年代，上海某报开辟专栏，刊出《郭门列传》，分叙郭氏兄弟及子侄中的杰出者，如郭乐刊出 6 篇、郭顺刊出 6 篇、郭琳爽刊出 2 篇，郭泉、郭葵各 1 篇，郭标 1 篇。刊出后引起较大反响。

郭氏家族不仅拥有惊人的财富，也是一个人才储藏十分丰厚的大家族。不仅创业的第一代见识、才干超群，承继家业发扬光大之责的第二代也不乏商界英杰。郭乐、郭顺、郭琳爽堪称其中的杰出代表。

### （一）郭乐——大家长与传统经营

说郭乐是永安家长，一点也不为过，郭乐，在郭氏兄弟中排行第二。19 世纪 90 年代，兄长因身体不佳，从澳洲归国，郭乐没有更多犹豫，在父亲支持下，前往澳洲，是年 18 岁。初到澳洲，踌躇渺茫的郭乐得到堂兄弟郭标的帮助，在马应彪和郭标等合伙开设的果栏打工。这段经历对郭乐甚为重要，正是在果栏，郭乐的勤奋和才干得以崭露，数年后郭乐积攒了一笔钱，与人合伙开设了永安果栏，并被合伙人推举为经理。这表明郭乐的能力得到合伙人的认可。

香港和上海永安公司建立后，郭乐一直担任最高首长即总监督掌握大局。对上海永安公司来说，郭乐不仅是整个集团的家长、总管，也是上海永安事无巨细事必躬亲的实际主持者。郭乐在大东旅社开有长房间，经常工作到很晚。在商场里，职员可不时看到郭乐在到处转悠，检查工作，发现问题，立刻解决。对于工作，郭乐十分注重细节，认为营业员的一个眼神、一句接待用语，都会影响到公司的形象。在郭乐手中制订的员工服务细则，虽被人批评严厉，但永安始终位居四大百货公司业绩之首，表明郭乐的经营理念是正确的。

郭乐虽然读书不多，但具有开放心态，一直在捕捉向海外拓展业务的机会。抗战时期，永安公司曾认真开拓过与美国的进出口业务，战后，寄居美国的郭乐对永安的商品采办业务仍然十分关注。

从贫寒出身，到一方富豪，经济地位的变化，使不少商人的消费行为、自我约束意识都发生变化，沉湎酒色有之，不再节俭、奢侈挥霍的更加普遍。但郭乐绝无此习，往返香港上海的轮船甲板上，人们可不时看到郭乐席地而坐，穿的是寒碜的旧式西服，周围大包小包一大摞，全是郭乐为省钱随身带的商品。郭乐对于享乐没有兴趣，一日三餐，十分简单，曾言，“蛋炒饭是世上的极品，既有营养，又省时间，还便宜”。郭乐另一难得品质是任人唯贤。在内在外，都量才使用。对于一个有6兄弟、子侄数十人的大家族，郭乐的这一品格保证了家族的内部团结，有利于对股份制公司的控制。例如，郭乐认为自己的儿子郭悦文才识不足以服众，并没有委以重任，像永安纺织集团的经理及永安百货公司司理这样的重要岗位，郭乐就分别给了亡弟郭葵之子郭棣活、郭泉之子郭琳爽。

### （二）郭顺——扩大商政两界的影响力

郭顺在郭氏6兄弟中排行最末，如果要从6兄弟中挑选一名既有精明商业头脑，又能与各种政治集团折冲周旋、治剧理繁者，非郭顺莫属。与郭乐相比，商业精明郭顺并不输于其兄，论与外界打交道，则郭顺胜兄长多多。也正因由于此，郭顺在悉尼侨界有较高的威望，被公举为当地中华商会会长，到上海后，郭顺地位虽在郭乐之下，但社会影响比郭乐要高，长期担任公共租界的华董，是上海华人社会公认的代表。

郭顺早年由兄长带到悉尼，帮助郭乐打理生意，积累了丰富的商业经验。是郭乐的好帮手。郭乐回国开设香港永安公司，永安果栏经理一职便由郭顺接任。郭顺不仅精于商道，政治上也有正义感，这一点颇似堂兄郭标。郭标早年参加过同盟会，是悉尼国民党的领导成员之一。郭顺与国民党的早期关系，人们所知甚少，但有一则材料称，“郭顺弱冠留学澳洲，兼营商业，愤清政之不纲，痛外侮之日亟，遂从事革命工作”。南京临时政府成立后，财政遇到极大困难，日夕有崩溃之虞，黄兴发起国民捐，以救燃眉之急，郭顺闻讯，发动澳洲华侨，期月之间，联合同志，汇回捐款25万元，南京临时政府财政部特颁赠奖状，以资纪念。1915年，袁世凯窃国，日本提出廿一条亡国条约，郭顺在海外召集侨商大会，通电反对。得知廿一条签约，郭顺又在澳洲发起救国会，以图抢救。为此遭当地政府干涉，郭顺也毫不退让。

对于孙中山领导下的广州革命政府，郭顺竭诚拥护，1921年粤军回粤，与客军桂系军队激战于惠潮嘉应一带，“饷糈孔亟”，郭顺奔走呼号，筹集捐款，集得巨资接济，为粤军驱逐桂系立下大功。广州政府“发函传谕嘉奖”。

郭顺以热心公益，强毅任侠深孚众望，1919年，当选为澳洲乌修威省中华商会会长。同年，国内中央政府特派劝业使聘郭顺任咨议，1920年浙江省拟开办三门湾农垦项目，电邀郭顺等澳洲侨界领袖回国考察，郭顺应聘回国。这次考察对郭顺的后半生产生了深远影响，他看到的故国，虽然满目凋敝，但处处都是商业机会。所缺的只是资金和眼光、实干精神。

1921年，郭顺参与创办了永安纺织公司，他的正式职务是永安纺织公司总经理，在他主持下，永安纺织公司迅速成长，十年间从1个厂扩大为6个厂，永安不仅以机器设备好、管理先进领先其他华商纺织企业，产品质量也有口皆碑，可与部分日货媲美。

对于永安百货公司，郭顺抗战之前参与不多，上海成为孤岛，郭乐赴美，永安群龙无首，郭顺毅然担当起管理纱厂和百货公司的两副重担。这一时期郭顺是永安惟一能与汪伪政权保持联系的负责人，利用这一关系，郭顺为减少永安公司的损失做了一些力所能及的工作。郭顺在上海的社会名望，也甚为上海广东商界倚重，1941年，按照汪伪政府的规定，广东银行必须改组，广东银行总行先前设在香港，香港沦陷后停业，改组后的广东银行，以上海为总行所在地，董事会一致推选郭顺为董事长，改组后的广东银行很快被批准重新注册。

### （三）郭琳爽——推动企业文化的转型

郭琳爽，郭泉长子，1896年出生于香山，毕业于广州岭南大学，主修农业，兼习经营管理课程，大学毕业后，曾周游欧美等国，考察商情，增长见闻。海外考察归来，被安排在香港永安公司见习，1929年任上海永安公司副司理（即副经理）。1933年原正司理杨辉庭退休，郭琳爽出任正司理，副司理一职由郭乐长子郭悦文担任。至1949年，郭琳爽一直是上海永安公司的经理。

著名学者徐鼎新20余年前在《近代上海新旧两代民族资本家深层结构的透视——从20年代初上海商会改组谈起》（学术季刊，1988年第3期）中指出，上海的第一代企业家主要是绅商型资本家，均接受过旧式的国学或私塾教育，在经营上也多倾向依赖亲族乡党关系，新一代民族资本家大多受过完整的现代知识教育，有的甚至出洋留过学，虽然尚不能完全摆脱传统经营方式如重视乡谊的影响，但已能突破原有关系网络的束缚，在管理上大胆采用现代管理方式。

连玲玲在《企业文化的形成与转型：以国民时期的上海永安公司为例》一文中对郭琳爽区别于前辈的经营理念和管理方式从三个方面进行了深入的分析，认为他突破了以往社会关系网络运用的限制；改变人事管理的方式；重构对企业的定位与认同。具体包括：郭琳爽能在一定程度上突破中国家族企业第一代企业家喜使用族人和同乡的窠臼。担任经理后，长辈的请托条子不断，造成一定的干扰，但郭琳爽没有放弃责任，大致能做到任人唯贤，拒绝了一些通过乡党关系的求职条子。1936 年任正司理后，在职工的招聘和录用上，建立了一整套制度，欲进永安，一律经过严格的考试，这就保证了员工的质量。①

在与员工的关系上，郭乐较多体现了严格要求的一面，职工背后多以“雷公”称之。尽管不少回忆表明，郭乐并非那种声嘶力竭的老板，但郭琳爽显然更理解管理者与员工建立新型关系的价值。连玲玲认为，郭琳爽更关心改善职工的待遇，以获得员工对企业的忠诚。如在郭琳爽任内，永安公司购置地皮，建造了一批住宅，租给职工居住。郭琳爽任正司理之后，永安职工的医疗福利远优于其他华商企业，据连玲玲估算，永安一名职工全年的医疗费用在 30 元左右，为上海工厂平均水平（每年 6 元）的 5 倍。此外，郭琳爽对职工的业余进修和知识提高，也相当关注。1936 年，公司设立了英文夜学，“聘请良师，每晚放工后，择其年在 21 岁以下的职员，

① 连玲玲：《企业文化的形成与转型：以民国时期的上海永安公司为例》，台湾《“中央研究院”近代史研究所集刊》2005 年第 49 期。

分级教授，造就人才，伙友之得以成功者，后先相望”。[1]后又计划办理晨、夜校，每周上课三天，利用早晨上工前及晚上放工后各一小时半的时间，教授英文、中文与国语。英文注重会话并熟记货名，中文注重课本作文，国语则重实习，课程分初、高两级。[2]

除办业余学校外，公司还印了一些书籍及小册子作为训练教材，除《学生应守之规则》等一类对初进店员工的训诫条文之外，也有《货物销售学》等业务类读物。1939年10月公司发行了自己编印的《现代百货商店中英文货名撮要》。新创刊的《永安月刊》也兼顾了员工的知识提高需求，除发表多篇职工修养的文章之外，还刊发了不少与商品销售有关的文章，如配合花鸟部刊载养鱼知识小品，配合化妆品销售，发表了大量有关美容的文章。

郭琳爽在企业管理中的另一异于常人之处是高度重视职工的娱乐生活。永安乐社的创立就是例证。民国时期，单位组织戏剧票房相当普遍，大都实行会员制，会员入会须缴纳会费，对低收入职员有一定压力，因此戏剧票房以银行界最为集中，成员以中高层职员为主。永安乐社则不同，这是一个粤剧业余剧社，因郭琳爽本人酷嗜粤剧，公司对乐社的活动提供了多方面支持，如帮助置备戏服，免费提供排练场地，公司出资聘请专业教师，公开演出在永安剧场举行。加入乐社的既有公司中高层干部，也有不少普通职工，只要有表演才能的，乐社都准予入会。排演时，经理郭琳爽就是个演员，老板的身份消失得无影无踪。如一次排演《山东响马》，扮演



---

① 郭官昌：《上海永安公司之起源及营业现状》，《新商业季刊》1936年第2号。

② 连玲玲：《从零售革命到消费革命：以近代上海百货公司为中心》，《历史研究》2008年第5期。

响马的郭琳爽按剧情跪在一个普通女工跟前，在场的人大惊失色，郭琳爽沉浸在剧情中，没有感觉有何不妥。

郭琳爽认真办永安乐社，和他个人喜欢粤剧有一定关系，但不能说只是为了自我满足。实际上，不少事实证明，乐社也是他与职工建立新型关系的一种渠道。老职工回忆，一位地位很普通的乐社社员结婚，郭琳爽不仅参加了婚礼，按礼节置备了礼品，还偕一批乐社社员同去庆贺，宴席结束，一起演了粤剧折子戏，活动到很晚才乘兴回家。

永安乐社还多次举行慈善救济募捐演出，1942年，郭琳爽家乡中山遭遇特大水灾，田庐荡析，灾黎遍地。郭琳爽率永安乐社在黄金大戏院进行了大规模的募捐演出，连演三天，募得捐款数千元。慈善演出为永安公司在家乡、海外华侨以及上海市民中赢得了良好的声誉。

尽管为避免劳资冲突，郭琳爽采取了不少措施，但即便如此，劳资矛盾仍难以消除，永安同样发生过职工罢工运动。对参加罢工的职工，资本家的一般做法是秋后算账，伺机开除，但郭琳爽则不同，有报道说，某次永安的职工罢工被压制后，郭琳爽并没有采取大规模报复手段，只将两名职工除名低调了事。尽管这则报道未指出郭琳爽在处理哪一起罢工事件上采取了不同于一般资方的做法，但从前面我们对郭琳爽的叙述来看，似乎也符合他的性格。但郭琳爽既有接受过现代教育知书达理崇尚理性的一面，也不乏郭家长辈敢于冒险的企业家精神，这在上海沦陷时期表现得最为鲜明。1942年，日军为在中国市场上搜刮更多的战略物资支撑太平洋战争，实行战略物资的统制政策，统制令一下，中国厂商的库存物资必须在指定日前如实填报上交，不得隐瞒。为确保统制的成功，日军对隐瞒者制定了严厉的处罚规定，重则将罹杀身之祸。在如此严酷的法令下，许多华商不得不忍痛将库存物资如实上报，被日军以低价收购。永安自上海成为孤岛，一直暗中囤积高档货，以便适当时候售出，赢取巨额利润。统制令下达后，郭琳爽不忍心将家底全部交出，冒着危险，隐藏了一批货，后被人告发，被抓进宪兵队，几遭不测，后赖郭顺到处打点，才免大难。

郭琳爽为保全企业，不惜冒险的性格在上海解放前夕，留下还是远走香港的抉择上表现得最为突出。1948 年底，共产党领导的人民解放军以排山倒海之势，取得了辽沈、平津、淮海战役的胜利，国民政府的垮台指日可待。当时上海的民族资产阶级虽然对国民党的统治没有多少好感，但对共产党的经济政策同样充满疑虑，一支从山沟里打出来的军队能容忍私营工商业吗？一些顾虑重重的上海民族资本家为求保险，从 1948 年下半年起开始大规模转移资金，出走香港，一时间，前往港岛的轮船和飞机塞满了上海资本家。郭琳爽此时却很镇静自如，他知道，永安是个股份制企业，他一走了之，永安群龙无首，股民的利益怎么办，况且永安的股民大多数是华侨，相当一部分还是他的中山同乡，得有人为了他们的利益承担责任。此外，对于共产党的经济政策，他虽然并不了解，但永安公司的地下党组织，以及共产党负责统战的同志都做过他的工作，希望他能留下，并保证他的安全。因此，郭琳爽虽然理解长辈的担忧，实际上已与永安纺织公司的堂兄郭棣活一起作出了留下的决定。

郭琳爽是上海民族资本家的一个代表，他的留下，显示了一名企业家的责任感，稳定了永安职工的军心。上海解放后，郭琳爽为恢复备受摧折的公司元气，想尽了办法，最后郭琳爽明智选择了公私合营，从此这家中国最著名的百货公司走上了社会主义的道路。

# 第三章
# 日日更新　以新制胜



1926年，永安公司建成后八年，隔着一条窄街，一座新的百货大楼——新新公司矗立在南京路上，上海由此进入"三大公司"时代。新新公司的诞生，加剧了南京路上大百货公司的竞争，也使南京路变得更加繁华。

对先施、永安、新新三家公司，上海商界同行有这样的评价，认为永安公司先天足，后天也调和，故经营最好。先施公司的先天足，后天失调。新新公司先天不足，后天经过努力，比较调和，在三大公司中，商业影响力位居第二。

## 一、几番风暴雨狂——新新公司廿七年



### （一）毁誉参半刘锡基

说到新新公司的创立，不能不提到一个人——新新的主要发起人刘锡基。

刘锡基，中山石岐人。据李承基先生的《几度风雨忆前尘》一书，刘锡基家贫，少年时随同叔父到澳洲谋生，因不懂英语，仅能糊口，不得已归国。后进入先施公司，凭借才干，逐渐擢升到公司管理层。上海先施公司成立后，被总公司派往上海，先任上海副司理，后升任司理，即经理。

对于刘锡基的商业才干，许多资料都给予充分肯定，但正因刘锡基是能人，不甘久居人下。1918年，即上海先施开张的第二年，香港先施公司作了一项重要的调整，统一香港、广州、上海三地的事权，以香港先施为总公司，广州、上海为分公司，资本定为700万元，董事部设香港，广州、上海分设参事部。这一调整对外称是鉴于“港粤沪三行各自营业，权不统属，对于理财用人诸端，殊多窒碍，乃倡议大联合”。原来广州先施和上海先施初立时，虽然香港先施占股最多，但以广州、上海先施各自向外招股，三处的先施经济上独立核算。当时三地先施经营成绩香港垫底，广州优于香港，上海又胜过广州，且年年如此。三地先施统一核算的做法，挫伤了经营成绩最佳的上海先施管理层及高级职员的积极性，刘锡基的不满是可以理解的。据《先施公司二十五年经过史》载，自丁未年至戊午年，刘锡基一直厕身董事会。三地联合一体后，刘锡基未能进入总公司的董事会，由此产生离开先施独自创业的念头。

刘锡基本身并没有多少资金，他要独创事业，关键在于找到投资者，说服亲朋好友支持他的计划，取决于计划有没有诱人的投资回报。刘锡基必须向投资人说明，为何在先施永安已相继成立，南京路上的大百货公司似乎已饱和的情况下，还要筹集巨资，开设一家几乎同质的大百货公司。

当时先施、永安公司均以环球百货即洋货销售标榜，对国货相对冷淡。故刘锡基提出，新新应与先施、永安有不同的市场定位。新新公司的创立缘起强调，新组建的公司将以促进国货销售，进而推动民族经济为宗旨。从上海商业的现状来看，国货大都通过企业自设的门店销售，规模小，促销手段有限，市场的占有率有限，反过来制约了国货生产。如果有一家现代大商场，采用现代商业的促销手法，加大市场促销力度，不仅市场前景不会差，对民族工业也将起到推进作用。刘锡基的设想，得到不少广东股商的支持。在创业团队中，省港粤商人数虽然不多，但投资额巨大，如活跃于省港澳的富商李煜堂，广东台山人，18 岁随兄赴美经商致富，积累了资财后回到香港，创设了金利源、永利源两家药材行。1900 年后，在广州创办广州电力公司、河南及磨面公司、泰生源出入口货行。1902 年又在香港创设联益保险公司、康年银行及康泰人寿保险公司，分店遍布国内各大口岸城市及南洋诸岛。1905 年，在港发起创立拒约会，抵制美货，加入中国同盟会，多次捐款支持革命党人起义。1911 年，广州光复，被推举为广东都督府财政司司长，六个月后卸任。1912 年在港创办广东银行。其后在中国各大城市投资实业，创办汉口穗丰纺织公司，哈尔滨置业公司。① 与李煜堂一起发起新新的还有李氏子侄李自重（香港广东银行司理）、李星衢（香港中国康年人寿保险公司）等人。公司开业不久，李煜堂担任总经理，故以李煜堂为代表的省港股东被目为"总理派"。

旅沪粤商参与新新公司发起的人多于省港商人，其中不乏声名昭著者，如怡和洋行总买办潘澄波，广东新会人，资产在 200 万元以上，可厕身上海顶级富翁之列。陈雪佳，太古洋行买办陈可良之子。陈可良去世后，继承父职。财产与潘澄波相当。此外担任洋行买办的还有胡耀廷（美大洋行华经理）、谭海秋（天利洋行华经理）。除买办外，一些旅居上海的广东富商也在新新的倡办人、发起人名单上署名。谭子临，著名地产商谭同兴之子，其资产全盛时在一千万左右。广东茶商陈翊周，资产近百万元。霍守华，铁矿

---

① 据《李煜堂事略》，见冯自由著《革命逸史》（上）第 144—145 页，新星出版社 2009 年版。

场主人，财产在二三百万元之间。赵灼臣，地产商，资产一百余万元。陈焕之、杨富臣等人也均为殷实商人。但他们与刘锡基的关系甚浅。①

1924年，新新公司集有成款，即开始选址，委托建筑事务所设计大楼，招标承建单位，选择大楼设备。

楼址选在与先施公司一街之隔的一片平房的宅基，设计委托鸿达洋行，承建工程队则从十余家竞标者中挑选联益营造公司，也是上海一些著名大楼的建造者。新新力求打造百年基业，所用材料均为上乘，水泥采用龙潭公司之泰山牌，地板采用新加坡的硬木，窗棂材质均为钢窗，外墙呈蛋黄色，以白水泥、大理石石屑加黄色材料搅拌而成，可保永久不褪色。大楼建筑面积39000平方尺，六层，升降电梯采用当时世界上最著名的奥的斯。②楼内置有十二处楼道，一旦出现火警人群很容易疏散。

经过将近九个月的施工，新新公司落成，1926年1月，正式揭幕。23日上午，南京路市政厅对面，挤满了兴奋的人群，筹建二年的新新公司即将开幕。广告事先已通过《申报》、《新闻报》向市民发布，收到开幕式邀请的人们提早赶到公司门前，因来宾太多，道途为之所塞。

整座大楼在朝阳的照拂下熠熠生辉，一二层之间的外墙上横挂着数十面彩旗，上面写着各式标语“远胜舶来”“推广国货”“薄利多销”等。

① 在新新公司署名的发起人和倡办人共102人，其中粤商、港商19人，旅沪粤商83人。

② 严格地说，新新公司只有6层，因屋顶建有花园，有一些简易房子，1940年代扩建为西餐厅，有的资料把屋顶花园写成新新的七楼。

上午10时，开幕式正式开始，人们在新新公司工作人员的引导下有序进入店堂。笑容可掬的唐绍仪主持了揭幕仪式，随后，监察谭海秋及监督李煜堂分别发言，介绍了创办公司的宗旨。

终于，李煜堂说完了开平广东话的最后一个字，客人们开始自由参观。

店堂的楼梯两旁用成匹的丝绸各扎着一条巨龙，左右相对，双龙间高悬一颗龙珠，双龙体内不断喷吐出由香亚公司提供的香水，在空中氤氲成一片芬芳的香雾。人们用手绢去承接洒下的香水，放在鼻下，沁入心肺。

从楼梯拾级而上，两旁摆满了各种盆花，让人有置身花丛之感。五楼的礼堂是揭幕式的会场，礼堂两旁树以百花以及红绿丝绸扎成的各种花式。堂中悬挂着前大总统黎元洪书写的条幅“旁流百廛”匾额。礼堂两旁是茶会处及礼品领取处。先到的客人可在礼品处领到华商烟公司赠送的香烟及新新印制的开业特刊。

一至三层为商场，一层设袜子部、洋伞部、水瓶部、五金部、利器部、糖果饼干部、毛巾手帕部、文房部、烟草部、厨房器皿部、点心部、野味部、洋酒部、牙刷部、火腿部、化妆部、帽部、西装部、衫部、运动器具部、罐头部、饯果部、饮食部；二层设中西新装部、疋头呢绒部、绸缎部、花边服饰部、皮草部；三层设首饰部、漆器部、象牙部、线带部、钟表部、眼镜部、无线电部、窗帘部、皮箱部、电气部、玻璃部、音乐部、瓷器部、家私部。

推销的商品有：

一楼：罐头伙食、糖果点心、中西美酒、雪茄香烟、文房四宝、运动器械、儿童玩具、烧味野味、金华火腿、学生用品、中西药品、参燕银耳、化妆香品、名厂香皂、棉毛内衣、毛巾手帕、丝袜毛袜、男女手套、西装用品、草帽呢帽、冷热水瓶、洋伞皮夹、五金利器、烧青锑器、照相器械。

二楼：中西靴鞋、花色绸缎、名贵丝绒、衣边绒线、时髦服式、呢绒布匹、新装礼服、新花窗帘、毛毡锦被、床毯台毯、北口皮货。

三楼：珠宝首饰、欧美钟表、中西瓷器、象牙器皿、精配眼镜、中西乐器、福州漆器、玻璃器皿、电灯电器、无线电机、美术家私、铜床铁床、旅行皮箧、各式衣箱。

新新公司的四楼为办公室和职工食堂，五楼为堆物仓库，六楼为新都酒楼，七楼为露天花园。新新公司还建有新都剧场、新新旅馆、新新酒楼等，皆位于大楼的后半部。

1926 年 1 月 24 日，新新公司正式开张，全日营业达十余万元。相比永安八年前首日营业三万余元的成绩，增长了许多。价格低廉是主要原因。《申报》报道称："新新公司昨日（25 日）开始营业，上午 8 时半启门自朝至夕，各处顾客之盛实海上鲜见……疋头部货品销路最多者，首推中国五彩宽紧骆驼绒，售价每尺 7 角，确极低廉。次为各色花布，一元可购六码半，月华绒布每尺一角，花旗格子粗呢布每尺四角四分，条子马褂呢与丝哔呢，定价亦低""绸缎部顾客至为拥挤，各货亦均新款入时，如新式巴黎缎尤为群众所争购，每尺售价八角，华丝葛每尺四角八分，华丝布每尺三角二分，冲毛葛每尺五角三分，闪色丝缎每尺一元零八分，售价既低，货亦美备云。" ①

注重国货销售是新新不同于先施、永安的特点。经过一段时间

---

① 《申报》复印本（220）547 页，1926 年 1 月 26 日。

的摸索，刘锡基逐渐加大了国货销售比重。与上海国货团合作，在屋顶花园举办国货展销会，就是他的一次大胆尝试。

国货团是一个以促进国货生产销售为目的的商业团体，会员以各著名国货工厂组成。1926 年 9 月新新与该团进行首次合作，利用新新花园的场地，设摊销售。

新新花园在公司的六楼，设有东书场、南书场、西书场、新声大剧场等。展销会期间，东、南、西三书场全部改作商场，仅留新声大剧场照常演出。

顾客进新新花园仍须买票，票价小洋二角，喜欢看戏的，新声大剧场仍日夜演出，剧目有京戏《狸猫换太子》、新剧《清宫十三朝》及苏滩等。打算购物的，三个大书场改作商场，由各国货工厂在此设摊，展销出品。据报道参加这次活动的国货工厂有得胜公司、麦加利雪茄、上海帽厂、冠生园、双轮牙刷等。销售的国货商品有呢帽、留声机、珐琅瓷品、绸伞、烛皂、纱带等，皆以最低价出售。

为配合国货展销，新新公司在游艺项目上动了不少脑筋，除天天上演精彩剧目，还加演少林童子武功表演，聘广东戏曲音乐爱好者百余人客串演出。同时设立商场陈列室，展出唐宋元明时期的书画精品。

展销会进行到半途，顾客越来越多，每日的营业额达 5000 余元。为促进销售，新新公司推出重磅优惠，除原有的门票可兑赠品及代价券小洋二角外，对购货满一元者，送代价券一张，计小洋二角。购货满半元者，送代价券半张，代小洋一角。①

① 《申报》复印本（220），1926 年 9 月 25 日。

这次展销会取得很大成功，活动预定举办二周，因顾客踊跃，延期十天。

活动结束后，合作双方都为找到一种促进国货销售的好办法欣喜不已，相约继续合作。过了三个月，即12月5日，新新花园举办了第二次国货展览会。

有了第一次展销会的经验，第二次展销会举办方作了更充分的准备。新新花园作了精心布置，进场左右各挂一横幅，分别书写“精良国产”“远胜舶来”。国货工厂各占一方，设摊销售。为吸引消费者，每个摊位都作了精心布置，冠生园的展位布置成家园式，中华凤记玻璃厂设计成洋房式，求是制药厂则设计成宫殿式，力求出奇制胜。门票价二角，购票一张赠代价券二角，赠品有十余种，如雀毛围巾、手提粉盒。展销会第一天门票就售出一万张以上，足见人气之旺。①

第二次展销会后，未见续办，但两次国货活动积累的经验却对新新公司以后的国货推销起了积极作用。20世纪30年代，新新的每次季节大减价都僻场地设立国货展销摊位。和1926年的两次展销会有一定联系。

公司最初两年的经营业绩颇为理想，1926年全年营业总额880万元，盈利418000余元。这一成绩直至1935年都未能超越。考虑这一年秋季发生江浙战争，如果没有战争，1926年新新的营业成绩无疑更佳。

上海商业储蓄银行的征信调查认为，“该公司开幕以来，最初一二年来，营业虽不能如永安、先施二公司之发达，然其营

① 《申报》复印本（230）135页，1926年12月6日。

业尚好……而起营业结果，仍有薄利可得……各股东尚有官利可派”。①

新新公司良好的业务发展势头仅持续了二年，1928 年年中，董事会便发现公司的管理极其混乱，财务上的漏洞大得让人难以置信，很快总经理李煜堂发现了症结之所在。

原来，公司在招股时并不顺利，当时刘锡基为了拉人投资，随意许愿，封了许多受职股东，即畀予投资人以实职，在公司担任高级职务。投资人本以股份享受公司发展的好处，但受职股东除此之外，还能在公司领取薪资。更重要的是握有实权，这样诱人的条件，一般人自然难以抵挡，公司后来顺利收足股本，与此不无关系。问题是热心的投资者未必就是好的管理人，不惟如此，有的投资者可能是唯利是图的硕鼠，刘锡基让这些人担任高级职位，造成了严重后果。从 1929 年 1 月 17 日董事会发表的声讨刘锡基的宣言看，问题之严重确实触目惊心，如洋酒部职员钱某、林某等盗窃公私洋酒价值高达 7000 余元、报关部职员杨某卷逃 1500 余元、账房部职员胡某骗取 1800 余元、玩物部职员欧某骗取货款 4000 余元、账房职员张某私收保险回扣及欠货账 2000 余元、绸缎部职员袁某窃银 1000 余元，同部职员钟某与更夫谢某等勾结盗窃货物价值 2000 余元。一连串的恶性案子充分证明刘锡基在管理上存在重大失误。②

和民国时期其他公司一样，为防止这类事件发生，新新公司也建立员工录用担保制，每一位职工必须寻找到可靠殷实的担保人，

---

① 宋钻友编：《中山人在上海史料汇编》，174—175 页。上海辞书出版社 2011 年版。

② 《申报》复印本（254）424 页，1929 年 1 月 17 日。

出具保书，承诺被保人如在任职期内因不良行为造成公司经济上损失，不论大小，保人须全额赔偿。如果新新公司的担保制度是完善的，上述损失并不难弥补。但董事会查了职工的担保书后，大吃一惊。据宣言书称，一些高级职员（大部分为受职股东）随意为伙友担保，人数并无限制，有一人保数人的，有身居要职，担保资金不足的，有绝无保担能力而担保的。渎职作案者如没有了担保人的约束，胆子自然出奇的大。这正是新新盗窃案不断的原因。

为堵塞漏洞，总经理李煜堂于1928年夏在董事会上宣布，为弥补自己难以长驻上海的缺憾，加强管理，提请董事会同意由冯建华（即冯自由）代理总经理，坐镇上海。李煜堂的做法不谓不果敢，但他低估了已存弊端积重难返的程度，冯建华上任后，比李煜堂更直接地感受到了这一点。

按照计划，冯建华不久来到上海，到新新上班。上任后他拿出了雷厉风行的作派。首先提出整顿保单制的具体方案，总的原则所有职工不论是谁，都要换保，保额必须与本人担负的责任相当。由于原来的担保存在大量问题，不少职员实际上找不到担保。站在董事会的角度看，冯建华的做法是必须的，但结果是相当数量的职工因找不到符合公司要求的担保人面临除名的危险。与重填保单相比烈度较低的是压低膳费，公司原先每月向职工提供一顿膳费8.5元，拟减为6.8元。

整顿措施引起轩然大波是可以想见的。大凡整顿改革，必然会触及一部分人的利益，引起反弹，触及利益的人数越多，反弹越强烈。冯建华在李煜堂支持下强力推出的这一改革措施，触及了几乎公司所有人的利益，很快遭到了强力反弹。

首先，连经理刘锡基都受到了改革的极大威胁，刘氏名义上是公司的经理，因李煜堂不在上海，实行上代行总经理之职。冯建华从天而降，把刘锡基变回公司二号人物，这让自视为对公司的创立具有第一等功劳的刘锡基无法接受。其次，所谓的整顿措施明摆着指责他的失职。如任由冯建华干下去，刘氏估摸，他在新新的经理位置能否保住，都是问题。最让刘锡基深为不爽的是，冯建华不仅不给他面子，而且已经对他所信任的干部出手。冯建华在整顿措施公布不久，罢免了两个部长的职位，一名林干文，一名李北容。其中李北容还是他的妻弟，俗话说“打狗看主人”，李北容被除名是个重要信号，很难预料下一步冯建华会怎样出手。

对冯建华不满的不仅仅是刘锡基及其亲信，大部分职工因换担保的规定，对冯建华也恨之入骨，一个反对冯建华的阵营在新新公司内迅速形成、壮大。

1929 年 1 月 5 日，新新公司职工宣告罢工，一个月内，职工连续发布宣告声明，谴责冯建华，从指责冯建华欺压职工，到翻出冯建华反对先总理孙中山被开除国民党党籍的旧账。董事会毫不示弱，历数公司管理的混乱，并公布了刘锡基暗中支持职工罢工的证据。

事情发展至此，调解已无可能。刘锡基曾亲自找李煜堂谈判，希望李让盘，他另找买家。李煜堂先是答应，旋即悔言。

罢工的后果是严重的，储蓄部的存款很快被存户提空，公司成了一个空壳。

罢工期间，上海社会各界一致关注着新新的内讧，毕竟它是南京路上的一家大公司，前几年的营业也还不错，长期停业对市面的负面影响不容小觑。正是在这一背景下，社会局出面“调解”。调解是强制性的，按照调解协议，冯建华提出的经济担保改革被废除，膳费减价也被搁置，已被公司革除的职工复职，职工罢工期间的工资照付。职工随之宣布复工。但这样的协议无法让李煜堂为首的总理派心服。所谓的调解成功只是对社会舆论的欺骗。总理派经过一番酝酿，于2月13日以董事会名义发表启事，提醒上海社会各界，刘锡基不能代表新新公司，控制公司的仍为董事会。14日，部分股东发布刘锡基十二大罪行，矛头直指刘锡基，这十二条罪行是：

拒不执行董事会之决议，罪行一。按章程规定，总经理为商场最高管理者，经理应听从总经理指令，执行一切，刘锡基公然对抗总经理李煜堂，罪行二。刘锡基将董事会记录扣留并将董事会秘书组保管文件强行劫夺，罪行三。劳资关系对公司前途影响甚大，刘锡基对劳方的许多许诺损害公司利益，未遵令报董事会同意，自作主张，罪行四。董事会为公司最高机关，刘锡基唆使一批受职股东公然在报纸上诋毁攻击董事会，罪行五。私自致函各银行钱庄，取消冯建华代总理签字之权，在公司内张贴布告，声称非其签名，他人签字之字据一律无效。不啻夺取代总理之权，罪行六。按照规定凡订货合同单须经总理签字方为有效，刘锡基私自签订借款单据，破坏商场信用，罪行七。董事会议决开除屡犯规则之李北容、林干文、林冠刚等5人，刘锡基不惟不遵令开革，反而顶风重用，罪行八。前因首饰部窃案而被连带开除之吴某沈某二人，刘锡基令其复职并让其保管珍宝库，不啻将自己与窃犯视为同类，罪行九。刘在罢工期内亲自开革窃取电灯泡之机器部主任郑某，刘后让其复职，出尔反尔，罪行十。按公司规章，任命各级职员，权在总理，刘于复工期间，将未参加罢工之5名职员强行开除，罪行十一。被革之5名拒绝参加罢工的职员后设旅馆，联络情谊，刘着人将5人押回公司虐待，迫害忠良，罪行十二。①

同日，董事会开革林干文、李北容等21人。16日，李煜堂控制的董事会作出决议，选举李煜堂之子李星衢为总经理、李绮庵为经理，刘锡基被罢免。

李煜堂放出的可谓胜负手，但强龙难压地头蛇，数年来，刘锡基一直在培植个人的势力，加上总理派得罪了公司大多数职工，李煜堂已无法压制刘锡基。次日，刘锡基发表声明，指责董事会决议非法，职工方面也积极配合，于第二日再次举行罢工，6天后在社会局说服下勉强复业。

随后刘锡基是否还是合法的经理成为董事会和职工方面的焦点，董事会以刘已被免职拒不承认刘的地位，刘以董事会决议不合法坚持自己仍为合法的经理。双方再起冲突并发展为肢体碰撞。2月25日，公司宣布暂停营业，延至4月2日才复业。

新新的第二次复业是以李煜堂为首的总理派全面退出为前提的，李煜堂原想加强对新新的控制，经过一番恶斗，未占上风，有意尽早脱手，刘锡基为接盘较早作了准备，利用其在上海商界的人脉关系，最终以双方都能接受的价格，将总理派的股份承接下来。6月17日，在国民政府工商部和广肇公所的监督下，新新公司股东选举新一届董事会成员。选举结果，陈雪佳、黄润芝、陈诘刍、陈耀荣、谭永叶、李敏周等人当选为董事，刘锡基为候补董事。随后刘锡基被董事会任命为总经理，李敏周任经理。

担任总经理的刘锡基踌躇满志，为收拾残局，做了一定工作。其手法就是将罢工及停业期间积压的商品减价出售，回笼资金。从

① 《申报》复印本（255）192页，1929年2月14日。

1929年年中至1930年，新新公司几乎天天大减价，这一招对储蓄部存款已被提空、流动资金极为拮据的新新公司是十分合适的。据营业账略，1930年，新新公司盈利40余万元，是一个相当不错的成绩。

虽然刘锡基取得了胜利，但上海商界对他颇多微言，认为他为争个人权利，酿成了这场内讧，对公司的广大股东是不负责任的。刘锡基自知难以见容商界同行，心情忧郁，不久因病告退。

（二）壮志未酬李敏周

1930年5月刘锡基“因病告退”，董事会很快做出决议，由李敏周担任总经理。这一决定既是对李敏周担任经理一年来工作的肯定，也有借重李敏周在海外华侨中的人脉资源的考虑。而新新公司要完全摆脱总理派撤资的阴影，可靠的融资渠道十分关键，当时公司虽然缓慢恢复，但储蓄部的存款并没有急速回升，流动资金仍捉襟见肘，增资是不得不采取的办法。但一场严重内讧之后，公司还能否成功增资，合适的总经理人选关系甚巨。正是这一点让董事会看上了李敏周。熟悉公司历史的董事大都知道，实际上公司创办阶段招股工作的顺利完成，澳洲华侨起了很大作用，而成功说服澳洲华侨投资新新的正是李敏周，有资料称新新公司的侨资一半以上是李敏周招来的。





李敏周究竟有何本领，在旅澳华侨中有那么大的号召力呢？这得从李敏周传奇式的经历说起。

李敏周，生于中山石岐南阳里一个世代务农的家庭。1851年，澳洲发现金矿，中山人开始大批前往澳洲。1898年，中山遭遇特大水灾，农作失收，田庐漂没。瞻念前途，年轻的李敏周心情黯淡，适在其时，在乡间的茶亭间，李敏周与一位香港来客随意交谈，此人谈到澳洲地广人稀，不少移民在澳洲取得商业成功。一番话激起李敏周对海外生活的向往。不久，邻村曹边有一位乡亲梁坤和自澳洲回国探亲，李敏周找上门，谈到乡间的情形，希望梁坤和提携。梁坤和去澳洲多年，在昆士兰置有产业，堪称小康，李敏周说得诚恳，为人慷慨的梁坤和答应了李敏周的请求。

抵澳后，李敏周在梁坤和承包的莫理循牧场劳作，从最粗的农活干起，逐渐适应了牧场生活。干完了农活，李敏周常随梁坤和驾着马车到镇上采办货物。通常办妥货，梁氏会留在镇上办其他事，由李敏周一人驾着马车回农场。有一次，李敏周驾着车子回农场，在一处村口遇到一群澳洲小混混，拦住马车不让走，李敏周下了马车，这帮人出言不逊，随后推搡拉扯，进而动起粗来。李敏周力单势孤，左躲右闪，无法摆脱。正在绝望之际，路过此地的本地牧师密勒厉声喝住这批澳洲年轻人，疾言厉色斥责了一通。这伙人见是牧师，转眼间溜得一个不剩。

密勒牧师早年曾被教会派往中国布道，喜爱中华文明，反对种族歧视，因此当不平事情在他眼前发生时，毫不犹豫站了出来。

从此密勒牧师成了李敏周生命中最重要的贵人，密勒不仅成了李敏周的家庭英语教师，还在心智的开启、信仰的确立等方面花了不少精力。蜜勒牧师没有子女，时间一久，勤奋聪颖的李敏周成了牧师夫妇的家庭一员。

密勒牧师毕业于英国牛津大学，“博学多艺”，密勒太太嘉士莲妮来自爱登堡世家，极有教养，在两人的栽培熏陶下，李敏周逐步从普通农家子弟成长为知书达理、文质彬彬的青年。

1904 年，李敏周由密勒牧师带领进入教堂受洗，成为昆士兰州第一个华人基督徒，英文名查理士，李敏周受洗后，参加当地的圣公教会工作，向华人传播福音。

李敏周的变化一直看在梁坤和的眼里，作为李敏周赴澳洲打工的引路人，他本来只是打算为自己寻找农业上的帮手，李敏周在农场几年的表现，让他十分满意，但他没有料到的是，李敏周还会遇到密勒牧师这样的人物，并冲出鸡窝蜕变成人中龙凤。现在李敏周不仅在华人社会中有了影响，英语也十分流利，模样也变了，让人喜欢。梁坤和膝下有一女儿，英文名伊文丝，与李敏周年龄相仿。李敏周在梁家帮工多年，接触尹文丝的机会很多，对她的印象非常好。梁坤和把招婿上门的想法分头告诉了伊文丝和李敏周，征求意见，两人都颔首应允。1908 年，李敏周与伊文丝喜结良缘。婚后，梁坤和将管理莫理循农场的产业和牧场的职责交给李敏周，自己则优游林泉，安享晚年。数年后，梁坤和去世，李敏周和伊文丝都无意继续打理农场，遂向农场主莫理循辞去职务，到昆士兰北部汤士威庐（TOWNSVILLE）开设了一家杂货店，英文名 CHARLES AND EVENS PTY.LTD（查理士和伊文丝商店），以经营伙食为主业，铺子逐渐由一间扩大为四间。李敏周的商店初期仅供应澳洲的伙食和器皿，后来兼营进出口贸易，从香港进口华人喜爱的食品如茶业和糖姜，将澳洲的食品出口到香港。

当时在香港有一家李敏周宗亲开设的“福记商行”，对中澳贸易有兴趣，便成了李敏周的合作对象。由于合作顺利，进出口商品也逐渐扩大，从澳洲出口商品有奶油、面粉、皮革、羊毛和香料等。

和郭氏兄弟一样，李氏的事业后来也从商业贸易扩大到金融，由于华侨大多不懂英文，去洋人开设的银行汇钱很不方便，于是那些兼营汇兑的华人商铺成了华侨汇钱给亲人的唯一通道。李敏周的商铺在当地有很好的信誉，不少同乡纷纷委托李家铺子汇钱，李敏周为此赚了不少佣金。

数年后，积累了一定资金的李敏周开始寻找新的商业机会。1914 年他首次与人合作投资房地产，获得成功，赚了不少钱。1914 年至 1916 年，李敏周在房地产投资上无往不利，成为澳洲华侨中颇有名声的青年商人。

从 1898 年赴澳洲，到 1916 年在商业上取得成功，李敏周与马应彪、郭氏兄弟的人生轨迹有许多相似之处，如李敏周和郭乐都是 1898 年赴澳洲，都从干农活起步，略有积蓄后都开设了杂货店并从事金融汇兑。但李敏周和郭氏兄弟、马应彪也有一个很大的不同，他在澳洲得贵人相助，在当地的社会地位高于一般华侨商人，与澳洲当地的精英也有一些交往，这些无意中结下的友情后来在李敏周到上海创业时发挥了意想不到的作用。其中李敏周与澳洲青年汤臣的友情最为神奇。汤臣是李敏周和伊文丝认过的一名华侨义女敏儿的男友。敏儿聪慧美丽，父母视同掌上明珠。他们一心将敏儿培养成有知识有教养的大家闺秀，以便日后能嫁得良婿，一生幸福。敏儿在大学时遇到一位求偶者，一往情深，非敏儿不娶。敏儿父母对这门亲事坚决反对，敏儿也极为痛苦，将心中的烦恼一五一十告诉了义父母。李敏周作过教会工作，很会做人的工作，他认为男女之交关键在于有没有真爱，为了对敏儿负责，他要试一试这位名叫汤臣的澳洲小伙，一方面如实告诉他敏儿父母的态度，另一方面也告诉他，如果真爱敏儿，应该为她将来的幸福考虑，眼下应刻苦读书，毕业后如果能证明自己有能力给敏儿好的生活，敏儿父母自然会同意这门亲事。李敏周一番话说得小伙茅塞顿开，转愁为乐。后来他顺利毕业，成为一名律师。再后来，汤臣夫妇双双来到上海，在关键时刻帮了李敏周的大忙。此是后话。

1916 年，出国多年的李敏周决定回国一行，一是省亲，二为寻找投资机会。回国途中，他在新加坡考察了数日，发觉投资机会不少，考虑在新发展。被伊文丝力劝打消念头，夫妇俩继续前往中国的航程。

不久船抵香港，滞留期间，李敏周拜访了马应彪先生。马先生和李敏周在家乡时就认识，到澳洲后也时常往来。这次李敏周回港，正是马应彪筹备上海先施公司的第二年。李敏周有意考察香港先施，又亲自聆听马先生介绍投资百货公司的心得，获益匪浅。其间，马应彪先生鼓励李敏周投资上海先施，李当即应允。

结束香港之行，回到故乡中山石岐，少小离家老大回，是年李敏周虽仅 35 岁，毕竟离家 17 年，感慨万千是免不了的。整个李氏家族沉浸在欢乐中。但一个意想不到的情况打乱了李敏周的旅程计划。李敏周的妻子伊文丝因急性肝炎，遽尔病逝。李敏周悲痛欲绝，万念俱灰，中止了其他活动，回到澳洲。

未久，李敏周接到香港先施公司黄焕南先生的电报，原来先施任命黄焕南为上海先施公司的监督，黄焕南知道李敏周曾有意投资上海先施，便邀请他一起去上海，赞襄业务。李敏周为杂务拖累，延缓了数年，1922 年冬再次回国，先回了一趟石岐，1923 年正月乘轮船前往上海。

李敏周首先见到的是黄焕南，此时黄焕南外甥女已嫁与李敏周，这层关系使黄焕南把李氏当做自己人，面对满怀期待的李敏周，黄焕南把上海先施公司的内幕和盘托出。上海先施公司已于 1917 年开业，公司经营顺利，此时李敏周加入先施恐无合适职位。高层的职位大都已安排了人员，李敏周乍听之下，颇为失落。随后黄焕南告诉李敏周一个最新的消息，上海先施公司司理刘锡基正准备自立门户，另设一家与先施规模相当的大百货公司，计划已初步拟定。店名也想好了，名为新新公司，投资规模约320万左右，支持这项投资计划的同乡不少。黄焕南劝李敏周，既然失去了先施的机会，不如加入刘锡基的创业团队，作为新新的倡办人，与刘锡基一起从头干起。

上海先施开得好好的，刘锡基干吗要另起炉灶呢？黄焕南把香港、广州、上海三地先施统一核算造成的冲击向李敏周娓娓道来。据黄焕南说，上海先施大部分干部对总公司的做法不满，准备出走先施，另干一番事业。眼下刘锡基最缺的是大笔的投资客，希望他利用与澳洲华侨的关系，动员更多的人投资新新。

李敏周随后与刘锡基见了面。刘氏也是中山石岐镇人，两人幼年便认识，常在一起玩耍，关系很好。刘锡基从事百货业多年，富有经验，担任上海先施公司的司理数年，自认对公司的贡献甚大，但不被重用，遂生异志。但创建一家大公司的难度远远超出他的想象，尤其是筹资，非常困难，李敏周的资金实力他早就从黄焕南处听说，对李敏周在澳洲华侨中的影响他也有所闻，在刘锡基为资金头痛之际，李敏周的到来，不啻天降神兵。

新新的创立缘起发布后，初期招资尚称顺利，但集资近半后，进展十分缓慢，与320万元的定额差得很远。李敏周了解情况后，认为只要加强宣传，招股计划并不难完成。为此，李敏周专程回到澳洲，为新新公司招股。当时先施和永安的成功，已广为海外华侨熟知，加上两家公司的投资回报都不错，招股情况很快扭转。关于李敏周在吸引侨资上的作用，不少资料都予以确认，指出他起了关键作用。

李敏周帮助刘锡基解决的第二个大问题是搞定了哈同，以适当价格与哈同签订了租地合同。

新新公司建在哪里，关系到公司的成功，马虎不得，筹备人员反复寻觅、比较，最终看中广西路、贵州路之间一块闲地，这里前临南京路、东面毗邻先施公司，紧贴当时南京路最繁华地段南京路和浙江路交叉口。无论从哪一方面看，开设商铺是再合适不过了。但一打听，大家都倒吸了一口气，原来地皮的主人是哈同。

哈同，系上海著名地产商，富可敌国，此人锱铢必较，算无遗策，永安公司的店基即向哈同租赁，按照合同，永安以每年5万元租金、30年租期向哈同租得土地的使用权，30年后，永安公司在租地上盖的大楼无偿转为哈同所有。永安向哈同租地是1915年的事，时过8年，估计土地的租金不会低于永安，这一点当然是可以接受的，如果哈同狮子大开口，如何是好？

果然，双方接触后，哈同提出的条件让刘锡基暗暗叫苦，首先每年的租金为10万元，比永安贵了一倍，租期为20年，比永安少了10年，新建的楼层不得低于七层，造价不得低于150万元。就是说，哈同用“几十间古老的平房铺店”，20年之后便能得到一幢煌煌巨厦，每年还能获得10万元的租金。尤其让刘锡基不爽的是，哈同的话斩钉截铁，丝毫没有商量的余地。

李敏周了解情况后，同样感到棘手，但吉人自有天助，原来，汤臣和敏儿夫妇数年前从澳洲来到上海，汤臣的身份是英国驻沪领事馆雇员。很受总领事的赏识。未久，汤臣为求更好的发展，开了一家律师事务所，办了几个漂亮的案子，很快在上海租界有了名声。

熟悉中外律令，和英国领事的良好关系，使得汤臣成为各方竞相结识的名流。哈同虽为富商，却只是伊拉克犹太人，在沪上欧洲人看来，非正宗白人。

哈同知道这一点，有意接近英国领事馆及上海外侨社会的上流人士。汤臣深知哈同心理最虚弱的地方，当李敏周把新新的困难与他一说后，一口答应，由其出面与哈同交涉。果然，汤臣成功说服哈同，修订了原先的租赁条件，每年的租金改为 7 万元，比永安多了 2 万，15 年内不加租，租期为 25 年，比永安少了 5 年，新新的建筑不低于 7 层，建筑费不少于 120 万元，15 年后，出租方得调整租金但不得超过 30%。25 年期满，整座大楼归哈同，但新新公司有优先租用和购买权。

李敏周对公司的第三个贡献是以巨额投资新新。李承基先生的回忆录称，李敏周在新新的投资为 20 万元。这个数字未见其他资料佐证。我们查阅 1946 年的新新公司股东持股表，李承基持股为 1 万股，按票面价为 10 万元。这还是多次增资送股后的数据。当然也有一个可能，李泽名下的股份部分属于李敏周，按同一份资料，李泽的持股有两笔，一笔股东名李泽，持股 2 万，票面价格 20 万。另一笔股东用的是李泽另一个名字“李若陶”，持股 1 万股，票面价值 10 万元。李泽是个职业经理人，本身没有多少资金实力，在大股东中持股第一，是很可疑的，我们判断，李泽的 2 万股很有可能是李承基的，为稳固李泽总经理的职位，挂在他的名下。①

但李敏周对新新的多重贡献，没有得到公正的回报。公司董事会成立后，李未进董事会，正式公布的公司高级职员名单中，李敏

① 《正信会计师事务所档案》，藏上海社会科学院经济研究所企业史资料室，卷号 13-193。

周只是商场的“监察”，名义上负责监督商场职工的纪律，实际上即“巡场”，终日在商场游荡，说不上有什么行政职权。

李敏周未能得到妥善安排，一种可能和他在公司筹备期间，未留在上海有关。据李承基回忆，1923 年 5 月李敏周携全家回澳洲，为公司招股，1926 年才重回上海，这时重要岗位已安排妥当。好在李敏周是个基督徒，并不热衷于名位。从 1926 年至 1929 年初的三年中，他安于公司安排的这一岗位，每天认真地履行自己的职责，冷眼观察着公司的运行，对公司的积弊之深有着清醒认识。

1929 年 6 月，李敏周出任公司的经理，《申报》介绍李敏周时，除强调他在澳洲的经历外，对他的商业才能未着一字。有材料说，李敏周曾在香港昭信百货公司工作过，具有管理百货公司的经验，不知此说的依据何在。①但从 1930 年刘锡基告退、李敏周正式接任公司总经理之后的表现来看，李敏周是合格的。在管理上，李敏周接手的是一副千孔百疮的烂摊子。担任商场监察几年，也让李敏周深感公司对职工缺乏管束，管理相当松懈，如不加整肃，势必影响效率。因此上任后，李敏周一方面公正对待总理派干部，如安排郑文涛任经理。以李煜堂为首的总理派虽然撤走资本，但总理派干部仍有不少留在新新，不对这部分人员做好安抚工作，很难保持公司的稳定。同时加强管理，制定了相关规定，尽力堵塞经营管理上的漏洞。在经营上，李敏周则中规中矩，刘锡基的许多经营方式基本上沿袭下来。





① 上海商业储蓄银行的征信调查称：“李敏周……向做百货生意，以前在香港经营商业，曾任香港昭信公司职员。……该公司开办时，李君曾介绍华侨入股，据云约有数十万元。李君自己附入股本，并不甚多，且其财力不大。”上海档案馆藏档，卷号 Q275-1-1854，第 1366 页。

薄利多销、季节大减价是百货销售的基本方法。新新的大减价仍搞得有声有色，很有吸引力，而且价格比永安、先施更低，打折时间更长，通常为 25 天，比其他两家多了 4 天。

但李敏周在新新的职业生涯并不顺利，除公司的管理整肃遇到很大阻力外，1930 年至 1934 年的外部经营环境也起伏不定，百货公司的营业与经济景气度高度关联，社会购买力下降，经营成绩不可能很好，自 1930 年起，自然灾害和战争的频繁发生，对上海的工商各业造成了巨大压力，普遍有风雨飘摇的感觉。

如 1931 年，本为新新大转机，“盖自数年来以锐意整革以还，设施经已渐上轨道”公司的增资方案也已通过，前成功增资，但未几便遭遇不测，始则各省水潦为灾，社会经济顿受牵掣，继而东北风云弥漫，全国杯葛潮起，商业凋零，加以外汇掀腾，银价抑贬，金融未能安全而营业尚因受相当之打击者矣。①

1932 年 1 月 28 日，第一次淞沪战争爆发，日军以飞机大炮向中国军队阵地及工厂、商廛、民居狂轰滥炸，大批厂房、民宅化为废墟，人员大量伤亡。上海的市面凋敝之极。新新公司停业两月有余，至七八月间，营业才有所恢复。公司直接损失包括三个方面：一是闸北的附属工厂被全部炸毁，损失六七万元。二是战争造成商业竞争加剧。广告费支出增至万余元，为原来的一倍。三是历年积压的过时货物，削本倾销，损失十余万元。四是外汇暴涨，损失 5 万余元。加上两月停业之开支及兵燹后营业上之锐减，共计损失 50 余万元。②

---

① 宋钻友编：《中山人在上海史料汇编》，第 178—179 页，上海辞书出版社 2011 年 10 月出版。

② 《中山人在上海史料汇编》，第 179 页。

尽管如此，营业账面显示，公司的经营勉强还能维持，没有出现 1929 年那样的巨亏。

据报告，1930 年公司实际盈利 40 余万，1932 年全年营业额 460 余万元。实际盈利十余万元，1933 年盈利十余万元。这些成绩表明李敏周在任内是称职的。

正当李敏周努力摆脱经营困境时，一个意想不到的厄运降临到他身上。

1934 年 2 月 1 日，收市之后，新新公司的警卫组警卫朱某与其助手周占元像往常一样交接班，朱某发现周占元满嘴酒气，又在上班时贪杯，而这不是周占元第一次违规了。按照公司的规定，凡职员犯大过三次，即行革除，周占元屡次犯过，不容姑息，主管人萧某当即请示处理意见，人事部按章程革除周占元，由萧少斌向周宣布，周听了勃然大怒，直冲新新旅馆三楼 327 室李敏周公余休息之所，进门二话不说，掏出手枪对着李敏周便打，然后夺门而出，沿太平楼梯逃跑。

李敏周心脏被击中，送至四马路的仁济医院，已告不治。

李敏周的不幸引起上海社会各界的广泛同情，凶手很快落网，得到严惩。



### （三）临危受命李泽

李泽是李敏周二哥的次子，另名李若陶，关于李泽的早年经历，李承基在《几度风雨忆前尘》中写道：二伯父次子李若陶（即李泽）在中山创立宝孚银号经营省港侨汇。与大伯父及堂兄设立的宝源昌银号、六伯父创办的宝行银号鼎足而三，在省港澳颇为有名。《现代实业家》一书的李泽传介绍，1924 年，李泽任香港昭信百货公司银业部主任，1926 年与人合资创办粤东东孚银庄，任总经理。1927 年合资创办宝安出入口货办庄，同时成立中山、佛山两处分庄，兼任宝安总经理。1930 年兼任中山口沙局会计。① 按此记载，李泽来沪前已有丰富的金融业、进出口业从业经验。

1930 年李敏周担任总经理后，大力提携家中后辈，李氏族人前来新新投奔他的达数十人。其中，李敏周六兄的三个儿子道生、道歉、道成俱到上海。李道生担任李敏周的中文秘书，后任职人事部，成为新新的重要业务骨干。李敏周三兄的次子李锦仪，后来成为 1943 年新新投资创办的奇美服装厂的经理兼董事。李敏周在世时，即把李泽招来上海，担任副经理，何时到沪任职则未见记载。据一份可靠的材料，李泽 1934 年仍担任广州宝安出入口办庄的经理，6 月 10 日离职。而此前 2 月 2 日李敏周遇刺的第二天即由董事会任命为新新公司总经理。董事会依据什么作出这一大胆决定，已不可考。但从李泽的表现足以看出，这一决定是正确的。②

从 1934 年至 1946 年，李泽在新新这家大百货公司的总经理位置工作了十余年，是历任总经理中时间最长的。上海媒体对李泽一致给予高度评价，认为他是把新新公司带上成功之路的头等功臣。至 20 世纪 40 年代，上海的四大公司业务排序，已从永安第一、先施第二，变为永安第一，新新紧追其后，先施跌到第三，大新最差。1944 年，《东方日报》这样评价李泽：

> 新新公司总经理，接事于公司风雨飘摇之日，耐心静守，逐步改进。行来竟有军事家之沉着应战者。其成就在四大公

① 《现代实业家》，95—96 页，《上海商报丛书之二》，上海商报社 1935 年版。

② 李承基先生的《几度风雨忆前尘》将其父罹难时间误作 1936 年 2 月。受此影响，李泽担任新新公司总经理的时间被误写。

司中，堪称首屈一指。良以四大公司各有根底，主持者萧规曹随，即可免于陨越。而新新则不然，根底已空，稍一不慎，则栋折垣崩，旧股东无复栖身之所矣。且李泽以一少年，折冲樽俎，遽负艰巨，江东人物，较之陆伯言诚不止有尺寸可取也。①

战时媒体对李泽还有这样的评价：

上海人大家都晓得这位董事长李泽的能干，他独手把新新公司在四面楚歌中救了出来，现在无形中成为海上百货公司的领袖。从来营业，姿态活跃，一扫墨守旧法的恶习惯，委实为年青的事业家。②

李泽的职业生涯分为二个时期，兹作简要介绍：

第一阶段：1934 年至 1941 年 12 月 7 日。

李泽从叔父李敏周手中接过的是一副沉重的担子。经过数年的努力，新新逐渐摆脱了 1928—1929 年董事会内讧和职工罢工的阴影，开始走上正轨。但公司尚未真正进入上升的通道。其中流动资金的不足仍是制约公司发展的最大瓶颈。

上任后，李泽为增加流动资金，四出活动，向银行贷款。李泽早年从事金融业，有丰富的金融业务经验。他的贷款设想也得到沪上银行界朋友的支持。国华银行的一则资料完整记载了上海银行、国华银行、中国实业银行及富商陈炳谦、郭顺等向新新公司联合贷

① 上海档案馆藏刊载于《东方日报》的李泽传记资料（剪报），时间不详。

② 凤子：《新都饭店的动态（三）》《华股日报》1943 年第 250 期。

款 50 万元的协议内容：

> 查本行与上海银行等组织银团，承放新新公司款项一案，现经更订契约，其承放之数内计（一）定期押款由上海银行、中国实业银行及本行各放 5 万元。郭顺二合堂、大陆广告公司各放 25000 元。陈炳谦 10 万元。（二）抵押透支由上海银行承放 75000 元，中国实业银行及本行各放 5 万元。共计放款总款 50 万元。本行占十分之二，计洋 10 万元。（本行指国华银行）①

国华是一家有粤资背景的银行，董事大多为粤商，其中新新公司的董事杨富臣即国华的董事。上海银行是中国著名的商业银行，对民族企业的投资既谨慎又大胆，赢得普遍的称赞。向新新公司的贷款充分反映了该行敢于承担风险的素质。

当时前任留下的最大一笔财务负担是向汇众银公司借款的本金和利息。1932 年，李敏周鉴于公司流动资金严重匮乏，不得不以极高的利息向汇众银公司借款 50 万元，以资周转。至 1935 年尚余息金 117422.29 元。董事会认为这笔息金甚不合算，于 1935 年决议一次拨付，与此同时借款。

1934 年新新公司董事会重新选举，这次选举对新新公司以后的发展影响较大，下面为董事名单：

陈炳谦：广东中山人，任祥茂洋行买办，广东银行先施公司参事、闸北水电公司董事。

郭顺：广东中山人，永安公司董事兼监督，永安纺织公司董事

① 《国华银行档案》（1934—1936 年），藏上海档案馆，卷号 Q278-1-10。

兼经理、纬通合记纱厂董事长。

沈长赓：江苏吴县人，任华商证券交易所常务董事。

金宗城：江苏人，上海银行襄理、三友实业社董事。

章乃器：浙江人，浙江实业银行副经理。

杨富臣：广东大埔人，国华银行、福安股份有限公司董事，华洋大药房股东。

刘镜川：大陆广告公司服务。

李星衢：香港永年银行、广东银行、联保水火保险公司董事。

叶海田：国华银行虹口分行副经理、五华事业银行副经理。

陈诘刍：广东人，为前任公司董事陈雪佳之弟，任太古洋行栈房部买办、永固造漆股份有限公司董事。

唐仲良：香港国民商业储蓄银行参事。

杨润之：广东人，旅沪律师，广肇公所董事。

金采生：上海中国实业银行经理、恒顺信托公司董事。

李泽：略。

萧宗俊：新新公司秘书长。

在这份董事名单中，有几位值得关注的人物，首先是陈炳谦。李承基回忆，父亲去世后，永安公司的郭顺等前辈对他呵护有加。最让他感动的是，在风雨如磐之际，陈炳谦这位旅居上海五十余年的乡长亲自出马，担任公司的董事长，帮助公司稳住阵脚。

作为商人，陈炳谦还不是上海滩最有钱的富翁；论历史地位，他不如唐廷枢、徐润等同乡先贤，参与过国家的重大经济活动，不会进入历史学家的研究视野。但对上海闸北民众和上海广东社会来说，却是一个如雷贯耳的人物。1920 年，他在关键时刻表态，支持闸北水电公司商办，并投入巨资，使这一华界市政建设项目得以完成。1915 年，袁世凯政府下令上海中国银行分行、交通银行分行停止兑付，遭到两家银行的抵制，消息传出后，储户纷纷前往提款，银行被围得水泄不通。眼看不支，陈炳谦联合其他金融家，征得外国银行的理解，将个人资金从汇丰银行等提出存入两家中国银行，以真金白银晓谕民众，不必担忧。最终一次可怕的挤兑潮归于平静。陈炳谦所作的这些在商业上无一不是冒险，但他乐此不疲。从少年时代背着英商的肥皂上街推销，到成为一代富商，陈炳谦相信人的发展离不开朋友的帮助，因此只要有机会，一定尽可能帮助他人。在长期的买办生涯中，他与上海外商尤其是外资银行建立了牢固的关系，因而凡有重大投资项目，主事者总是希望力邀他参加，哪怕股份不多，挂个名也可。在许多商人的眼中，他是个极有担当的朋友，拉住他，就是搬来了财神爷。现在新新公司走到了命运的十字路口，陈炳谦又一次出手相助，不仅借与 10 万元巨款，同时进入董事会，力挺新新，1936 年担任公司董事长，给了新新最有力的支持。

其次是金宗城、沈长赓，两人都是江浙财团中的知名人物，交游广泛，且有一定财力。据说沈长赓是李泽通过萧宗俊引进的，萧是沈长赓的女婿。不少文献指出，金、沈进入新新后，明显改善了公司的流动资金状况。后来金宗城担任公司的董事长，从许多方面帮助公司走出困境。可以说，坚持与江浙金融家合作，是李泽职业生涯中作出的最重要的决定。

郭顺进入新新公司的董事会也是一桩趣事。际兹风雨飘摇时刻，作为竞争对手，永安公司没有落井下石，相反，伸出援助之手，反映了上一辈商人的气魄。

在营业上，战前三年新新的成绩并无大的起色。1935 年，平均每日的营业额为 1 万元。大减价期间可增加三成。附属事业中，屋顶花园（一称新新花园）最盛，获利亦较厚，酒楼业仅足维持。旅馆部因旅客清淡，不得不打六折。舞场部分，由他人包租，公司仅按月收取租金。1936 年，新新公司各部的营业与上年相比，有增有减。屋顶花园较上年多售出四五万张票。新新酒楼较上年增加 4 万元。全年营业额四百七八十万元。获利 91000 余元。1937 年上半年以农村复苏、经济好转公司的营业颇呈蓬勃气象。

七月七日卢沟桥事件猝发，市面顿时凋敝。游艺场首先受到冲击。未久，“八·一三”淞沪抗战爆发，“吾业所受影响不堪言状”。新新屋顶花园停业 6 个月，比 1936 年的收入减少 5 万余元。由于公司在开销方面撙节至最低程度，综计全年营业额约 500 万元。

1938 年，上海进入孤岛时期，难民的大量涌入，物价飞涨，使新新公司的营业出现了多年来少有的好成绩，全年获利四十余万。

1939 年在去年的基础上，新新公司的营业日见好转，社会信誉也日见提高，公司董事会“以复兴之如上届，乃乘时振刷”。

公司采取的方法有两项：一是调整进货，以应市场需要。二是将六七楼原屋顶花园全部改建为新都饭店。“以中西大菜茶点小酌以为主要营业。并设新都剧场及玻璃电台，以供应社会高尚人士之娱乐”。①

但公司的调整并不顺利，新都饭店刚开始装修，便遭遇外汇暴缩，银钱业限制提款，恰在此艰辛万状之际，所定中外货品复于新都饭店工程将半之际大量涌到，所幸李泽沉着应付，新都饭店仍如

① 《上海新新股份有限公司营业报告书》（1939 年），转引自宋钻友编：《中山人在上海史料汇编》182—183 页。

期完成，新到货品亦陆续出清，经济上压力由是渐解。

未久，欧战爆发，物价飞涨，营业迅速上升，全年营业额一千余万元，盈利 12000 余元。

第二阶段：1941 年 12 月 8 日至 1945 年底。

1941 年 12 月 8 日，日军偷袭珍珠港，太平洋战争爆发，是日日军进占租界，上海宣告沦陷。从 1941 年底至 1945 年抗战结束，上海的经济环境发生根本变化，总的趋势是更加恶劣。但在将近四年的时间里，也有一些起伏。1942—1943 年表面上与太平洋战争前看不出有多大变化。因大量游资进入上海，这一时期，上海一下涌现了许多小银行，投资十分活跃。尽管有大量工厂倒闭，新的工厂也不断开设出来。对于百货公司的经营来说，这四年最直接的影响是商品严重匮乏。由于太平洋战争爆发造成的航运中断，新新已无法进口洋货，各部的存货逐渐售罄。1942 年 1 月 21 日新新公司广告称，新药部出售的美国标准维他命公司出品的"维他好力"比目鱼肝油精（Vita Halium）只剩远东最后一批货，欢迎顾客迅速前来购买，每人限购一盒。7 月 21 日，新新又打出广告："请饮最后一瓶绿宝橘汁。绿宝橘汁，断市在即，嗜饮人已不无有何日君再来之感。趁兹断市之前夕，劝君更进此最后一瓶 ，以作回味勿忘志念。绿宝股份有限公司橘汁部。"绿宝橘汁原先从美国整桶进口，到上海后再分装小瓶。因航运中断，无法补充，绿宝橘汁不久绝迹沪上商场。①

这一时期新新公司的大减价广告也反映了航运中断，对百货公司营业的影响。将近整整三年多时间，公司原来每年 6 次大减价因

① 《申报》复印本（381）162 页，1942 年 7 月 21 日。

货源有限，无法组织，勉强举办的减价活动也从过去的21天减为10天。

物资严重匮乏从辅币的不足也可见一斑。1942年因铜紧缺，辅币不足，商店找零发生困难。不得已发行代价券，数月后，新新公司储备了现钞予以收回。①

因商品不足，顾客减少，四大公司每日的营业时间缩短为上午10时至下午6时。

但这一时期也出现了一些新的情况，如难民大量涌入上海，客观上刺激了消费业的繁荣。新新公司及时作了两方面的调整：

一是加强了附属事业尤其是酒店业的经营。新新公司于1939年创办新都饭店。1941年不慎被火全部烧毁。1942年新都饭店改组，集资220万元，改建成有两个楼面装修豪华的大型饭店。被誉为沪上“粤菜首都”。

二是加大了对金融、地产、国货业的投资。

新新以推动国货发展为宗旨，对国货销售不遗余力，但对国货企业的投资战前似乎并不多见。战时，新新公司一改旧惯，于1942年之后投资了多家国货工厂，计有宁波染织厂、富民织造厂、安大染织袜衫厂、勤兴纺织袜衫厂、鸿大染织厂、汇利棉织厂、伟丰绸布厂、裕丰织造厂。这些企业有的与新新有长期合作关系，出品由新新代销，也有的是新设工厂。通过参股加强与国货工厂的合作，是李泽推动国货事业的全新尝试。

---

① 《申报》复印本（380）661页，1942年6月25日。“先施公司新新公司永安公司大新公司启事：本公司前因辅币券缺乏，另找困难，不得已发行代价券，以资应付。现辅币券已足需用，至前发代价券应即收回。兹限于6月30日以前，凡持有本公司等所法代价券，请随时到原发行公司折兑储备现钞。”

在与新新合作的企业中，安大染织衬衫厂最为知名，该厂初设于 1939 年，原名壹壹染织袜衫厂，由粤商黄汉彦出资创办，生产西装衬衫，出品以 ADA 为商标，因质量精良，畅销全国及南洋。限于资力，未能尽力生产，乃于 1942 年 7 月，由黄鸿钧、郭棣活发起改组为股份有限公司，资本增为国币 175 万元，1943 年增为 500 万元。新新公司一直代销 ADA 产品，改组时参与投资，李泽、杨富臣、萧宗俊等担任公司董事。至 1946 年，公司拥有各式车衣机 200 余台，每月生产衬衫 18000 件、西裤 25000 条，工衣 3000 件，学生装 9500 件，工人 54 人，为上海知名衬衫生产厂之一。①

勤兴纺织袜衫厂，初创于 1929 年初，由粤商余稚敬、余航深等合伙组织，工厂设于虹口梧州路兰言里，因业务扩充，1935 年在鸭绿江路购地二亩余，自建钢骨水泥三层厂房。抗战爆发，厂址沦陷，1938 年迁马当路 585 弄，继续开工。1940 年 10 月改组为股份有限公司，资本额 168000 元。1942 年变更资本为中储券 336000 元，1943 年增为中储券 2352000 元，1945 年增为中储券 14000 万元。织造生产各种衫袜，主要出品为黑猫牌、蝉翼牌麻纱袜、蝉翼牌麻纱汗衫、标准牌卫生衫、海虎牌棉毛衫、黑马牌各种麻纱袜等。销路遍及全国，主要客户有南洋、大东、广升祥等袜店及各大百货公司。②

富民织造厂，初由华侨商人关碧天创办于 1930 年。1933 年改组为有限公司。资本定为国币 15 万元。1940 年增为 100 万元。1942 年秋，由于粤商欧伟国、董干文、李北良等加入，将资本增

① 《新新股份有限公司 1942—1946 年投资宁波、华富染织厂、奇美服装厂、公信电器厂等情况》，上海档案馆藏档，卷号 Q226-1-67。

② 《勤兴纺织衫袜厂概况调查》，上海档案馆藏档，卷号：Q78-2-12668。

至300万元。因营业大增，资金不敷，1943年增资为700万元，连原有资本，共有1000万元。工厂设于康脑脱路金司徒庙1107B号，设备计有棉毛丝内衣圆筒子机、德国提花圆筒子机、罗纹圆筒机、美国百灵登大圆筒子机、拉毛机、平式横机、摇纱倒纱及各式美国缝纫机等百余部。出品以各式男女棉毛衫裤提花线衫汗衫夏令衫及各种丝织品，均以富民本牌及夜鹰牌为商标。李泽于1942年增资时投资该厂，并担任董事。①

裕丰织造厂，原由毕邦桢独资创办于1926年，厂址设新桥街宝安坊，后迁南市。1942年毕氏去世，由其哲嗣经营。同年11月由顾克民、许晓初等发起扩充范围，改组为股份有限公司，1943年1月正式成立。李泽为改组发起人之一，被选为董事。资本定额为中储券250万元，出品有汗衫、棉毛衫裤、汗衫背心、丝汗衫，均以小鹿牌为商标，每日最高可生产汗衫300打。产品远销南洋，在菲律宾尤为畅销。内地以天津、汉口、杭州、重庆等地为主。②

鸿大染织厂，1942年11月创立，董事会成员有余稚敬、李泽、饶韬叔、杨焕南、黎衍庐、何伯衡等人，均旅沪粤商。以织造毛巾布、被单布、绒布、浴巾、棉毛毯、棉毛布疋、长毛骆驼绒等为营业，工厂设于徐家汇路474弄42至46号。资本定额42万元。③

宁波染织厂，始创于1935年，工厂设于宁波鄞县江东，出品小孩牌各种手帕及其他棉织物品。行销全国各地暨南洋诸岛，随着营业发达，为谋运输上便利，1937年迁沪，锐意进取，不特出品门类较前倍增，产销规模均超往昔。1942年8月为求营业发达，改组为股份有限公司，除继续出品手帕外，还生产日常应用之棉织物

---

① 《富民织造公司概况》，上海档案馆藏档，卷号Q374-15-3。

②③ 《勤兴纺织衫袜厂概况调查》，上海档案馆藏档，卷号：Q78-2-12668。

品。资本定额为中储券300万元，分为30万股，每股10元。除发起人认购三分之二外，其余公开招募。主要发起人为周邦俊等，李泽系董事会成员之一。①

新新还作为合伙人，投资了其他日用百货的生产企业，较重要的有公信电器制造厂股份有限公司、恒昌玻璃厂、中美化学工业制造厂股份有限公司、标准味粉厂股份有限公司。

公信电器制造厂初由虞信惠等人创于1939年。资本额国币10万元，厂址设于厦门路及北苏州路。出品电星牌SPARKLE胶木电器用具，电器机械及各种应用材料。1942年改组为股份有限公司，周邦俊、李泽均列名发起人。②

恒昌玻璃厂股份有限公司，创办于1940年，由严慎修、叶山涛等合资经营。设制造厂于愚园路1423弄。因资本有限，难以发展，旋归严慎修独资经营。不久严氏得自南洋归来之技师张立发帮助，出品更臻完美，营业大增。上海各大药房如中英、科发、正德、九福、亚洲等，化妆品企业如家庭工业社、永和实业、百昌行等，食品公司福民、富民、泰康等均向该厂订货，营业日益扩大，原有厂房不敷使用，乃在陆家浜路左家宅购入五亩空地建造新厂，同时改组为股份有限公司，资本定额为600万元，以生产制造各种玻璃料瓶、日用器皿灯罩、电料、医疗器械、理化仪器、光学用品、建筑材料以及一切玻璃制品。公司章程规定董事从持股1500股的股东中选举产生，李泽于1943年12月的股东临时会议上被选为董事。③

无疑这些企业拉拢新新投资，是希望借助公司的销售平台，战

①②③ 《新新股份有限公司1942—1946年投资宁波、华富染织厂、奇美服装厂、公信电器厂等情况》，上海档案馆藏档，卷号Q226-1-67。

时不仅国外航运中断，国内商埠间的交往也不如以往便利。新新为此加大了对本地企业的投资，以确保商品来源。

除投资外，公司还发起创办了奇美服装制造厂，奇美的营业计划书指出，上海一埠，人口数百万，每年服装需要，为数至巨，而上海尚无大规模服装生产企业，许多以“手工速率生产的作坊，效率低，对服装也缺少研究，故无法适应市场需求，奇美拟鸠集巨资，设厂自制雨衣衣料，同时遴聘名手，裁制时代服装。该厂发起人以新新公司同仁及沪上广东富商为主。

奇美服装厂厂址设在六合路牛庄路口 804 号 B，出品有针织内衣、雨衣、衬衫及各种童装等，生产设备由电动缝纫机 20 架、缝纫机 30 架、圆筒针织内衣布机 17 部。每月约生产人造丝衫裤 150 打、衬衫 240 打。雇用男工 20 人。李锦仪任工厂经理。①

投资银行，是战时新新公司第二个投资方向。新新大量投资银行或与公司早期饱受现金短缺之苦有关。另一原因可能与李泽的出身及其对自己职业生涯的规划也有关系。李泽虽被公认为上海百货业的奇才，但青年时代曾从事金融业，担任过多家银号的经理。他曾对李承基表白，新新公司由李敏周创办，他现在只是替李看守祖业，一旦李承基能独支大厦，终究要将新新总经理的位置交还李承基，他私愿希望有一家自己的银行。或许正是基于这样的考虑，1942 年之后，李泽投资了多家银行，计有：

中国商业银行股份有限公司，沈长赓、李泽、丁山桂、萧宗俊等发起，沈长赓任总经理、李泽任董事长。公司开展银行和信托两类业务。资本总额 500 万元，1943 年增为 1000 万元。初创时分为

① 《新新股份有限公司 1942—1946 年投资宁波、华富染织厂、奇美服装厂、公信电器厂等情况》，上海档案馆藏档，卷号 Q226-1-67。

5万股，每股100元，李泽持股1300股。

中华实业银行，李泽任董事。

五洲商业储蓄银行，李泽任董事。

久昌银行，李泽任董事。①

新大银行，根据新新公司1943年5月董监事会议决议成立，按照决议，公司将过去设立之存款购货部改为银行，办法为接收一家现有之小银行，加以改组，资本额定为中储券1000万元，每股票面100元，共分10万股。新新公司各股东每5股新股认银行股一股，发起人共认148万元。新新公司共认400万元。新新公司同人福利金项下，认100万元。银行名新大银行，办理存款、放款等业务，李泽任董事长。②

新新公司战时最重要的投资是设立新新实业公司。注册申请呈文称，公司是将新新原有之各种投资合并改组而成，计划筹资2亿元，分为2000万股，每股10元，一次收足。专以经营绸布、服装及日用品工厂、代理房地产买卖，设计、建筑、修缮、经租以及国内外贸易为业务。所有股份除由发起人认缴750万股外，余数另外募足。

自1944年1月成立至1949年上海解放，新新实业公司的扩张情况外界所知甚少，下面是1949年5月新新代总经理移交的公司全部资产，包括有价证券、房地产契据两部分：

房产契据八种：

① 《新新股份有限公司1942—1945年投资于中国商业银行、上海新大等银行情况》，藏上海档案馆，卷号Q226-1-68。

② 《征信日报》1943年5月11日。另见黎志刚纪录、陈绛校阅之《李承基先生访问纪录》第194—199页。

茄勒路义业里房地产

市中心房地产（解放后土改）

姚主教路房地产

扬州路房地产两处

延平路房地产（已售出）

福安大楼（日伪时售出）

白保罗路房地产（抗战胜利后售出）

股票：

永安纱厂295万股，内（甲）股票2纸，计20万股。（乙）长城公司临时收据2纸175万股。（丙）奇美服装厂公司李锦仪具名收据1纸，计100万股。

大通纱厂，4485000股

信和纱厂，108000股

通惠机器，100万股

通惠地产，16万股

绿宝公司，62250股

真裕地产，96000股

大中华火柴，55万股

新都饭店，42470股

富民织造，5000股

永安公司，1568750股

中原电器，3万股

益茂企业，3000股

中信实业，4000股

新光内衣，4900万股

景纶袜衫，80 万股

合益实业，5 万股

奇美服装，383490 股

振华实业，406000 股

中华化工，26545 股

标准运动，15000 股

福安烟行，8 万股

地产四处（略）①

这份财产清单最让人注意之处，是新新实业公司对永安纱厂及永安公司的持股，四大公司的商业竞争曾被过度渲染，新新对永安的投资表明，这种叙述很可能过头了。

新新公司自 1941 年至 1945 年的经营成绩在财务报表和股票市场得到了清晰反映。

**1942 年至 1945 年的经营业绩 ②**

（单位：元）

| 年　份 | 1942 | 1943 | 1944 | 1945 |
|---|---|---|---|---|
| 营业额 | 5000 余万 | 43652016.78 | 218191519.94 | |
| 盈　利 | 1165025.85 | 9141371.54 | 15386753.12 | 23778500.15 |

股票市场的价格。资本原为 320 万，陆续增募优先股 32 万元，成 352 万元。内有普通股 16 万股，优先股 16000 股。1932 年 8 月第二次增资为 4000 万元，有价证券票面 10 元，市场交易活跃。百货股中除永安外，推为亚军。据称，1938 年股价最低仅值 3 元，

① 《新新股份有限公司 1944—1954 年投资筹建新新实业公司有关职工、董事股东名单、房产纠纷、清财投资等情况》，藏上海档案馆，卷号 Q226-1-64。

② 据上海商业储蓄银行征信调查报告整理，藏上海档案馆，卷号 Q275-1-1854。

1939 年最低 3 元，最高 6.5 元，1940 年因营业状况好转，股价从 5.75 元上升至 21.1 元，1941 年最低为 18 元，最高 77.5 元。①

作为一家大型百货公司的总经理，随着社会影响的扩大，李泽的活动除商业之外，逐渐涉足社会、政治领域。其中“八·一三”之后参与难民救助及上海沦陷之后帮助政府地下工作者尤其值得称赞。

“八·一三”战争爆发后，住在虹口闸北的平民纷纷逃入租界避难。大多数难民被迫露宿街头。当时租界当局根本无力采取任何措施，予以施救。上海不同系统的社会团体尤其是同乡组织紧急动员起来，筹集善款，设立收容所，收容难民。

旅沪广东人总数在 10 万左右，约一半住在虹口闸北，战争爆发后，纷纷逃入租界，许多人围在江西路宁波路口的广肇公所外，要求救助。公所与广东旅沪同乡会、粤侨商业联合会等团体立即成立广东旅沪同乡救济难民委员会，先后设立了 4 个收容所，其中一个设在新新公司的 5 楼。

公司原本是个商场，并无余地收容难民，为收容难民，公司组织职工紧急动员，腾出地方，总共收容了 2151 人。在收容所开设的数百天里，公司不仅免费提供场地，还安排厨房每日向难民供应三餐饭菜。

1938 年收容所的难民陆续遣送返乡，收容所关闭，难民住过的房子、设施大多受到不同程度的损坏，据公司估计，整修费用需花费数千元，考虑同乡组织的财务状况并不宽裕，李泽放弃了向难民救济委员会追讨维修费，仅此一项，公司便须支出数千元。

① 《公司内容一斑：新新股份有限公司》，《华股日报》第 47 期，1942 年 5 月 1 日。

相比救助难民，李泽个人在上海沦陷时期对重庆国民政府地下工作者的帮助更令人尊敬。

第二次淞沪战争于11月13日宣告结束。随后，上海经历了三年孤岛时期，1941年12月8日太平洋战争爆发，日军进入租界，上海沦陷，期间中国抗日力量的抵抗活动从来没有停止。上海周边地区既有共产党领导的游击队，也有听命重庆的忠义救国军。除军事斗争之外，隐秘战线的斗争也十分激烈。中国东南沿海各地都活跃着一支地下工作者队伍，收集对日作战的情报。上海是这一斗争的中心战场，潜伏着不少军统情报人员。

在险恶的环境中，军统情报人员能够隐藏下来，开展活动，是和许多普通中国人的帮助分不开的，这些中国人中既有一般的市民，也有各界中上层人士，他们身在沦陷区，心怀爱国情感，成为中国抗日力量可靠的掩护，李泽就是其中的一员。

1942年某日，一位不速之客找到李泽，径直说出自己的军统身份，希望得到李泽的帮助。原来这位名叫黄瑞棠的军统负有特殊的使命，前来上海收集日军在沪重要军事设施情报，以便为随后即将到来的美军大规模空中轰炸作准备。来沪后黄瑞棠发现敌伪的防范极其严密，难以安全隐藏，故大胆找到李泽救助。

没怎么犹豫，李泽便郑重答应帮忙，以秘书的身份聘用黄瑞棠。李泽的巧妙安排给黄瑞棠的情报工作提供了极大方便，他加紧收集所需情报，不久日伪情报机构发现了黄的行踪可疑，把他关押在极司菲尔路76号。

黄瑞棠被铺，使李泽面临暴露的风险，好在黄瑞棠虽遭严刑拷打，坚不吐实。李泽日日托人到牢中探访，送饭送菜。同时到处打点，以新新公司的名义担保，黄瑞棠只是个懂英语的秘书，不是什么军统，要求尽快释放黄瑞棠。

中国东南沿海大部分地区沦陷后，抗日的武装斗争就没有停止，其中有共产党领导的游击队，也有忠义救国军。忠义救国军受军统领导，广泛活跃于东南沿海交通线、城乡接合部，从事小股游击战。因远离国统区，忠义救国军的补给经常发生困难，如不能及时补充，战斗力将大大降低。军统经与李泽和永安公司郭顺商量，由两家公司捐助月饷5000万元（伪币），为时三个月。总计捐款1.5亿元，其中李泽捐助计7700万元。

1945年春，抗战形势已趋于明朗，日军在太平洋战场遭受惨败，已成强弩之末，中国战场的大反攻即将展开。军统为配合国军反攻部队挺进淞沪，开始物资储备。为筹集经费，军统上海站负责人陈豪策动上海工商界爱国人士捐献各项军用必需品。这项工作交给郭顺、李泽负责，总共筹集了30亿元的物资，其中李泽捐献占三分之一。物资由捐献者组织的保管委员会保管，李泽系保管员之一。对这项工作，1945年8月22日，蒋介石的代表蒋伯诚携其亲笔复函面交郭顺，信函中，蒋介石代表政府对郭顺、李泽等上海工商界领袖人物的爱国义举予以称赞。

除捐资外，李泽、郭顺、荣宗敬等上海工商界人士还奉军统之命，抵制日军将上海企业迁往华北，组织人员防止日军覆灭前破坏工厂设备。

客观评价李泽战时的作为，不难看出，李泽是个有爱国情怀的商人。但在战后中国，许多事情的黑与白是颠倒的，李泽由此陷入一场长达三年的牢狱之罪。1944年下半年，李泽开除了一名姓舒的职工，战后舒某因复职要求遭李泽拒绝，遂向法院检举李泽为汉奸，要求政府严惩。1946年1月2日，一封由八位职工署名代表全体新新职工的检举李泽投靠日伪的信函在各大报纸上发表。5天后的下午，李泽被捕。李泽为自己做了无罪辩护，法院对李泽帮助地下工作者的说词向军统和有关部门作了调查，证明事情属实。但媒体为表现爱国立场，一边倒支持舒某。1946年，李泽被判有期徒刑三年。原告和被告都表示要上诉，要求复审。李泽的复审拖了半年，直至1947年初，作出终审，维持原判。1948年12月，李泽服刑期满出狱。据报载，按照刑律，李泽在服刑满刑期三分之二时，可申请保释。但李泽予以放弃。

1949年初，中国人民解放军以排山倒海之势，向国民党的统治发起最后攻势。5月28日，上海解放。同年10月1日，中华人民共和国成立，中国的历史从此翻开了新的一页。新新公司战后的梦魇终于结束。

## 二、新新公司的经营特色

### （一）国货为主——独树一帜的销售策略

作为一家大型百货公司，商品销售在公司业务中居头等地位。针对不同的顾客群体，采购合适的商品出售给顾客，是百货公司的基本业务。

从一开始，新新公司就提出以促进国货事业为宗旨。因而新新的国货销售比重高于永安、先施公司。但由于洋货销售的利润较高，新新同样销售洋货，这从公司的商品广告可以看得很清楚。尽管没有相关的统计，据综合相关商品讯息，我们估计永安和先施的中外商品比例大约是8∶2，或7∶3，新新正好相反，大约是2∶8，或3∶7，洋货占的比例较低。此外，不同阶段新新的华洋商品比例是不同的，开业初期，洋货的比例较高，20 世纪 30 年代，国货和洋货的销售比例逐渐稳定。

新新的进口货主要委托本市威哩、新中庸、泰和、老晋隆、新华等洋行采办，国货向本国各商店如绸庄、化妆品厂及其他一切工厂批购。

这里，我们依据逐月逐日翻阅的新新商品广告对公司数十个部门销售的中外商品作一提纲挈领的介绍。

化妆品：中国传统的化妆品有四大系列，因含有有毒成分，20 世纪初被逐渐淘汰。

西方的化妆品开埠不久便输入中国，经过半个多世纪，逐渐进入国人的家庭。较流行的有花露水、护肤霜、头水、香皂等，著名品牌有林文烟花露水、夏士莲护肤霜，力士、棕榄香皂等。

中国民族化妆品工业起步较早，知名企业有广生行、家庭工业社、中国化学工业社、永和实业等。民族化妆品企业的原料和设备大部分从海外进口，因人力资本价格较低，产品价格与洋货相比有优势，有一定市场。

在市场分工上，永安公司、先施公司是高档进口化妆品的总汇，尤其是永安，化妆品的价格高得难以置信，新新化妆品部则以低档洋货和高档国产化妆品为主。下面是从新新商品广告中摘录的化妆品目录：

威廉士五味香皂、老牌茉莉头水、米许林牙膏、德国上等生发水、百花香皂、芝兰香皂、丝带牌牙膏、棕榄香皂、法国 coty 著名头水、英国 tardleys 名厂洗发粉、LUX 劳力士香皂、德国老牌杂味香皂、法国驰名和贝甘 houbigant 大号香头水、巴黎指甲水、老牌新月头水、贝林奶油唇膏、贝林柠檬霜、老牌赛玉霜、双妹牌花露水、裕华卫生药皂。

疋头和绸缎的需求量大，是四大公司的销售重点，各公司都把疋头和绸缎两部放在最显眼的位置，安排最有经验的老手主持两部的营销。新新公司的疋头部见于报载的销售品种有：英国什色棉法绒、全毛条子法兰绒、全毛灰素法兰绒、长毛骆驼绒、男装大衣呢、国产花线呢、意大利花线呢、英国花厚绒、双面条子绒布、花线呢旗袍料、上等华达呢、常青纯毛薄哔叽、旖罗绸、毛丝绸、头号天青哔叽、格子维也勒绒。

绸缎部：雅致碧鹤绉、文静幸福绉、德国鲁麟素毛葛、法国印花乔其绒、人美绉、碧玉绉、梅妃绉、芬芳绉、凤舞绉、幸福绉、碧鹤绉、国产新花绸缎锦地绉、各色印度绸、顺纾凹凸绉、回纹绉、什色芦苇绉、德国格毛葛、西丽绸、乔其纱、华而纱、国产印花双绉、国产新花雁翎绉、法国织花毛葛、英国印花锦、国产素心绉、幸福绉、兰陵绉、意大利印花美利根、德国素毛葛、意大利格子西施绸、法国团花真毛葛、雪花锦旗袍料、艳丽印花双绉、阴丹士林永不褪色条子春纺、闺秀纺、国产真丝柳条绉、蝴蝶锦、华嘉花毛葛、国产闪条双绉、国产时花闪色绡、真丝条子纺绸、国产时式华丝葛、法国最新鱼眼纱、地字花及橄榄花重丝葛、黑色暗条毛织缎、新花华丝葛、花襄绸、婆罗绉、罗文绸、明金绫、法国美丽雪芳丝绒。

在纺织技术成熟前，人类用以保暖的皆为裘皮，纺织技术成熟后，始用棉布、丝绸等裁衣覆身。但裘皮仍为御寒之物，同时因捕获不易，加工费时，价格远超纺织品，并成为身份的标记，在上海这样的大都市特别流行。

先施和永安公司均设皮草部，新新也设有皮货部，下面是新新皮草部的商品目录：超等银针紫貂外套（3750元）、本色银针紫貂（2900元）、特等海虎大衣、海骝大衣领、条子滩皮马褂、口装猫皮马褂、原板黑羊皮马褂、小坎白滩皮马褂、大毛山猫背外套、狐皮围巾、黑三尖反穿大衣、本色大毛银针貂令眼长袍、本色大毛银针海虎大衣领、正狐腿马褂、特等水獭大衣领、特等加大海留大衣领、正口装白羔马褂、正口装黑羊毛、正口装狐皮围巾、黄狐皮围巾、白羊皮马褂、黑羊皮马褂、关东大岭灰鼠褂、西藏大毛獭皮领、窝刀顺腿长袍、花羔马褂、真貂皮褥、带枪白眉式新式女大衣、灰鼠皮围领、羚羊小块滩皮马褂、本色加尺貂脊大褂。

在上述目录中有一款超等银针紫貂外套，售价3750元，价格相当于两辆进口汽车，笔者20世纪90年代末采访潮州老人郭启明时，郭先生回忆，民国时期判断一个上海富商的身家，最好的办法是看太太身上穿的裘皮，凡穿银针紫貂外套的，家中必备轿车。当时笔者并不明白此话含义，现在对比《申报》上刊登的进口汽车和紫貂价格，始信然。①

针织内衣，近代中国不论男女，内衣的式样都经历了变化，尤其是女性，从传统时代的抹胸、肚兜，到近代小马甲，对女性的身体形成程度不同的戕害。中西交通后，西式内衣如男子卫生衫、女子吊裙式内衣即输入中国，引发内衣革新潮，也刺激了针织内衣的输入和本土生产。

据历史资料，20世纪初，就有民族资本进入内衣业，进口设备，自行生产。1902年徐润盘下杭州人吴氏创办的云章袜衫厂，改名景纶衫袜厂，大力改进经营。恰逢1906年国人发起抵货运动，

① 民国时期一辆进口福特车价格在1700元左右。

景纶厂的出品引起国人关注，销路渐广，1917 年改为股份有限公司，是国产内衣业的鼻祖。至 20 世纪 30 年代，内衣织造业已是上海民族工业的重要门类，全市有各类织造厂数百家，较著名的工厂有中国内衣、景福、景纶、富华、勤兴、裕兴、振昌、公和等。新新公司长期销售国货内衣，尤其是本土的著名品牌，如 ABC 内衣等。

袜子，和内衣一样，近代国人穿的袜子也经历了新旧嬗变，原先男袜多以大布及广东竹布裁制，女子之袜，皆短及踝，谓之“袜套头”，而不曰袜，大都系妇女自制，材料以白竹布为多。20 世纪初，外国线袜开始行销中国，1905 年出现第一家华商投资的电机织袜厂，此后仿造者日渐增多，穷乡僻壤，亦盛行线袜，原有之布袜业一网打尽，江浙两省设厂制造者风起云涌，尤以上海为集中之地。全盛时期，上海有袜厂百余家，全市出品价值四百余万。

线袜的原料为细纱，大多购自海外，以日本为最多，国内也有少数纱厂能够生产织袜用之细纱。人造丝发明后，丝袜流行，尤其是都市女性，喜欢裸足，必穿丝袜而非线袜，上海的专业丝袜厂逐渐增多。丝袜的原料有人造丝也有真丝，价格高低悬殊，高档丝袜每双售价七八元至八九元，非普通女性能够承受。

上海出品的国货丝袜，以鸿兴织袜之狗头牌、利华之顺风牌、源丰之蝙蝠牌、德和之荷花牌最著名，所用材料以人造丝、纱线与蚕丝交织。

上海的线袜工厂规模较完备者为中华第一针织厂、华纯织造厂、足安织袜厂等。中华以菊花为商标、华纯由粤商黄季植创办，以天塔、宝星、铁锚、金鹰等为商标。足安以五星、地球、风车、双十等为商标。

新新销售的袜子中外皆备，式样齐全。舶来品有：美国 Kayser 凯旋牌、Hole Proof 好莱蒲夫两种著名尖跟跳舞丝袜，每双 3 元。KO 老牌女装长统麻纱袜、飞力士平机真丝舞袜等。国货有蝙蝠牌女长统丝袜、真麻纱舞袜、通花麻纱袜套等。

烟草制品包括纸烟和雪茄。人类吸烟史，雪茄先于纸烟，因纸烟便宜，普通民众大都嗜纸烟，上层吸雪茄的人更多。烟叶含有刺激神经的成分，对神经衰弱者有一时作用，但吸烟易上瘾，一旦习惯，不易摆脱。自烟草传入中国，吸烟者日增月涨，越来越多，几乎遍于国中，需求极大。

在中国民族烟草工业兴起前，原料主要从国外进口，据统计，一年进口量在 8000 万两以上。当时全国每年的进口入超为 2 亿多元，如果进口烟的巨大漏卮完全堵塞，且国人尽吸国产烟的话，入超顷刻就能减少三分之一。现状对国产烟的生产起了极大刺激作用，20 世纪初，南洋兄弟烟草公司集资 10 万元，创办了中国第一家民族烟草公司。南洋兄弟烟草公司问世后，民族制烟厂的设立风起云涌。至 1925 年五卅运动之后，上海的华资制烟厂达四五十家。尽管在华英美烟草公司以雄厚资本及一流设备对华商卷烟工业形成很大压力，但民族烟草工业迅速成长，一定程度挽回了巨大的进口漏卮。

新新公司的烟草部以雪茄销售为主，兼及纸烟。这和民国时期雪茄在上层较流行是吻合的，下为烟草部售品目录：

100 支木盒本牌郎达利雪茄、50 支装吕宋牌海来夫雪茄、100 支安利平头雪茄、100 支总统牌雪茄、吕宋 25 支 NORMN 牌买打令雪茄、25 支公园牌雪茄、25 支德国双树二号亨白、50 支大妹三号亨白、50 支金狮荷兰雪茄、50 支船牌佛多利雪茄、50 支船牌力古士雪茄、红人牌雪茄、100 支叶妹郎达利雪茄、25 支装玫瑰花牌海来夫雪茄、100 支洋房牌总统雪茄、散发美女雪茄、50 支皇帽牌什票利雪茄、散装可罗拿雪茄、50 支散发妹物多利雪茄、25 支小吕宋红衣妹雪茄、50 支英国公主牌香烟、白金龙香烟、美国沙司仑香烟、英国飞机牌香烟、50 支中号克雷斯香烟、买司干香烟、15 支大号克来文香烟。吸烟用具有德国 6909 克罗咪香烟盒、德国 Colibri 老牌打火机。

食品包括饮料、罐头等类。新新设有两个商品部即洋酒部、罐头食品部。洋酒部销售的计有：英雄牌三星白兰地、stepen 白兰地、SSS 葡萄酒、W&A.GILBEY 一号葡萄酒、法国可可酒、Blue Eagle 蓝三星白兰地、法国狮帽牌 vos 白兰地、正三德门一星葡萄酒、澳洲小瓶香槟酒、法国双狮球牌白兰地、法国 Fol 佛兰地、法国巨人牌佛兰地、黑红牌方瓶威士格、澳洲开胃消滞酒、法国皇帽白兰地、法国蓝狮白兰地、法国如意白兰地、葡萄三帽牌笨酒、福寿牌白兰地、老牌别士贵五星白兰地、老牌常纳华克威士忌、斧头三星白兰地、UB 啤酒。

罐头食品部：以密封罐头储藏食品，是人类物质生活上的一大进步。据文献资料，英法美国专家对此项发明都作出了贡献。1860 年美国人托马斯·达克（Thomas Duck）创造罐头制造法。1861 年美国人弗朗西斯·卡廷（Francis Cutting）制造水果蔬菜罐头。从此罐头食品业逐渐成熟，肉类、鱼介罐头也相继问世。罐头的发明解决了食品的储存、移动。从此不管身处何处，得享世界各地的参翅鲍介之海味，熊掌鹿尾之珍馐。中国的罐头食品业发端于江苏清江，嗣后苏州、汉口、宁波、汕头、厦门、上海等处纷纷继起，经营较好的是上海泰康公司，被公认中国罐头业的领袖，创办于

1905年，1926年创办了新厂，罐头食品有190余种。梅林罐头食品公司是上海另一家大型罐头厂，除模仿他人出品之牛肉、童子鸡等罐头，专注于家常佐餐之食品，如青鱼、蚕豆、玉蜀黍、番茄沙司等，很受市场欢迎。

新新公司罐头食品部销售的外国罐头品种极其丰富，包括美国鲜番茄汁、葡萄干、梳打饼干、Kelloggs玉米片、摩尔登果子酱、花旗老牌麦片、老牌鲍鱼，英国三文鱼、花牌牛油，爱登堡出口二等麦世治牌番茄汁、柏林蜜味片菠萝、荷兰星牌巧克力糖、老牌水果糖、澳洲老牌果子酱、钻石牌白脱油。

新新公司也出售华南的罐头和食品，计有香港大利老牌奶油蛋卷、红罐沙甸鱼、香港椰子糖、白磁盅汕头果子酱、五磅超等马利饼干、出核重肉陈皮梅、陈皮南枣、瓶装广东油浸曹白咸鱼、美味五香肝肾、蜜味高听菠萝、清甜高听荔枝、汕头英和公司果子酱、马宝山上等散装饼干、大号雄鸡番茄汁、大号地球辣酱油、一磅装红烧牛肉等。

上海的西药房布满街市，但三大公司仍设西药部，销售商品以补品为主，兼及护理用品。综合广告，新新西药部销售的商品有：美国老牌橡皮热水袋、司各脱乳白鱼肝油、飞鹰牌清鱼肝油、来福来司漱口水、散拿吐谨补脑粉、飞力脱杀虫药水、安尔氏百补麦精鱼油、香亚万应如意膏、维他好力（Vita Halium）、补尔赐保命、胚命素、血必红肝精补血片、胎盘珍补丸、二磅科达麦精鱼肝油、康福多等。



搪瓷热水瓶是日常生活用品，最初皆输自海外，国人自造热水瓶始于1924年，上海粤商梁伯枝等机子设立光明厂，为国产热水瓶业之先声。随后创设的有立兴、三星等。1931年，全市有四十余家热水瓶厂，终因产能过剩，同业跌价竞争，不时有工厂倒闭。至1934年全市有热水瓶厂十余家，较著名的有立兴、裕泰源记、三星、中华等，出品除销售上海本埠外，长江流域各埠、江、浙、赣、粤均有市场，部分产品还出口南洋诸岛。

新新公司设热水瓶部，销售的国产品牌有长城牌五磅热水瓶，五磅长城牌保暖水瓶。也销售舶来品，见于记载的有二磅装美最时保暖热水瓶。

地毯织造始于北方各省，最初大抵供家庭之用，或以铺炕、覆物，或作鞍布。自佛教东来，庙寺林立，地毯始作为庙寺挂帐及覆地之用。清代中叶，织毯工业仅流行于西北各省，后作为入贡之品，献于清廷，织毯工业遂流行北京。19世纪末叶，中国地毯出品输入欧美，甚获喜爱，“自此之后，欧美人民，对于此物之需要，日见增长。”光绪二十九年（1903年）中国地毯在圣路易斯国际展览会得一等奖，需求愈多，国内地毯工厂，亦相继设立。

国内生产地毯质量较佳者，北方为北京、天津，南方为上海。天津系中国地毯织造业中心，20世纪30年代共有织机2749架，工厂及作坊303家。上海工厂数虽少于北京及天津，出品质量较佳，多出口海外。

随着地毯的流行，购用地毯的人家逐渐增加。四大公司都有毯毡部，新新销售的地毯及床上用品有：鸳鸯毛毯、美国雪白童毯、意大利车毯、国产上等全毛车毯、五彩冲丝绒方毯、四磅真丝棉被、鹤绒被等。

其他各部销售商品目录：

钟表部：瑞士老牌铁路钢表、德国二用夜光闹钟、法国发蓝金钟、白金钻石手表、瑞士夹白金男装双马手表、美国Westclox老牌最新式闹钟、好华达自动手表、美国爱而近（Elgin）金表、德国云石座钟、瑞士朗近（Longines）各式金银手表、瑞士十四开真金骑马手表、法国 CYMA 西姆夹白金刻花挂表。



参药部：四川银耳、四川冬虫夏草、春装砂越毛燕、正关东鹿尾巴、大枝吃坯别直参、正霍山石斛、老山别直参、吉林世一堂人参再造丸、老牌大号百勒鱼肝油、原色绣球银耳、西洋人参、云南金耳、北洋黄唇鱼胶、纯黑驴皮胶。

时装部：豹皮绒大衣、花海虎大衣、长毛骆驼绒大衣、好莱坞式样最新花呢女大衣、马裤呢缎里夹大衣、西装人字花呢春大衣。

毛衫部：英国男装开司米内衣、英国飞轮牌女装纯羊毛衫。

西衣部：英国头号麻帆布西装、巴勒呢西装（每套 19 元 2 角）、全毛白哔叽西裤、头号麻葛西装。

帽子部：英国名厂缎黑呢帽、上等丝绒帽、灰色缎里兔毛呢帽、斯德森老牌呢帽（27 元一顶）、法兰西拉毛女帽、春色鲜色波士连奴呢帽（Borsalino 原价每顶 15 元）、美国哈德门呢帽。

皮鞋部：礼服漆部男鞋、鸡皮高跟女鞋、美国福禄禅老牌男鞋、英美名厂男装皮鞋、黄墨纹皮男鞋。



鞋部：新样毡面软底女鞋、香槟纹皮平跟女鞋、黄黑纹皮最新男鞋、时式绣花软底女拖鞋、美国胶底白网球鞋、黑缎高跟女鞋。

五金部：德国老牌餐刀、万利保安刀、金星地板蜡、德国金花烧痰盂、德国反口花面盆、十片装球牌保安刀片、各种省煤火炉、铁锚牌铁盒打汽炉。德国名厂不锈钢刀叉、捷克玻璃花瓶、英国台镜、美国老牌擦银粉、德国不锈钢洋刀、十片三眼球牌刀片、八卦牌擦铜水、黄铜精美火酒炉、德国搪瓷洋风炉、月宫老牌地板蜡、德国胶木钢卷尺、十片球牌刀片、七寸德国钢发剪、英国老牌熨斗、美国老牌指甲钳。

家私部：十六寸平盖真皮箱、双面丝光绒台布、丝哔叽木棉靠垫、美国雪门司最新式铜床钢床、思梦席合欢床、胡桃木家具、钢丝垫、美国康果龙厂出品新月牌油地毡。

文房部：英国亨克司金笔嘴、美国老牌 oldtown 双面复写纸、法国活动银铅笔、英国 14K 金齿墨水笔、法国名厂上等铅笔、派克公司 1933 年红黄绿蓝墨女庄墨水笔、Parco 派可活动铅笔、大号派克耐用自来水笔、柯达万科软片、德国 12 色铅笔、英国 moors 老牌墨水笔活动铅笔、国产女装关勒铭墨水笔、美国学士牌自来水笔、英国 Waverly 墨水笔、美国老牌 Pewusco 自来水活动铅笔、14K 夹金女庄墨水笔活动铅笔、德国百灵墨水笔、德国百灵墨水笔。

音乐部：西洋歌舞片、百代红牌京剧片、大号新式自停耶克老牌唱机、胜利狗牌唱针、歌林西乐片、胜利粤片、胜利歌舞西片、瑞士老牌唱针、敲不碎最新歌舞片、时曲唱片、高亭唱片、璧架粤片。

玩物部：铁甲车、德国大木枪、童座大荡马、单脚跑冰车、新式 20 孔真善美口琴、美国三轮脚踏车、美国铁质小跑车、德国顺金隆阳伞、新式汽车、台上小钢琴。

银器部：广东赛银茶羹、广东赛银花插、意大利云石粉缸、高脚真银喜碟、贵族玲巧粉盒。

光学部：鹰眼牌折式快镜。

上海的华商大百货公司都有本牌商品，即由公司附属企业生产的日用百货。先施公司设有先施化妆品公司，出品千里香等化妆用品。永安公司设立家具厂，生产新式家具。产销一体的经营方式好处显而易见：一方面由本店销售，免去了委托其他商家代售所需的佣金，另一方面，由公司直接接触消费者，生产的商品更适应市场需求。

新新公司开业后，受内讧影响，无力在生产方面有所开拓，但这并不是说，新新一直无所作为，绿宝橘汁和奇美服装就是公司直接参与创造的两个品牌。

众所周知，汽水、果汁在都市的消费量惊人，成功的饮料品牌大都可获巨利，可口可乐即是最好的例子。

20 世纪 20—40 年代的上海，口渴喝饮料已成为市民的生活习惯。但市场上供应的大都是美国饮料，如可口可乐，中国自己的果汁销路不佳。面对巨大的消费市场，华商与美国著名饮料公司合作，销售美国饮料，分一杯羹，绿宝橘汁有限公司即是这一合作的结晶。

绿宝橘汁由美国橘汁股份有限公司生产，20 世纪 30 年代风靡美国，在中国也有很大市场，翻开当时的报纸，可看到大量的广告，为了扩大在华销路，绿宝公司与上海的华商合作，同意由美国运送绿宝橘汁，由华商绿宝公司按照美国的要求装瓶，然后销售。也就是说沪上售出的绿宝橘汁虽由华商分装，却是百分之百的美国饮料。鉴于饮料在大都会有良好的市场，新新公司于战时参股上海绿宝橘汁公司，并依托商场及新都饭店屋顶花园等附属事业，大规模推销绿宝橘汁。据报道，上海绿宝橘汁有限公司位于胶州路，由阮庆和高惠钦发起成立，资本仅 5 万元。后因业务发达，增资为 30 万元，组织股份有限公司，推举沈长赓为董事长、李泽、萧宗俊等为董事，从董事名单分析，新新公司已成为公司重要的股东，在董事会居于举足轻重的地位。

中日战争爆发后，美国原装绿宝橘汁供应中断，藏于冷库的存货日渐用罄，上海绿宝橘汁股份有限公司便发明了一种替代品——绿宝豆奶，充分利用公司的生产设备和技术力量，同时得到上海儿童营养促进会专家的指导及两租界卫生当局的监督，质量得到市场认可。绿宝豆奶克服了大豆维他命甲丁戊缺少，矿物质尤其是钙与磷铁含量少、蛋白质消化较差的不足，加配鱼肝油及维他命丁，来补充维他命甲与丁，以鲜蛋黄及钙，补充钙与磷，杏仁、胡桃弥补维他命乙戊，乳酸来调整蛋白质之消化。①

（二）广告宣传——形式多样化

大百货公司通常建在都市的中心，服务对象不再是熟悉的左右街坊，而是整个城市的陌生市民，惟有大量投入广告宣告，才能吸引顾客前来购物。

上海的百货公司对于广告宣传都十分重视，每到季节大减价期间，不惜资金在各种纸质媒体上投放广告。在形式上，各百货公司各显神通，力求以新的广告形式，出奇制胜。永安公司除经常在报纸上作广告之外，还创办了《永安月刊》，用一种不露痕迹的手法，巧妙扩大公司的影响，促进商品销售。新新公司开业后，对广告促销同样十分重视，并在形式上进行创新，创办广播电台就是新新的一项极具创意的广告手段。

1. 播音广告

广播电台 1923 年才传入中国、传入上海。1923 年 1 月 24 日外商奥士蓬电台正式播音，每天播音一小时，从晚上 8 点 15 分至 9 点 15 分。为扩大广播电台及收音机在上海的影响，奥士蓬电台积

① 戈正壁：《口渴无冬夏——绿宝公司的两大贡献》，《新都周刊》1943 年第 2 期。

极联络《大陆报》作宣传，《大陆报》也借助奥士蓬电台播报新闻。

自1923年至1929年，是上海广播电台从无到有、奠定初步发展基础的阶段，其间新设电台大多为外资电台。1927年新新电台创办，这是上海第一家华商广播电台，具有拓荒意义。电台由新新公司出资，技术由公司电气部工程师邝赞主持，新新电台不仅是上海第一家华商电台，设备很长时间在华商电台中保持领先。电台功率也长期居于前列，可与部分外商电台媲美。据报道永安公司也曾计划开办广播电台，因种种原因未果。

开办之初，新新电台每天播音数小时，每逢星期一、三、五、六晚加播特别节目多种，平时的节目有新闻、经济商情、娱乐节目、新新商品介绍等。下面是新新电台1927年播出的部分节目：

1927年11月23日晚10点15分，请到海上著名票友章四宝演唱京剧《探母》，王佩芳、钟滋德《打渔杀家》、王佩芳、章笑侠《捉放曹》、王二小姐《玉堂春》、王四小姐《苏三起解》。

9月14日晚9点半至10点半钱天培《捉放落店》、唐鸿章《汾河湾》、章尘侠《别窑》、周梦慧《骂殿》、章笑侠《出关见娘》。

新新电台作为一家粤商开设的电台，是沪上粤语节目播出的大本营，电台经常播出粤语故事以及粤曲、粤乐，深受旅沪广东人的喜爱，在华南和南洋也有很大影响，有助于加强与华南和南洋广东同乡的联系。

新都饭店开办后，新新电台改组为玻璃电台，设在六楼中餐厅内，播音设备放在楼顶。播音室以玻璃为墙，站在玻璃房外，播音员的活动一览无遗。电台开播，为新都拉来了不少生意。哪一天如有著名影星、歌星客串播音，电台外更是围得水泄不通。新新的玻璃电台一时成为市民关注的焦点。

当然公司创办电台不仅仅是为了吸引眼球，为加强与特定顾客的关系，电台有意编排一些有创意的节目。如电台曾举办少年儿童国语播音比赛，看谁的国语讲得流利。比赛分小学、初中、高中三组，分别决出优胜者。这一比赛在上海广播界开风气之先，促进了少年儿童学习国语的积极性，也拉近了公司与青年妈妈们的关系。

新新公司创办广播电台，除了扩大公司的社会影响之外，也用于直接的商业促销。电台接受商业广告，推销企业的商品，并为本店的商品作促销宣传。尤其是大减价期间，电台不断播出商品打折讯息，你在新新商场的任何角落都可听到电台播出的商品减价消息。在家里的听众可直接拨打电话到新新公司定购。

为配合商品销售，新新电台不时举行节目大会串，从早至晚，一天连续播放十几小时，以扩大影响。如1934年，为庆祝公司新商场开幕，新新电台举行“破天荒伟大播音”，邀请海上名家播送精彩节目，并请其他电台转播，引起轰动。

1941年6月初，中餐部的一场大火，玻璃电台被殃及。1942年新都改组后，重建电台，不久被日军征用。

2. 创办刊物

企业办刊是一种特殊的广告形式，永安公司尝试过，所办《永安月刊》出版时间长、文章质量高、编排印刷出色，深受好评。尽管《永安月刊》刊登了不少商业广告，由于包裹了一层文化的外衣，并不妨碍人们喜爱和捧读。

办刊不易，民国时期坚持创办刊物的企业并不多。新新公司在经营上强调创新，广告上也注重采用新形式，管理层对办刊表现出浓厚的兴趣，先后资助创办了《理想家庭》、《新新画报》、《新都周刊》等杂志，用以建立与市民的沟通渠道，从侧面来促进商品销售。

《理想家庭》，是一份由新新玻璃电台创办的刊物，以家庭为中心，凡与家庭有关的话题，都在编者组稿范围之内。

青年妇女是《理想家庭》的主要读者群，杂志刊登了一系列讨论两性关系的文章，向已婚女性介绍怎样做一个理想妻子（侯元庆《怎样做一个理想妻子》）、怎样与家人相处（林枫莽《怎样对待您的家人》）。家政是刊物的另一重点，有的文章介绍如何购置理想的家具、怎样布置住宅、如何美容等。以李香小姐名义开设的家庭信箱是联系读者与杂志的桥梁，回答各种读者来信。

《理想家庭》的另一读者群是少年儿童，刊登了不少趣味盎然的儿童诗歌（《娟娟牧羊》《水果乐队演奏会》）、儿童故事画（《大家跳舞》《捆大萝卜》）等。杂志还刊载了不少散文、小品和短篇小说，如陈歌辛的短篇《安息日》、胡山源的笔记连载《闺居随笔》等。

《理想家庭》以少妇和儿童为主要阅读对象，与新新公司以妇女和儿童为主要销售对象之一是一致的。从这一点看，杂志不管怎样掩饰商业目的，用意还是清楚的。

杂志社设在新新电台内，是配合电台播音的读物。但和一般播音刊物不同，《理想家庭》不刊登播音节目表，仅每期选刊部分电台的播音节目，如歌曲京调的词谱等。

与《永安月刊》相比，《理想家庭》的作者阵容和编辑并不弱，作者有郎静山（摄影）、潘光旦（社会学）、钱仁康（音乐理论家、作曲家）、赵景深（戏曲史家）、方雪鸪（画家）等。总编辑张冰独、陈若虹，编辑蔡冰白，均属当时知名文化人。遗憾的是仅出版了 4 期便停刊了。因而很少有人知道新新公司曾出版过这么一本刊物。

《新新画报》，1939 年 7 月创刊，由新新公司出版。编辑王哲，摄影杜鳌，现仅存创刊号。且残缺不全，无目录页。卷头小语称，有感于画报比专门刊物更易传播知识，故创刊此刊。目的是想尽一些“灌输知识的责任起见”。该刊的旨趣，除具有普通画报的特点外，更负有发扬工商业的使命，按编者所说，“第一提供一般生活知识，第二，阐明社会现象与工商业动态，第三介绍新工艺商品”。

画报封面采用起色照相版精印，正文原拟采用影写版，因当时上海的专业影写版印刷工厂尚未复业，故暂用铜版印刷。首期印数为三万本。创刊号刊登的文章有《新都饭店落成巡视》，对新都饭店的不同空间——玻璃电台、舞厅、弹子房、茶室、新都剧场、儿童乐园、七楼花园作了绘声绘色的描述。由林语堂夫人撰写的《女性美在中国》是一篇全面介绍中国女性美容方式的美文，分上下两期刊载，现在能看到的是上篇。《素描的化妆》以一组照片详细介绍了摩登的化妆术。《夏季的新装》《闲话丝袜》《隐形的眼镜》分别介绍了新的生活知识。《七月的新娘》以婚纱为主题，纠正了新娘打扮上一些不经意间的瑕疵。《流行的新发式》介绍了巴黎最流行的女子发型。创刊号刊载了不少照片，大都配有文字说明，《灯与女性美》介绍新新公司三楼灯具部的灯罩。《绿宝剧场杂写》刊登一组照片，推介绿宝艺人。

从创刊号来看，《新新画报》的文章水准和编排质量均臻一流，不亚于《永安月刊》，所刊文章图片既能紧扣商业主题，又有不俗的文化根底，如持续出版，必能与《永安月刊》并驾齐驱，惜仅出版了 1 期。

《新都周刊》，1943 年由新都饭店创办，每周一期。出版 30 期后，因资金困难停刊。这是一份由公司资助，职工自己编辑发行的企业刊物。新都饭店经理李贤影担任社长，蒋槐青、陈若虹任编辑，周刊邀请了20多位文化名人作为特约撰稿，较知名的有包天笑、张亦庵、予且、叶劲风、费彝民、赵君豪、胡山源、柳雨生、陶亢德、谭正璧等。

《新都周刊》的突出之点是将广告与文化知识巧妙结合起来，周刊发表了大量趣味性和文学性皆长的小品。

新都饭店以“粤菜首都”自诩，周刊刊登了不少介绍粤菜的知识小品。食文化是《新都周刊》的重点之一。如《瓜》(作者张亦庵)，以丰富的笔记资料详叙以瓜为原料的菜谱。《吃香》谈香味与饮食的关系，介绍了“镬香”在粤菜煎炒中的作用。《咸甜酸苦辣》，对苦味的价值有独到解释，指出苦味虽不受人欢迎，但也不尽然，粤菜中有苦瓜，用来焖鲥鱼或炒牛肉。《茶居话旧》对粤式茶文化的近代嬗变作了系统回顾，所言上海的粤式茶居变迁，保留了有价值的资料。《烧腊》是一篇知识性、实用性皆备的文章。

宣传新都饭店是创办周刊的目的，故该刊设立了多种专栏。新都的五个餐饮品牌爵士午餐、君子茶座、华贵晚宴、新都夜谭、喜相逢是周刊的宣传重点，配备了大量文章，竭力渲染他们不同的特色，如《夜谭三重奏》《新都三部曲之二君子茶座》《我们需要一座花园》分别介绍了七楼的新都夜谭、六楼的君子茶座、夜花园喜相逢等。

乐队伴奏和歌星演唱是新都饭店的特色，周刊对乐队和歌星有较多的介绍，尤其是歌星，新都的每位歌星在周刊都可找到介绍文字，谈履历、擅长的歌曲。《略谈歌星》详细推介菲岛歌手安第哥及中国歌手葛玲芝。

新都以打造上海的“社交中心”为目标，对侍应服务十分重视，饭店的雇员近300人，三分之一是侍应生。周刊发表了不少文章将侍应生作为明星来炒作，虽有一定庸俗成分，对培养侍应生的职业荣誉感是有利的。

新都动态系讯息专栏，刊布有关公司的最新动态，这一栏目包含这一时期有关新都饭店的丰富讯息。

3. 其他

除电台和杂志，新新还采用其他广告形式，最惯常的是在纸质媒体上发布商品广告。在这方面四大公司互不示弱，每家都是上海纸质媒体的常客，广告经常占据报纸的显要位置。

在商品的宣传上，新新既有对公司商品一般性的介绍，也有对特定商品重点宣传。绿宝橘汁便是其中之一。

绿宝橘汁是一家美国公司的出品，曾风靡美国市场。1937年前，公司已与上海华商谈妥在中国市场合作推销绿宝的计划。“八·一三”爆发，从美国进口的设备毁于炮火，计划搁浅。1939年这一计划被重新激活，美方同意将原装果汁运至上海，由绿宝橘汁公司分装后在市场上销售。新新是绿宝公司的大股东，为推销绿宝，在上海的各大纸质媒体上展开地毯式的广告宣传。这一时期，翻开上海的大小报纸，可不时看到绿宝广告。为促进销售，新新不仅舍得花钱，还很善于动脑筋。绿宝来中国前，已在南洋畅销多时，但始终没有一个中文名称，而英文名称Green Spot很难被市民记住，于是绿宝有了一个中文名称——“绿宝”。为使这个从商品名称征集中选定的名字为市民记住，新新公司花了巨大精力，如新新公司把话剧剧场定名为绿宝剧场，“绿宝”得以进入戏剧爱好者的世界。新新还在自办刊物《新新画报》《新都周刊》及绿宝剧场的宣传品中反反复复强化市民的“绿宝”记忆。不懈的努力，使绿宝成为20世纪40年代上海家喻户晓的健康饮料，销量迅速上升。①

### （三）降价促销——名目繁多

薄利多销是大百货公司创造利润佳绩的秘籍。在赢利比例恒定的情况下，营业总额越大，利润绝对值也相对较大。故大百货公司经常举办大减价活动，促进销售，提高利润。

上海的四大百货公司大减价形式有季节大减价，一年举办四次，还有开业周年纪念大减价、圣诞大减价。

按照时序节令组织适令商品，是大减价的基本特点。3月上市的是春季商品，6月为夏季商品汗衫、泳衣、卫生用品，9月为秋季商品，毛衣、外套、绸缎衣料等大量上市。9月适逢中秋节，四大公司大都有广式月饼或中秋礼盒公营，12月是冬季，上市的商品有皮革、大衣、取暖炉、补品等。圣诞接着冬季大减价而来，主要供应礼品及儿童商品。店庆的时间四大公司不同，上市的商品特色也不同，新新公司1月开业，每次店庆供应的多为冬季商品。

大减价期间，为了创造营业佳绩，大公司的商品价格是很优惠的。商品折扣均为八折，也推出多种对折商品，买一送一等。

新新公司因数次遭遇业绩低谷，故对大减价寄予厚望。1930年，经历了一场几乎动摇公司根基的罢工后，公司为渡过难关，不惜工本以低价促销，原先的6个大减价变成了全年大减价，报纸上几乎天天刊载新新的商品减价消息。

除1930年的特殊时期之外，平时新新对大减价也用心经营，

① 新新的绿宝广告是值得研究的传播学案例。《新新画报》创刊号刊登了《世界唯一鲜果汁工场》，发表了十余张美国绿宝公司照片。《绿宝剧场纪念特刊》也附有介绍绿宝的详细资料。

希望通过低价促销缩短与永安、先施的差距，从广告上看，新新商品的折扣并不亚于其他公司。公司主事者还不断创造新的减价促销形式，推动销售。



多买多奖是民国时期百货商店习用的方式，但奖励的幅度或方式则各显神通，见于报道的新新公司促销奖励有以下几种：

买一送一。《申报》报道，1932 年新新的秋季大减价，每个商品部均有买一送一特廉商品，如上等百花香皂 1 元半打送半打，公司准备了 5000 打。芝兰香皂 1 元半打送半打，准备了 5000 打。1 万瓶法国 Stephen 白兰地，原价每瓶 1.4 元，优惠价 1 元 1 瓶赠送 1 瓶。1 万瓶葡萄牙 SSS 葡萄酒，原价 1.4 元 1 瓶，减价为 1 元 1 瓶赠送 1 瓶。①

凭购物发票享受多种优惠。为鼓励顾客多购物，新新公司对发票动起了脑筋。只要达到一定的金额，可享受多种优惠，如凭发票领取奖品。据报道，新新公司成立 9 周年纪念大减价推出减价大赠送，购货满 1 元即可领奖品。发票凑足 500 元者，赠送钻石戒指。②1934 年 2 月 3 日新新八周年纪念大减价，积发票满 20 元者，送航空券 1 条，1934 年 4 月 30 日，夏季大减价，烟草部凭当日发票 1 元以上，可买白金龙香烟一种，50 支装克雷斯烟 2 元 3 听，另加送 1 听。



连环双赠双奖，即在商品已打折的情况下，对购货金额达到一定数值的顾客再给予奖励。如报道，大减价期间有三大优惠，举办连环双赠，“凡购物发票凑足 1 元，赠送一角半代价券一张，用赠券购货满 1 元者再送一角半代价券 1 张。凡购货满 1 元者，除赠送

① 《申报》复印本（295）784 页，1932 年 8 月 31 日。
② 《申报》复印本（324）77 页，1935 年 1 月 5 日。

代价券外，加赠金星奖券1张，金星奖券开奖后，有获得钢琴、收音机、汽车等希望”。①

除以折扣促进销售之外，大减价期间，还推出新颖的促销方式。

1934年11月大减价期间，新新公司与金星广告公司合作推出有奖销售，凡顾客在全市41家公司（包括新新）购物均可获赠奖券，摇奖后中奖者有机会获得（一）特别轿车辣斐汽车一辆；（二）时代大钢琴一架；（三）两用新式无线电盒装留声机一座；（四）留声机连落地箱一座；（五）自行车一辆；（六）与头奖相同之别组号各赠礼券10元。

活动开始后，六种奖品便陈列于新新公司底层店堂内，吸引了无数目光，一月后，新新与金星公司在大都会舞厅举行公开开奖仪式，第二天中奖号码登载在《申报》、《新闻报》上，开奖结果，一、二、五等奖均为新新公司的顾客所得。按概率论推算，这表明，新新销出商品和发出的奖券都是最多的。

举办国货特别展销会是新新公司的创新，1926年，开业不久便在屋顶花园举办国货展销会，20世纪30年代起，公司迫于资金压力，加大了国货销售力度。

据报道，1933年12月的非常大减价，新新公司在四楼创设国货产销合作大市场，商品数百种，价格惊人便宜。这是一次上海十大绸厂的联合展销，包括辛丰织绸厂、上海印花厂、龙翔织绸厂、振业丝绸厂、元丰织绸厂、美亚织绸厂、震旦丝织厂、烈丰丝织厂等。其中美亚织绸厂在丝绸业中居于头等地位。

① 《申报》复印本（322）59页，1934年11月2日。

此后，新新在大减价期间，多次举办国货展销会，推进国货销售。1934 年 6 月 12 日，夏季大减价期间，公司仍在四楼开办国货市场，为提倡国货，“凡在本店购货满 1 元者，作洋 5 元，可到四楼领取代价券，在国货市场任意选购商品，不取分文”。

1936 年，大减价期间的国货市场改为半元货品倾销场，设在三楼，进场商品全部是国货，7 月 5 日开幕，申报刊载了半元货目录，半元可买的商品有：

旗袍料两件或德国六开洋刀两把、条子纺裤料一条、美术玻璃花瓶 1 只、各种美术灯罩 1 只、刻画玻璃果罐 2 只、全白真丝手帕 5 条、老牌大瓶茉莉头水 2 瓶、双妹牌花露水 5 瓶、真麻纱舞袜 1 双、加重洗面毛巾 5 条、通花麻纱袜套 5 双、刻花玻璃水杯半打。①

半元货品倾销场内还附设廉价货部，商品分为 1 角、2 角、3 角、4 角、6 角、7 角、8 角、9 角、1 元。

针对特殊的消费群体进行促销是商场经营必须恪守的原则，上海的大百货公司在这方面都是优等生，运用之妙，自出机杼。为促进化妆品销售，永安、先施均在店内提供化妆表演，由好莱坞化妆师现场示范。先施、永安还多次在店堂内设立舞台，举办时装表演，促进面料和时装销售。对永安和先施已成熟的促销方式，新新公司没有一味模仿，而是积极动脑，力求出奇制胜。

1937 年 7 月 28 日，新新公司为推销美国 Allen 游泳衣，特地在四楼举办游泳姿势表演，店堂内搭建起小型泳池，数位美国女性身着泳衣，逐个入水表演各种姿势，把电影《出水芙蓉》的场面搬到商场。当然观众要一睹异国女性的胴体或学习游泳姿势，是要付

① 《申报》复印本（342）105 页，1936 年 7 月 4 日。

费的，门票一律4角，奉送各式汽水1瓶或冰淇淋1杯、两江游泳券1张。表演1天举行2场，第一场下午5点半至6点半，第二场晚7点至8点。这次活动的本意是促进新新代理的美国Allen泳衣，为了造势，新新在形式上玩了新花样。①

说到泳衣销售，不妨做些引申。女子游泳作为一项体育项目得到普及约在20世纪二三十年代。1933年，南国“美人鱼”杨秀琼以15岁年龄夺得全国冠军，轰动了全国，杨秀琼健美的身材一时成为国人对新女性的身体想象，女性以健康为美的观念逐步被认可，游泳也得到不少女性的喜爱。至1937年，上海已建有公共游泳池十处。游泳普及后，相关用品也开始销售。惠罗公司先前即在店堂举办过女子着装（泳衣）表演，开风气之先。新新后来居上，把写意变成写实，游泳池建在店堂内，可谓敢作敢为。

少年儿童是大商场的另一重要客源。不论贫富，小孩永远是父母的心头肉，但凡有一丝可能力求满足他们的需要。这是大公司不可不重视的生意。1932年之前，中国并没有法定的儿童节，商家是把圣诞作为儿童用品的促销节日来经营的。最先开发这一商机的是惠罗等沪上外国百货公司，每年圣诞，惠罗公司总不忘在店堂内开设儿童购物专区。受此影响，永安、先施等大百货公司也竞相举办圣诞大减价，推出各种成人礼品，也设立“儿童乐园”“儿童世界”来吸引少年儿童。

新新公司为分享这一市场，对圣诞儿童商品的销售十分重视，公司深知空间对儿童的吸引力，不惜工本在商场内制造一个有足够吸引力的儿童花园，有小桥、小溪、绿树滑梯、秋千、跷跷板等，

① 《申报》复印本（354）707页，1937年7月28日。

以吸引儿童及年轻的妈妈。

1934年国民政府确定为“儿童年”，11月13日新新公司特辟整个三楼为“儿童幸福世界”，搜集中外各大名厂最新出品的儿童玩具，集中展销，其中有康元发条玩具、魏顺记各种车马、大中华代胶玩具、永和实业社橡皮玩具、义兴昌各种车马、新艺教育玩具、卫生社台上钢琴、中兴活动木玩具、森泰各式钢椅、新生新式帆船、大中华洋琴。①

为了造势，新新特聘明星来加盟，应聘的有20世纪30年代中国的著名童星黎铿及歌舞童星玲玲、珊珊。黎铿作为开幕式开幕嘉宾、玲玲珊珊每日下午演唱世界最新式歌舞。

开幕之日，举办儿童聚餐会，以后每逢星期六聚餐一次，凡儿童携有本商场当日发票1元以上者均可参加聚餐，不另收费。年轻的母亲进入到理发室理发者，可携儿女一人免费理发，带小孩光临幸福世界者，每位儿童免费赠送奶油饼干一包。

这届儿童幸福世界共举办了21天，新新电台每天间断播送商场消息。





## 三、附属事业

大百货公司作为全新的商业业态，具有多元经营的特点，除百货商场外，大都设有附属事业，诸如旅馆、酒楼、娱乐场、保险公司、储蓄部、理发室等。这种以一业为主，带动多种附属事业的经营模式在全世界许多大都市得到复制，上海的四大公司也不例外。

① 1931年国民政府颁布法令确定每年4月4日为儿童节，1932年中国各地始举办活动，欢庆中国自己的儿童节日。

新新公司创立后，按照这一模式，开设了不少附属事业，计有旅馆、游艺场、酒楼、舞厅、储蓄部、理发室等。附属事业的设立扩大或延伸了服务领域，与民众的日常生活建立起更多的联系。在经济收益上，也是不可缺少的补充。

### （一）新新旅馆——挤占高档旅馆业

四大公司均附设旅馆，档次居于一等，客房数量则属于中等旅馆。

新新公司开业之初的旅馆设在后座的三、四两楼，有客房 70 间，到了 1927 年已不敷使用，董事会乃议定将五楼亦改为旅馆，客房数也增至 100 间。设施一流，侍应生训练有素，加上地理位置上的优势，客房出租率较高。

上海的高档旅馆住客，除外埠来沪的旅客外，本埠富裕阶层尤其是商人喜欢在旅馆开房，进行社交或休闲，受经济景气度的影响很大，市面景气，开房间的商人必然增多，反之则大幅减少。有关新新旅馆的营业收入状况资料不全，据我们收集的资料，与游艺场及酒楼大致相当：

单位：元

| 机构营业收入 | 1931 年 | 1932 年 | 1933 年 | 1937 年 |
|---|---|---|---|---|
| 游艺场 | 220467 | 220984 | 20 万 | 113000 |
| 旅　馆 | 177519 | 201667.98 | 171172.75 | 153000 |
| 酒　楼 | 175502 | 173572.95 | 165495.45 | 237000 |

在上海的旅馆业中，新新的口碑是不错的，黑婴的小说《上海的 Sonata》主人公从海外来到上海，下榻的就是新新旅馆，表明它在海外华侨中是有影响的。从旅客的心理来说选择新新旅馆有许多方便，新新酒楼在二楼，吃饭很方便。娱乐有两个剧场，还有舞厅

和理发室、洗衣房，设备均从国外进口，在上海是一流的。

### （二）游乐场所——新都剧场繁盛一时

早期的英美大百货公司大都附设剧场、影院及其他游艺场。师事西方的上海四大百货公司也如法仿效。先施设先施乐园，永安设天韵楼，新新公司开业后也设立了游艺场，名新新花园，又名新新屋顶花园，1926 年 2 月 18 日阴历初一迎客，设在六楼，同时在楼顶辟建人工花园，垒石引水，筑院莳花，精致幽雅。

新新花园设新声大剧场，专演京剧，中华厅演出男子新剧，书场分别演出苏滩、女子双簧、京韵大鼓、群芳会唱、魔术及四明文戏（即宁波滩簧）等，南北书场以少林拳、单弦拉戏、女子新戏为主，西书场以滑稽、时事申曲等为主。

京剧是游艺场招徕顾客的主要剧种。20 世纪 20 年代的上海娱乐市场，京剧演出最为火爆，全市出现了多家专演京剧的场子，吸引了众多京城名伶南下，但专业剧场票价贵，非普通市民能够承受。上海的游艺场瞄准这一需求，纷纷聘请戏班，常年驻场演出，票价仅为一流剧场的三分之一或四分之一，生意兴隆。新新的大京班曾演出多本《狸猫换太子》，但戏班的活儿不精，市场号召力有限，当时的戏剧评论认为，上海游艺场的大京班，新新的等级最低。相反天韵楼及先施乐园的大京班因待遇较为优厚，能吸引二线明星加盟，观众踊跃，锣鼓终年不断。

苏滩是 20 世纪 20 年代很受江浙市民喜爱的戏曲，分为前滩、后滩，前滩为短篇唱曲，内容无所不包，后滩源于昆曲的曲目，唱词典雅，苏滩名家庄宝兴等人在上海广受赞誉，上海各大游艺场有一个时期很看重苏滩带来的人气，争邀苏滩名家驻场演唱。

新新花园的苏滩戏班未见名角，市场号召力十分有限。

新新花园最好的戏剧品种是新剧，由钟社长期演出，新剧是从戏曲向话剧过渡的戏剧形态，如以时装演出，对白话剧化，以时事入戏等，但仍残存旧剧的痕迹。钟社的新剧得到时人的较高评价，得益于该社编演了多种原创剧目。形式上又比较注意观众的欣赏习惯，如排演了连台新剧，照顾观众喜爱长篇剧情戏的趣味。钟社在新新花园的演出将近十年，演出过大量剧目，1927 年演出了《张汶祥刺马》、《河东狮吼》、《张勋》、《玉堂春》、《珍珠塔》、《天涯芳草》等。

在与天韵楼、先施乐园的竞争中，新新花园长期落败，花园的票价虽与天韵楼、先施乐园一样均为二角，经常进行买一送一促销，实际票价为一角。据报道，四大公司的游乐场中，天韵楼每日可售出门票 10000 张，先施亦有六七千张，大新游乐场二三千张，新新最差，最佳时维持在一千六七百张，“最少时只售四五百张”，以整整一层楼面，一天的收入区区百多元，连付人头费都不够。

公司对新新花园作过多次调整，始终无效，以致越改越差，个中原因，知情人指出和新新的财力不足有关。一个游乐场能否招徕观众，关键戏码要响，角儿要好，大京班的档次名声是游乐场能否在竞争中胜出的要素。但聘请名家名戏班，包银要比一般戏班高出很多，正是在这一点上，长期受现金支绌困扰的新新公司无法与永安、先施竞争。例如媒体对永安的大京班颇有好评，认为戏班“破形整齐，各游艺亦佳，设备雅洁，为沪上各场冠”。

最终，新新公司管理层对新新花园采取改营方法，1939 年永久关闭新新花园，将六楼改成中餐部，七楼改成西餐部。另建新型游乐场——新都剧场，因剧场四周呈清淡素雅的紫罗兰色，故又称“紫罗兰宫”，专演申曲。

申曲起源于本滩，一种上海地区流行的民间演唱，又称“花鼓戏”，19世纪末从上海四郊进入租界茶馆演出。当时进入上海的地方戏曲还有锡滩、苏滩、甬滩，为示区别，改称“申滩”。1914年，申滩演员施兰亭、邵文滨等倡导申滩改良，易名“申曲”。申曲用沪语演唱，拥有大量的观众。自广播电台在上海问世，申曲就是电台收听人数最多的播音节目之一，播出时间之长可与评弹相比。申曲主要在中小剧场演出，全市没有专演申曲的一流剧场。新都剧场的设立为申曲提供了一个演出中心。整座剧场设施堪称一流，一位作者写道：

> 如果不是经过一次实地的参观，那么，新都剧场戏台上所配置的灯光设备，几乎是太不易使人相信，那是一种奇迹。
>
> 三原色自动灯光在上海还是最新型的设备，因此紫罗兰剧场，不仅是不同于一般的剧场，而且也是项进步最完美的理想的高尚娱乐场所。
>
> 因了声浪的调节，场顶完全用圆弧形制成，这是一座最进步的现代剧院，饰以古代的图案，自然够完美啦。

在新都剧场长期演出的筱文滨演剧团，1938年9月由筱文滨、筱月珍主持的文月社扩建而成，先后拥有杨月英、王雅琴、凌爱珍、邵滨孙、顾月珍、小筱月珍、丁是娥、杨飞飞、石筱英、筱爱珍、汪秀英、金耕泉、解洪元、王盘声等演员。因阵营强大，曾分团在多个剧场演出。

除新都剧场之外，新新公司还兴建了一个专演话剧的专业剧场——绿宝。剧场的投资花了2万元，物色了一家拥有范雪朋、朱秋痕、田心、陈秋风、钱曼丽等话剧明星的职业剧团驻场演出。公司还聘请了著名话剧艺术家顾梦鹤加盟共同开拓演出市场。①

剧场的设施按当时的标准达到了一流，剧场开演后，媒体的赞扬声不少，如称绿宝不仅“以舒适第一的座椅执海上游艺界的牛耳，仅在布景一项，踏遍戏剧界也比不上他那巨额资本”。

为吸引观众，绿宝每五六天演出一个剧目，五天结束，必换新戏，频繁上演新剧，以吸引观众。但频繁上演新剧目带来了很多困难，一些剧目往往尚未排练成熟就不得不仓促开演。剧本的不足也是问题，为此，公司聘请了多位著名编剧，为绿宝编剧。如顾梦鹤应邀创作了《天之骄子》，范烟桥编写了《大学之道》，周怡白提供了《北地王》剧本，这些剧作格调较高，与偏重揭黑幕和桃色事件的流俗“截然不同”，提高了绿宝的声誉。②

上海沦陷后，游艺界畸形繁荣，绿宝剧场的票房收入显著增加。在艺术上，绿宝演出剧目开始向纯粹的话剧转型。原来，绿宝开业初期，虽以“话剧剧场”标榜，就其演出风格，尚与正宗话剧不同，只能算是“改良文明戏”，即比20世纪20年代的文明戏稍接近话剧，不是严格意义上的话剧。1943年，绿宝剧场聘请中实剧团驻场演出，该团拥有一批优秀话剧人才，计有邵华、仇铨、陆露明、李绮年、林默予、狄梵、谭汶、谭蓉、安娜、郭震、陈漪、雷鸣、费茵等。③

1944年，中旅话剧团接替中实剧团，同时在包括绿宝在内的上海三个游艺场演出话剧。中旅全称“中国旅行社附属话剧团”，

---

① 《绿宝剧场招待席速记》，《戏剧杂志》1938年第2期。

② 《绿宝提高编剧水准》，《艺海周刊》1940年第28期。

③ 《绿宝剧场雄心勃勃》，《新都周刊》1943年第7期。

是上海最著名的话剧团体。领导人唐槐秋，人呼“唐老头子”，其女唐若青系剧团台柱，抗战爆发，该团离开上海，到各地演出。1944 年回到上海，掀起了一股旋风。①

(三)从新新酒楼到新都饭店——开创餐饮经营新模式

酒楼无疑是新新公司最重要的附属事业。据称战时仅新都饭店与百货商场一天的营业额就达到 50 万元。酒楼在公司经营业绩中的地位由此可见。

公司附属酒楼的历史经历了三个阶段，即 1926 年至 1939 年的新新酒楼，1939 年至 1941 年被烧毁，名新都饭店。1942 年至 1949 年改组为新都饭店股份有限公司。

1942 年改组后的新都饭店，经历了一年的鼎盛时期，饭店推出音乐助兴，在上海刮起了一股旋风。从此，上海的高档酒楼几乎均采用新都的经营方式，到饭店不仅可果腹，还能享受娱乐，上海的餐饮进入了一个新时代。奠定这个时代基础的是巨大的资金投入，动辄百万以上的资金，使餐饮业成了吸金机器，饭店的规模、设备及服务水准都大幅度提高。始作俑者，正是新都饭店。

1. 1926 年至 1939 年

上海因五方杂处，各种地方菜系在上海都有菜馆，如宁波菜、徽州菜、淮扬菜、川菜等，以粤菜最为著名。

粤菜 19 世纪 70 年代即登陆上海，著名的酒家有杏花楼等，宵夜馆不知其数。粤菜用料讲究，精致入味，且餐具雅致、洁净，店堂豪华气派，逐渐成为上海最吸引人的菜系。

三大公司都有附属酒楼，先施名东亚酒家、永安公司名大东酒

① 《祝“中旅”接收绿宝》，《中旅团刊》1944 年第 1 期。

家、新新公司名新新酒楼。三家酒楼在上海酒菜业中均处于高端地位。

三大公司的酒家中，新新酒家是后起之秀，最初大东酒家的名声一直在新新之上，新新公司因百货主业无法与永安、先施竞争，对附属事业的经营格外重视。

新新酒楼位于公司的2楼后半部，场地面积比东亚、大东宽敞，菜肴口味和餐厅的服务水准均不亚于东亚和大东，颇受市民青睐。战前杜月笙给儿子办婚礼，在全市找了半天，最终选择了新新酒楼，从此名声大噪，也一定程度促使公司管理层加大对酒楼的投资。

2. 1939年至1941年

1939年新新酒楼改名为新都饭店，进行了大规模的扩建。投资额达到万元。整个饭店竭尽奢华，设有茶室、礼堂和中菜部以及玻璃电台等。

茶室有50多张桌子，可同时容纳300多名顾客品茗。如果开宴会，则可坐600余人。礼堂在茶室的右面，可举行婚礼喜庆的堂会。礼堂接连着中菜部的七个房间，名绿宝厅、明星厅、康元厅等，绿宝厅的装潢设计由经理萧宗俊亲自操刀，是一间如玻璃电台大小的筵席房间，辟有雍容华丽的客厅作休息室。另外两小间分成男女两席。“在上海，那里精美装潢的设计是破天荒”。绿宝厅的四墙用上等的路库喷漆喷成，窗格、风扇、墙壁、天花板分别采用浅绿、深绿两种色调，厅内的家具也精心挑选。此外，灯光和纱幔都匠心独运，绿宝厅成为上海最高档的餐厅。“上海最时髦、最高贵宴客必到绿宝厅”。

新都饭店最吸引人的是茶室环绕的玻璃电台。玻璃电台平时用咖啡色窗幔遮蔽，播音时拉开，坐在茶室品茗，播音室内的动静一清二楚。电台经常请明星前来客串播音，边听播音、边欣赏平时不易见到的明星，其乐何如。玻璃电台是新都饭店吸引顾客的利器。

从1939年开张，新都饭店的生意一直十分兴隆。不幸的是，1941年夏，一场大火把中餐厅烧得面目全非，玻璃电台亦被殃及，不得不停业。据统计，这场大火损失达70余万元，尤其是停业数月，损失更难以计算。

3. 1942年至1945年

中餐部停业后，维持营业者，仅七楼西菜一部分而已，为谋恢复原状及便于管理与组织之统一计，遂由杨富臣、萧宗俊、顾国华、雷家陶、杨衍锟、李泽及李贤影等15人发起，改组为新都股份有限公司。1942年4月中旬开始筹备，由新新公司总经理李泽与美华酒家之李贤影为正副筹备主任。

新都股份有限公司公司筹备之初，资本额定为100万元，后因股东认股踊跃，逾额颇多，改资本额为国币120万元。未几又增至国币140万元、150万元。至开创立会时，公司资本额已改为国币160万元，计分16000股，每股票面为国币100元，一次收足。而且股票在公司筹办之初，股款收据已流通市上，价格由国币120元之底盘做起，迨该公司于5月中旬假该公司西菜部开创立会时，股票价格已涨至国币160元上下，足见投资者对该公司的前景十分看好。

改组后的新都饭店最先开张的是6楼中餐部，不久将七楼西餐部也并入。

从一开始，李泽就强调酒楼业企业化，要求按照现代企业方式来管理饭店。第一步就是强化公司的组织机构。菜馆的组织向来非常简单，为加强工作效能，总公司特设立总管理处，分六科办事，经协理下面的科主任，都负有极大的责任，“总管理处统筹所属饭店各部分的事务，是个最高行政机关，像是一个政府的行政院”。

准确的定位是企业能否占据市场、持续发展的必备条件。改组后的新都饭店提出了一些新的口号，一是要成为上海的“粤菜首都”。上海的粤菜馆至20世纪30年代已成为第一菜帮，上海雇员在100人以上的饭店几乎都是粤菜馆，足见粤菜在上海受欢迎的程度。新都提出成为粤菜首都，在业界力争第一，反映了李泽的雄心。从新都原有的基础来说，也是合理的。第二，新都提出要成为上海的“社交中心”。酒家不仅是个吃饭的地方，应同时是亲朋好友乐意相聚的去处。按照这个要求，饭店除让来客吃得好之外，还要增加一些休闲娱乐活动。公司毗邻西藏路，处于南京路东西连接点上，从全市不同地点来新都都很方便。此外，当时的西藏路南京路周围分布着密密麻麻的消费场所，如舞厅、酒吧、咖啡馆、酒家，是上海最繁华的休闲区。提出社交中心的口号，从新都的地理位置来说，也是合理的。东亚、大东三家酒楼虽然与西藏路也只有咫尺之遥，但在场地上新都更加宏敞，硬件设施也更好，因而更有条件成为上海的社交中心。此外，此时提出办一个社交中心，可以说适逢其时。1942年的上海涌入了大量的难民，面对山河沦陷，不论是难民还是市民，都有一定程度的精神疾患，忧郁、激愤、绝望，不一而足。年轻人的压抑或许更甚。同是天涯沦落人，相同的命运，很容易把人汇聚到一起。因此当时全市的茶室、咖啡馆无不利市三倍。新都饭店提出成为上海的社交中心，准确抓住了市场的需求。新都的第三个口号，站在时代前列，充当先锋，发扬创新精神。新都以数百万投资开办酒家，本身就是创新，它还同时提出在经营上要大胆创新。与1939年的新都相比，这是一个新的口号，表明新都的主事人清醒意识到自己的使命，要在中国引领餐饮业的潮流。新都这样说，也这样做。新都首先推出的全新营业方式——以音乐助兴，一年之后在上海被同行广泛模仿。

新都能够做到上述的一切，原因很多，最主要的有两点：

一是汇聚一流人才共创大业，新都饭店在人才的吸纳上十分尽力。厨师与一家酒家能否成功关系甚巨，顾客到饭店，吃还是第一位的，没有好的厨师，菜肴无味，很难吸引顾客。新都的厨师阵容之强在沪上是出名的，其中名声最响的无疑是西厨麦瑞。

麦瑞，真名奥桑罗泼，法式西菜厨师。1925年来上海，开设一家名叫麦瑞的饭店，深受上海中西仕女的喜爱，有“圣厨”之称。麦瑞其实是个相当有来历的厨师。在法国时已获大名，他15岁时即担任法国麦茜酒店的首席厨师，烹制的“腓力牛排”受到法国外交家白里安氏的赏识。政界名流如李顿、陶尔斐斯都喜欢尝他亲手烹制的菜。后在伦敦担任罗伟饭店的厨首，在维也纳主持帝国旅馆的大厨房，在澳大利亚“葛伦饭店”担任监制。麦瑞曾与一酒店歌女相爱，恋爱中他献给情人的不是一首情诗，一阕梦幻般的乐曲，而是一道菜肴“咖啡鸡饭”。由此麦瑞获得“世界齿舌大情人”的徽号。一对曾经山盟海誓的情侣并没有终成眷属，歌女为此殉情而死。麦瑞怀着无法排遣的忧伤，远走他乡，到了孟买。第一次世界大战爆发，他为了纪念已死的恋人，走上战场，决心一死了此余生。结果是他失去了一条腿，战争便结束了。随后麦瑞来到上海，开始了新的生活。麦瑞的代表作为三道法式名菜：腓力牛排、咖啡鸡饭、法国猪排。他主持新都西餐部后，这三道菜成了饭店的招牌，不仅本埠的中西仕女慕名而来，闻其大名的外国游客也必欲一尝。①

中菜是新都饭店的重点，公司以“粤菜首都”标榜，自然不能不努力打造梦幻般的厨师班子。据报道，新都饭店厨房面积约占餐厅的三分之一，余下的空间分为十多间餐厅，可摆放近百张餐桌。偌大的餐厅需要的厨师也相当可观。按照专业化分工，厨房分为八个部门，每个部门都由高手领衔：（一）砧板。在厨房中地位重要，所有菜单都要汇总到砧板部，由切配厨师按照单子分料、切配。（二）冷藏。卤味烧腊包括整桌菜式，冷盆都由冷藏部负责，依各种材料的性质形状色泽配成一品上佳拼盘。（三）炒炉。粤菜花式繁多，除蒸炖烧烤的菜式另有人主理外，大部分菜式都归炒炉部，菜的色香味、火候、镬香，是炒炉部的主要任务。（四）烧烤。挂炉大鸭、脆皮乳猪、酥炸凤肝，即烧烤部的杰作。（五）扣炖。粤菜中汤水颇看重，扣炖部便是专掌汤水，如凤足花菇、花菇双雄、鲍鱼山瑞等。（六）水台。专司宰杀生禽鸡鸭鱼蟹。田鸡水鱼白鸽鹌鹑，皆由水台部处理。（七）西厨。粤菜吸纳了不少西方菜肴，如焗乳鸽、烟鲳鱼、牛油焗青鱼，视为西式中菜。（八）点心。粤式点心品种最为丰富，备受各地食客欢迎，如叉烧包、马蹄糕等。西式点心有奶油蛋糕、什果白粉冻、奶油布丁。八个部门的主持人个个为业中高手，砧板冷藏部由樊良、赵良两人负责。炒炉部有名厨麦桥。烧烤、扣炖由江竹平、谢华分别主理，活杀能手区满专司宰杀。西厨黄发、点心师傅黄海华都是“驰名遐迩的双绝”。八个厨司部的部长不仅善于管理，且对粤菜有精深研究，不时有新

① （美）史密斯作、夏戈译：《一位美国著名新闻记者笔底下的描写：新都饭店豪华的家庭乐园》，《家庭良友》1940年第3卷第1期。

的改革菜肴推出。如 1942 年圣诞推出的国际名菜、春末夏初点心单中的油蚕豆、冷盆中的咸甜胡桃、广厨川菜的干炸牛肉丝都得到了顾客的一致青睐。①



顾客到酒家，除了希望吃得好，还希望得到可心的服务。服务质量同样关乎酒家的声誉。新都饭店职工近 300 人，以餐厅职工为多数，如何统领这支侍应生队伍，学问不小。关键还是要找到合适的管理者。新都饭店聘用了四大领班，分司餐厅东西南北四个部分的侍应生管理工作。四大领班由公司从上海各大酒家设法挖来。从业多年，性情温和，头脑冷静，具备良好的沟通能力，善于调解矛盾，为提高饭店的声誉起了不小的作用。

领班在一流大酒楼的地位非常重要，电影《午夜暗涛》对此有精湛的阐述。新都饭店的总领班周氏曾在日本首相犬养毅官邸当过服务工作，归国后先后在新亚、新雅等一流酒菜馆担任领班，有较高的职业素养，"使他养成最有礼貌的习性"，一口日语说来如日本人一般流利。

东部领班潘国祥精英语，西部经理董镇贵短小精干，允文允武，前组季秀章勇于负责，耐劳吃苦，后组韩国培不愠不火，沉着稳重，语言幽默，四大领班各有一批老顾客一定程度确保了饭店的营业额。②



新都饭店也从其他酒家物色有资质的女侍应员，以提高服务质量。

二是不惜工本，在硬件设施上，力争一流。

不惜工本是上海粤商的鲜明性格，四大公司投资都在数百万元

① 董镇贵：《厨房组织与研究》，《新都周刊》第 19 期，第 345 页。
② 《四大领班：新都人物志》，《新都周刊》第 16 期，第 297 页。

以上便是明证。在新都饭店的经营上，同样可以看到这种精神的闪光。为了打造升级版的新都饭店，公司在装潢设计上不惜重金，把酒楼打扮成一座美轮美奂的宫殿，产生了强大的广告效应。

重新装修后的新都饭店比之 1939 年的旧新都，明显上了台阶，无论是餐厅装潢还是环境布置和灯光设计，都力求体现上海的最高标准。

先看装饰布置。整个新都饭店装潢按当时标准称得上富丽堂皇，餐厅既有大厅，也有小间，如现代厅，装潢风格透出现代气息，以流线形为主。古代厅则古色古香，新都的花草盆景由著名的园艺大师周瘦鹃亲自设计，墙上还恰到好处地挂着艺术作品。见于报载的有周复林的油画、黎文坤的扇面。

灯光是调节气氛、制造情调的重要手段，新都饭店为吸引年轻的顾客，不惜工本，设置豪华的灯光系统，不同的餐间有不同的灯光设计，不同的时段展现不同的灯光效果。如新都夜谭咖啡座，每晚 10 点开业，为制造梦幻意境，10 点之后实行灯光管制，时间一到，灯管全部熄灭，接着四周渐渐地发出另外一种柔光，整个环境似换了一样。



三是勇于创新。

重新开业的新都饭店以创新的精神推出了五种以音乐助兴的餐饮品牌，即爵士午餐、君子茶座、华贵晚宴、新都夜谭、喜相逢。

爵士午餐，每日中午 12 时至 2 时半，供应中菜，配有咖啡，现场乐队伴奏，歌星演唱，乐队乐曲以爵士为主，有兴趣的顾客还可下池跳上几圈，爵士午餐针对的是公司职员，对办公室上班族而言，工作到半途，午餐的时间不可随意打发，果腹之外，如能精神上有所调剂松弛，午后上班将轻松很多。故新都特意在餐厅安排乐队演出。希望顾客能在充满生命活力的爵士乐中得到恢复。爵士午餐的价格合理，菜点精美，加上有歌乐助兴，推出后深受公司族的欢迎，日日客满。

君子茶座。在中午与晚餐之间沪上饭店以往大多是停业的，如何开发这一时段的商机，新都饭店作了新的尝试，推出君子茶座，取名源于君子之交淡如水，供应咖啡红茶、中西名点。茶点与正餐不同，花费要小一些，适合那些喜欢交友又囊中羞涩的市民。虽然收费不多，君子茶座的附带服务并不简单，同样有乐队伴奏。从下午 3 点开始，5 点半结束。

华贵晚宴，时间晚 7 点半至 10 时。相对简易的午餐和茶座，晚宴供应的菜肴丰富得多，也是一天中新都饭店营业收入最多的时间。照样有乐队伴奏，歌星演唱。

新都夜谭，晚 10 点开始，至子夜结束。新都夜谭以茶点为主，设在六楼西餐厅。和君子茶座一样，做的是正餐之外的生意，旨在提供一种休闲性的社交场所。

喜相逢。新新七楼除西餐厅之外，建有屋顶花园，在沪上有夜花园之称。新都夜谭开业后，生意火爆，日日客满，公司以为夜花园空置，颇为可惜，遂将夜花园改成啜茗聚谈之所，取名“喜相逢”。开放时间同新都夜谭。

爵士午餐、华贵晚宴与新都夜谭都设在六楼，其中晚宴与夜谭的时间是衔接的，晚宴一结束，工作人员在几分钟内将餐厅调整成新都夜谭的咖啡座。

上海的娱乐场所聘请乐队现场演奏始于舞厅。上海的舞厅自 20 世纪 20 年代萌芽，至 20 世纪 40 年代，已形成很大的规模，高档舞厅分布在南京路、西藏路一带。有没有好的乐队是舞厅能否吸引舞客的重要条件，故各大舞厅都竞相聘请一流乐队。所奏乐曲中外皆备，以西洋爵士乐和电影插曲为主。舞厅音乐一定程度传播了西方的流行音乐，也给上海30年代的流行音乐提供了养料。

时人指出，新都乐队的演奏以爵士乐为主，新都饭店由此成为爵士乐在上海流传的重镇。

爵士在发展过程中，掺入了许多音乐元素。但其起源于黑人音乐则是一致的看法。最早的发源地可追溯到非洲，19世纪随着大批黑人被贩卖到北美，这一黑人音乐也流传到了美国。黑人在新大陆的地位极低，即便南北战争结束，取消了奴隶制，对黑人的奴役依然没有多大改变。只能从事肮脏、危险、粗重的活。心情压抑哀伤的黑人在工作之余只能把郁积的块垒在音乐中释放出来，这种表达可以是一声深重的叹息，也可以是歇斯底里的嚎叫。爵士乐最初使用的乐器有大鼓、竖笛，后来加入了西洋乐器。

爵士乐的曲调使用黑人音乐特有的抽音法，乐曲短促、跳跃，具有骚动、狂野的特征。因此，爵士乐特别适合为跳舞时的伴奏。上海的舞厅几乎都聘有爵士乐队，对舞客来说，没有爵士简直不能跳舞，各大舞厅的竞争一定程度成了乐队的竞争，哪个舞厅能聘到好的乐队，就能保证好的营业成绩。

在新都演奏时间最长的乐队是爱普庐。爱普庐乐队1943年初解散，重新组织了一支12人的乐队，队员均为各大舞厅一流乐手，继续在新都演奏。下为1943年6月6日爱普庐指挥的新都乐队演奏的一场古典音乐会的节目单，演出下午一时至二时举行，用餐来宾均可免费参加：

Italians in Algeria（Overture）... G.Rossini

Beethoven’s Trio No.1（String Trio）

Liebest reud（Violin Solo）... F.Kreisier

N.Guarany（Suite）... A.C.Gomes①



在新都演奏过的乐队还有唐乔司、康脱莱拉斯、爱皮乐队等。唐乔司乐队可能是上海最好的舞厅乐队，“唐乔司的艺术是足以傲视海上的”。乐队由当时上海著名的舞厅伴奏乐队领班唐乔司·爱琳达达（Don Jose M. Alindada）领导，唐乔司本人不仅能独奏，还能作曲，有评论认为他的作曲水平超过独奏，“他知道在每一首的舞曲里，运用着适宜的力量，和调和的情绪，那样才能使听者的情绪而受到感应”。②

康脱莱拉斯（Joaa C. Contreras）菲律宾乐师，与唐乔司齐名。除米高梅外，曾受聘大新、维也纳、都城等舞厅，一度返回菲岛，后携名乐手同来。康脱莱拉斯也善“度曲”，“能自制歌曲，拍入新声”。

曾在新都演唱的最知名的歌星非欧阳飞莺莫属，本名吴静娟，江苏吴县人。1937 年抗战爆发，加入忠义救国军，参加抗日游击战。1940 年奉命潜回上海，利用歌星身份，从事情报工作。期间曾在新都饭店及国际饭店茶座演唱。1945 年转入仙乐斯舞厅任洛平乐队歌手。抗战胜利后，在大型歌舞片《莺回人间》中代替周璇担任主角，演唱了片中的 12 首插曲，其中《香格里拉》尤受好评，红遍大江南北。



① 《申报》复印本（384）32 页，1943 年 6 月 5 日。

② 《小评海上爵士音乐领队》，《艺府》1939 年第 5 期。

# 第四章
# 如日初升　后来居上



## 一、蔡昌与“大新”梦的实现

### （一）起步悉尼——商业才能初现

大新公司于 1936 年 1 月 10 日开业，是上海南京路四大百货公司——先施、永安、新新、大新中开业时间最晚的一家。然而，大新公司作为后来者，却处处求新、声势夺人。民国时期的四大公司最终形成了如下格局：永安、大新在经营、规模方面要胜于新新与先施。尤其值得一提的是：在新中国成立后的几十年内，大新公司的后身——上海第一百货商店（上海人一般称为“中百公司”，作者）维持着上海最大百货公司的地位，成为上海商业的一面旗帜，南京路乃至上海的标志之一。当年无数人来到南京路，以走进第一百货商店为荣。此情此景，较之大新公司时代可谓有过之而无不及。时至今日，虽然第一百货商店已风光不再，但依然是南京路的标志之一。



大新公司的创立者蔡昌出生于一个极为普通的农家。蔡昌，字均泰，1877 年（光绪三年）出生于广东省广州府香山县上恭都外容茔乡（今广东省珠海市金鼎镇外沙村）。其父平时于田间辛勤耕作，还出海捕鱼，谋生方式与绝大多数当地农民并无二致。蔡昌幼时在乡间替人牧牛，家境之窘迫可见一斑。然而父亲还是勉为其难地让他进入私塾，接受了几年旧式蒙训。

香山气候温润，面临大海，雨量充沛，一派南国风光。在传统时代，香山人多以农耕、捕鱼为业，只要勉力耕作、出海打鱼，即可维持温饱。自康熙年间收复台湾后，清朝政府的海禁政策有所松弛，允许在广州与外洋各国通商贸易。乾隆中期以后，国内人口突破三亿，膨胀的人口与有限的可耕地资源之间形成了尖锐的矛盾，促成了社会危机的形成。在这种情况下，闽、粤大批农民前往南洋寻求新的生存空间。

1842 年中英订立《南京条约》后，中国被迫向世界打开了国门，被世界大势裹挟着进入了近代化的历史进程。香港的割让，首先对广东造成了冲击。包括香山在内，与外部世界的联系变得日益紧密且常态化，朝廷对此已无力阻止了。

鸦片战争结束后，广东人民前往海外谋生的势头更为活跃。由于英国在南洋、澳洲扩大经营殖民帝国，美国开发西部、修筑铁路等需要大量劳动力，吃苦耐劳、工资低廉的华工就成为绝好的“猎取”目标。由于广东临海，远洋交通便利，兼有长期对外开放及海外移民的传统，因此成为输出华工的首选之地。另一方面，历经两次鸦片战争、两广社会局势动荡，经济面临转型困局，民生不稳，民众更有出洋谋生的切实需求，官方对此听之任之，并不刻意阻挠。处于这种大潮之下，香山自不例外。

19 世纪 80 年代前后，相传澳洲发现金矿，急募矿工前往开采，报酬丰厚云云。消息传到香山，有不少男子决意前往澳洲，寻找新的生机。先施公司创始人马应彪之父即是其中一员。此后，不少香山同胞父兄相携，子弟相随，前赴后继前往澳洲。马应彪即是在父亲动身前往澳洲数年后，决计前去的。蔡昌的家庭，也受到了这股风潮的影响。1891 年（光绪十七年），14 岁的少年蔡昌告别家乡，追随兄长蔡兴的脚步，奔赴澳洲悉尼求生。

蔡兴出生于 1869 年（同治八年），年长蔡昌 8 岁。他在中国近代工商业史上的地位，与马应彪等人不相上下。蔡兴早年即离开家乡，据说曾到上海求学。19 世纪 80 年代的上海，已成长为中国首屈一指的通商大埠，中西方交融的中心。公共租界与法租界已趋于成熟，既在某种意义上可谓近代西方社会的中国移植版，又堪称具有中国色彩的近代社会。上海也是诸多粤籍人士的生息之地，其中多从事与海外贸易有关的行业，如洋行买办，或自行代理销售进口商品等。在上海的所见所闻，令蔡兴印象深刻。此后，他返回家乡，不久即与舅舅一同前往澳洲，在悉尼谋生。

悉尼虽是澳洲大都会，然市区面积并不大，19 世纪末叶时尤为如此。一出熙熙攘攘的城区，便是广阔的郊外。那里随处是空旷的土地，经营种植业得天独厚。蔡兴作为农家子弟，对于园圃之事本就娴熟。经过一番观察、思考之后，他精心挑选了一些家乡独有的蔬果品种，在异国的田园上辛勤耕耘起来。天道酬勤，不久，蔡兴的园圃里就“硕果累累”了。蔬菜、瓜果采摘后，蔡兴运往市场销售。起初，他的主顾基本为一起来到悉尼的广东乡亲。他们来到蔡兴的摊位，选购家乡风味的蔬菜、水果，调剂口味，同时也借此慰藉思乡之情。蔡兴的摊位旁，也不时有白人主妇经过。她们往往饶有兴趣地停下脚步，询问货品情况。然而，对英语尚未谙熟的蔡兴很难接待好这些顾客。主妇们发现这个中国小伙子答非所问，也就不再多问，转身离开了。这种情况对于年轻气盛、聪明好学的蔡兴是一个很大的刺激，于是他下决心掌握英语。对于并未接受过多少教育的蔡兴而言，学习英语也并非易事。他克服诸多困难，终于能够流利地用英语与顾客对话了。顾客增多，生意兴隆，数年内他就积累了一小笔资金，开始筹划进一步的发展。

此后蔡兴在商业上的进一步发展，是与马应彪紧密联系在一起的。马应彪在悉尼的经历与蔡兴相仿，且两人在行事风格、思维方式上也颇为相似。出于对彼此的认同，两人合作开设了一家名为“永生”的杂货店，仍以销售蔬果为主。在特殊的环境下，蔡兴与年长其五岁的香山同乡马应彪结成了莫逆之交。他们身上具有若干共同的品质，如吃苦耐劳、勤奋好学、节俭自律、目光敏锐、头脑灵活等。正是这些优秀的素质，使蔡兴与马应彪逐渐改善了生存处境，从最低端的出卖劳动力的苦工，成长为具有一定资金积累的商贩，进而再上升为具有实力、地位的当地华商。

1891 年，蔡兴回乡探亲，经家人一致决定，由三弟蔡昌随他一同返回澳洲。蔡昌虽然只是一个 14 岁的少年，却具有一些优秀的品质：刻苦、好学、机智、大胆等。三年的私塾教育，也总算使他不至于目不识丁。初次离乡远渡重洋的蔡昌对哥哥的经历非常钦佩、神往，决心要在遥远的异国协助哥哥干出一番事业，衣锦还乡。

抵达悉尼后，蔡昌即在哥哥开设的商店内安身立命。他从一个帮工开始，辅佐蔡兴改善、扩大经营。由于他的到来，蔡兴在郊外的蔬果种植园得以扩大规模，种植品种增加，收获量也大幅提高了。产品除了供给自家商店外，尚有不少剩余。为解决这些产品的销路，蔡昌动足了脑筋。他思前想后，终于想出了一个办法。当时，悉尼郊外尚有正在采掘的金矿，包括华工在内，有不少矿工。他们平时工作、生活在矿区，终日“沙里淘金”。平时除工作繁重外，生活也十分艰苦。矿山离市区较远，各类生活设施严重缺乏。

商店罕见，商贩也绝少涉足其间。吃、穿以及其他日用生活品只能依靠矿工们自己到市区采购，极为不便。尤其是华工，因为言语不通、情况不熟，日常生活更显窘迫。蔡昌了解到这个情况后，决定将蔬菜、瓜果送到矿山，卖给矿工。这样一来可以多少改善矿工的日常生活，二来也为种植园剩余的产品找到了销路。

考虑周全之后，立即付诸行动。蔡昌精心挑选蔬果，准备好交通工具。新鲜的蔬菜、水果送到矿区后，果然大受欢迎。除了华工之外，来自其他国家的矿工也踊跃前来购买。蔡昌深受鼓舞，他决心经常前来，将这项生意做好。在与矿工们的交易中，蔡昌的商业才能得到了充分展现。他并没有因为矿区条件特殊而怠慢了主顾们，服务热情、细致周到。他送去的蔬菜、瓜果都是矿工们所喜爱的，新鲜水灵，分量十足，而且价格公道。蔡昌将做生意的灵活性与为顾客服务结合得近乎完美。例如矿山的华工们对蔡昌的蔬果十分渴求，但是由于受到一些条件的制约，往往缺乏用于支付商品的现金。在这种情况下，蔡昌同矿工们协商，同意对方可用沙金支付。对于蔡昌而言，虽然工作量由此增加不少，但就此在矿工们中间进一步提高了声誉。由此，蔡昌在悉尼的几年里，除了帮助兄长经营外，还细心观察澳洲社会，刻苦钻研、领悟西方社会的经商之道。

而19世纪90年代的中国，面临的危机却日益深重。国家存亡危机、社会危机、清政府的统治危机，纠结在一起，造成了深重的灾难。中国各种危机的总根源，在于清朝最高统治者昧于世界大势，顽固保守，不思改革，一味只图保住自己的统治权。但时代毕竟不同了，清末统治者用“祖宗成法”进行统治除了将国家引入灾难，实际上也将自己逼入了绝境。中国被迫打开国门已半个世纪，其间国内爆发了太平天国运动，经历了边疆危机；对外则历经第二次鸦片战争、中法战争、甲午战争等几场大战。清政府虽然最终度过了上述危机，但已伤了元气，动摇了根本。它也曾推动过声势浩大的“洋务运动”，但事实证明，若不从根本制度方面入手，只从物质层面引进西方的技术、设备，连自救都做不到，更毋庸论及自强了。1894 年，一位香山同乡在向李鸿章上书无果后，果断组织了兴中会，筹划用革命推翻清政府，建立西方式的共和制国家。他就是孙中山。同年甲午战争爆发，清政府惨败。清政府推行三十年的“洋务运动”与日本的“明治维新”终于决出了高下，其统治合法性受到了摇撼。甲午战败后，举国思变，社会出现不稳迹象。在变法大潮中，又有两位粤籍人士站在了引领潮流的前列——南海县出身的康有为，以及他的弟子、新会县出身的梁启超。他们主张清政府应效法俄国变政、日本变法，实际上就是实行君主立宪制的政治变革。光绪帝被康、梁的主张打动，于 1898 年 6 月断然实行变法。他不断发布有关新政的上谕，试图推动变革。不久，表面已退出政治第一线，在颐和园深居简出的慈禧太后突然发动政变，将光绪帝幽禁，康、梁被迫亡命海外，“六君子”被斩首，“百日维新”遭到彻底镇压。然而保守派的倒行逆施根本无法挽救王朝走向覆亡的危机，未及两年，当政的保守派玩火自焚，导致义和团运动席卷华北大地，最终八国联军入侵，慈禧携光绪帝出逃西安。

无论是孙中山力说的革命共和，或是康、梁主张的君主立宪，在用近代化的社会制度改变中国现状，以图国家富强、人民幸福、民族自立这一点上是相同的。革命派、保皇派的活动据点、群众基础都在海外（清廷实行新政后，立宪派取得公开政治地位。——作者），海外华人是他们主张、行动的主要支持者、赞助者。蔡昌、蔡兴以及他们的合作者马应彪，都是变革思想的信奉者，具有爱国情怀。他们坚信发展实业、振兴商业可以救国，但前提是必须有一个近代化的政府。这是从在澳洲的亲身经历中得出的信条。蔡氏兄弟及马应彪的出身、经历，使他们对清政府的黑暗面认识得较为透彻，因此在思想上更容易与孙中山的主张取得共鸣。

### （二）香港大新——后发优势的发挥

1899 年（光绪二十五年），蔡兴、蔡昌对业务进行了整理，作出了重大抉择。蔡兴携历年积累的资金回国，寻觅发展良机。蔡昌则留守悉尼，继续维持现有经营。此时，马应彪已在香港进行了开设零售商业店铺的成功尝试，正在谋划下一步的大动作。

1898 年，英国政府逼迫清朝租借新界，租期九十九年。新界的划归，使港英管辖区域一举扩大了数倍。在英国统治时期，香港管辖的陆地面积约 1104 平方公里，其中新界地区即占 976 平方公里。新界被英国强租，是中国的深刻屈辱；但对于香港而言，在某种意义上也带来发展机遇。土地面积、人口数量的翻番，意味着香港将成为一个大都会，这会带来巨大的商业机遇。

对于马应彪、蔡兴而言，香港与悉尼的环境大不相同。澳洲社会以西方人为主体，华人属于边缘化的另类族群；然香港居民的主体是华人，与内地陆路连通，文化、语言皆相同。虽然是一个以华人为主体的社会，却受英国统治，社会管理的重任由英人承担，沿用英国的法律、行政制度、经济与社会体制。在这一点上，香港与悉尼又是相同的。对于马应彪、蔡兴等人而言，香港是大展宏图的理想之地。

马应彪计划在香港首创华人设立、经营的大型百货公司。但是仅凭他自己的力量，尚不足以完成这一壮举。于是他诚邀其他有志者共襄盛举，尤其看重悉尼时代的合作者蔡兴。蔡兴也被马应彪的蓝图所打动，带着自己的资金和智慧再度与马应彪展开合作。1900年，香港先施百货公司开业，开创了华人设立近代百货公司的先例，为中国零售商业史上具有划时代意义的事件。蔡兴作为公司的创始人之一，曾长期任总行董事局主席。香港先施公司在华人如何经营百货公司，如何将西方的商业理念、管理制度与中国传统的商业、文化习俗相结合，并有所创新方面进行了大胆、有效的尝试。蔡兴为此付出了很大努力。这些经验，为此后包括大新在内的四大公司乃至近代中国百货业的顺利发展，都发挥了举足轻重的作用。



鉴于香港先施公司营业状况蒸蒸日上，亟须精通业务且有志于此的人才加盟。1901年，蔡兴致信仍在悉尼的蔡昌，嘱咐他速回香港，加盟先施。蔡昌对马应彪、蔡兴在香港创业的详情很熟悉，也很了解先施开业后的盛况，早就有意进入公司工作。他来到香港，在先施公司一干就是近十年。起初，他只是一个普通的营业员，后逐步上升至管理层任职。在先施工作期间，他认真观察、钻研大型百货公司的经营、管理方法，有所总结、提炼，并果断地加以实践。由于蔡兴的缘故，蔡昌在公司内的境遇一帆风顺，职位升迁顺利，薪酬待遇优厚。普通人在这种情况下，往往颇感知足，然而蔡昌则不然。他并不是计较职位高低，薪金多寡，而是渴望有机会自己创业，建立起属于蔡氏家族的百货公司。



1910年（宣统二年），蔡昌感到独力创办大型百货公司的时机已基本成熟，不可错失良机。他与蔡兴商议，得到了蔡兴的赞许。但开设大百货公司需要巨额资金，向金融机构借贷几乎无望。于是蔡昌、蔡兴决定利用在香港、广州商界所建立的坚实人脉，向商界劝募集资。商界人士对此反应热烈，不久即募得港币四百万元，开始动工兴建公司大楼。1912 年（民国元年），大新百货公司在位于香港闹市区域的德辅道正式开张。“大新”的英文名称为“The Da Sun Co. Ltd.”，英文“Sun”的发音与粤语“新”的发音相谐，而“Sun”又蕴含着“旭日初升，大展新猷”的意味。大新百货公司的经理，就是时年 35 岁的蔡昌。自 14 岁跟随兄长蔡兴奔赴悉尼求生以来，历经 21 年，终于从一个小商店、种植园的帮工成长为近代大型百货公司的掌门人，香港商界的佼佼者。

然而此时，日益剧烈的同业竞争，对于蔡昌和刚诞生的大新公司都是严峻的考验。1900 年，先施在港创办，经十余年苦心经营，早已根基牢固、声誉卓著。1907 年，第二家华商经营的大型百货公司——永安百货在德辅道开张。创办永安公司的也是一对香山籍的兄弟搭档——郭乐、郭泉。与蔡氏兄弟更为相似的是：郭氏兄弟早年也在澳洲悉尼，而且也是通过种植、批发销售蔬果起家的。永安公司领先大新一步，也已在香港创出了声誉，站稳了脚跟。先施、永安的知名度甚至在广东也如雷贯耳，不断有客商前来两公司批发“环球百货”，用船载回内地转销。

大新与先施、永安属于同质的商业企业，而且经营模式、格局基本相同。在对方已先声夺人的情势之下，蔡昌决心用后发之势迎头赶上。后发的优势在于：可以从别家的经验、教训中有所借鉴，使自己少走甚至不走弯路。蔡昌正是这样一位经营者。他有条不紊地进行市场调查，将顾客对先施、永安以及大新的反应、评论予以搜集、整理，然后适时地对营业进行调整。例如销售同类商品，他力争使本公司经销的品牌与其他两家不同；如果价格上不存在明显优势，就力求通过广告宣传突出某一商品独特的优点。蔡昌在经营管理上极为认真仔细，事必躬亲，唯恐大新在竞争中落伍。不出数年，大新公司的业务真的呈现出“蒸蒸日上”的态势。蔡昌以“后来居上”成功地回应了“先声夺人”。

香港大新公司的成功，使蔡昌受到了极大的鼓舞。此时，他充满了自信，下一步计划已成熟于胸，即将大新公司开设到广州。而当时的广州，也已具备了使大型百货公司得以生存、发展的社会与市场环境。自清末实行新政以来，国家奖励民间兴办工商业，一时间实业大兴，中国民族资本主义终于突破重重压制，迎来了发展的历史机遇。中华民国成立后，由袁世凯任大总统。而袁正是清末新政的积极推行者，他在鼓励工商业民族资本发展方面尤为着力。袁世凯就任大总统后未及两年，第一次世界大战爆发，欧洲列强将全部经济资源投入相互厮杀，被迫放松了对中国经济的控制。已有一定基础、蓄势待发的中国民族资本就此迎来了“黄金时代”，国内的经济景气也持续好转，民间购买力、消费水平大幅提高。广东是近代以来中国经济最为发达的省份之一，自然在这个“黄金时代”中如鱼得水。

（三）广州西堤大新——成功与局限

1914 年（民国三年），蔡昌、蔡兴在广州惠爱中路（即今中山五路）购下土地，随即开始施工。1916 年（民国五年），广州大新公司——“惠爱大新”正式开业，同时公司大楼边上的一条马路被命名为“昌兴街”，以示对创立者蔡氏兄弟的纪念。该公司除了经营环球百货外，还附设酒菜馆及游乐场。但广州大新开业仍比竞争对手——先施粤行晚了两年。蔡昌对此并不甘心，他等待时机，要扳回一局。他决意在广州再开设一家大新分公司，而且务必要规模宏大、设备先进、服务周到，力争在广州百货业中居于首位，其他商家无出其右者。蔡昌是一个善于将后发优势发挥到极致的人，这一次他又取得了成功。

1918年（民国七年），大新百货公司又在广州西堤开设第二家分店，是为“西堤大新”。此后也有将“西堤大新”称为“城外大新”、而将“惠爱大新”称为“城内大新”者。西堤大新临珠江而建，是一座外表壮观、很有气势的钢筋混凝土建筑。楼高九层，楼顶尚建有三层凉台式小楼及天台，是当时广州第一高楼。其中一至七层是百货公司的商场，分门别类地陈列着包装精致的商品；八、九层则是设施齐全、豪华的旅店——亚洲酒店及其附设的国天酒楼，使客人舒心入住之余，还供应精美的粤式点心和菜肴。天台则被辟为屋顶花园和游乐场，游人可登高至此，一览广州市容全景，俯瞰珠江两岸风光；还可在此尽兴观赏娱乐节目，以消磨南国的夜晚时光。此外，西堤大新还设有其他服务设施，如理发、美发、洗浴、照相等，可谓应有尽有。总之，顾客只要踏进此地，除购物外，还可尽享“吃喝玩乐”之趣，以及其他生活服务。

蔡昌在筹划创立西堤大新之际，确立了尽可能做到尽善尽美的方针。公司大楼除了外观壮丽、高度为当时广州第一之外，内部装潢也堪称富丽堂皇，一些设计充满了现代感，有的甚至堪称奇思妙想，令人赞叹。例如大楼内部有独立设置的供水、发电设备，可以不间断地供应充足而清洁的用水，在遇到断电等特殊情况时依然可使整幢大楼灯火辉煌。

西堤大新既享有广州第一高楼之誉，同时也充分照顾到了顾客在公司内上下通行的舒适与便捷，并为此进行了精心设计安排，安装了四部升降机专用于客人上下，免其攀爬之苦。此外，为驾车前来购物的顾客还设计了一条奇妙的汽车通道，汽车可由底层直接往上驶入四楼的停车场。这种设计所具有的前瞻性，不得不令人赞叹。

西堤大新当之无愧地成为华南规模最大、最为先进与富丽堂皇的百货公司。其营业额居于同业之首。大楼内整日游人如织，白天人头攒动，入夜则灯火辉煌，照耀得临近的江面金波荡漾，一派升平华丽景象。顾客中不乏经常出入的社会名流，如鲁迅就曾携许广平到亚洲酒店享用过粤菜。西堤大新公司集购物、娱乐、休闲、餐饮、社交、民俗活动为一体，成为广州商业、城市文化、社会生活的一个标志，代表着一种生活方式。大新、先施的这种经营模式，在广州时期逐渐成熟，后成为上海南京路四大公司的通用模式，影响深远。

大新公司在广州的经营取得了极大的成功。回首香港大新百货公司创办之初，仅有股本40万港元，但自从广州的两处分公司尤其是西堤大新开业后，不出十年，港、穗大新百货公司的资本就累计至400万港元。30年代初，蔡昌决意北上上海，在南京路再创大新的辉煌。蔡昌之所以做出这个决定，原因是多重的。在香港、广州取得的成功，无疑使他信心大增；继先施、永安之后，香山同乡刘锡基、李敏周又于1926年在上海南京路创立了新新百货公司，形成了上海百货业“三足鼎立”的格局，这是争强好胜的蔡昌所无法接受的。但是，促使蔡昌做出开设上海大新公司的最根本原因，还是在于对上海市场的期待。而这种期待的形成，则有着深刻的社会、政治背景。

大新公司在香港、广州，尤其是在广州取得的成功，自有其得天时、地利、人和之处。明清以来，广州成为岭南政治、经济、文化中心。五口通商之前，广州长期作为清朝唯一的对外贸易口岸，得风气之先，占有对外贸易的先机，逐渐在国家经济格局中占有重要、独特的地位。1842年中英《南京条约》签订、实施五口通商后，广州在中国对外交往中的绝对优势地位逐渐丧失，由上海取而代之。但由于广东具有与海外交往的历史传统，海外侨胞人数众多、足迹遍布世界，加之毗邻香港等原因，继续保持了国内领先的社会、经济、文化发展水平。因此广州一直处于中国近代化的前沿。唯其如此，广东成为清末以来国内政治思潮、政治运动的一个重要策源地。太平天国领袖洪秀全、维新变法的核心人物康、梁，以及创建兴中会、同盟会，坚持用武装起义推翻清朝统治的孙中山，均出身广东。广州虽然是广东的省会，但它的实际地位及影响往往是全国性的。中华民国成立后，临时政府定都南京，后北洋政府以北京为首都。但是随着1917年孙中山南下广东开展护法运动，在广州成立中华民国军政府，就任陆海军大元帅以来，广州成为国内又一政治中心，孙中山、国民党统治地区的“首都”。此后数年，随着中国国民党改组成功、力量增强，广州作为政治中心、革命运动中心的地位显著提升，对全国形成了辐射作用。

（四）上海大新——商业重心的转移

二十年代初、中期广州政治地位的上升，对于促进城市经济繁荣、社会发展显然大有助益。大新公司也是这种环境的受益者。然而政治中心的地位也往往孕育着政治动乱的风险，一旦政治局面失去平衡，就会酿成社会动荡，甚至动乱，使包括商业领域的全社会蒙受损失。二十年代中国政治，既延续了北洋时代军阀政治武力至上的传统，又新增了革命运动的激进色彩，因而具有很浓重的暴力成分。同时期广州的实际情况，即对此做出了很好的说明。1922年6月陈炯明部发动叛乱，企图驱逐孙中山出广州，孙中山离开总统府登上效忠于他的海军军舰后，军舰遂向广州市区开炮，造成死伤。1924年8月，因广东革命政府扣押、收缴广州商团的枪械、弹药，导致双方矛盾激化，商团先是发动广州、佛山等地商人罢市，但革命政府只答应发还部分武器。商团遂于10月10日“双十节”当日在广州发动武装叛乱，由于当时孙中山在韶关，蒋介石等亲信将领及粤军许崇智部均出征在外，故商团武装一度控制市区。14日，蒋介石、许崇智等率部赶回广州，向商团武装发起攻击。在战斗中，许崇智所属李福林部即在西堤大新背后六街攻击商团，获得胜利。发生在此的战事，是平息商团叛乱诸战中最激烈的。所幸处于交战区域中的大新公司本身并无什么损失，算是有惊无险。

1927年4月南京国民政府成立，定都南京，意味着国民党统治中心的转移，势必造成政治、经济资源的重新配置，广州将“风光不再”。但是，经过革命运动洗礼的广州，此后仍与政治活动紧密相关。1927年12月11日凌晨，由中国共产党领导的广州起义爆发。广州起义是中共早期武装斗争史上城市暴动的经典案例，是对于国民党背弃革命同盟、血腥剿灭中共的武装反抗。11、12、13日三天，数千起义军与国民党军在广州市区展开激战。13日黄昏，在西堤大新门前，百余名赤卫队员将数倍于己的国民党军追杀至此，双方激烈鏖战，赤卫队员战斗至弹药用尽。14日，起义基本被镇压下去，随后国民党在全城捕杀共产党人及起义参与者，在街市上公开行刑。昔日革命的首都，笼罩在一片恐怖气氛之中。大新公司在这场劫难中的遭遇，目前尚无详细资料可考，但营业一度受到较大影响，这一点是确定无疑的。

总之，20年代广州社会局势可用高度政治化加以形容。这种情形，与香港、悉尼，即蔡昌所熟悉并在其中创业成功的那种社会环境具有极大的差异。实行英国社会管理制度、法制、经济制度的香港与悉尼，社会较为成熟、稳定，是经营事业的理想环境。19 世纪末、20 世纪初，华人在澳洲属于被边缘化的族群，创业、兴业颇多困难；香港是英国治下的华人社会，大新公司在此开业并收获佳绩。但是对于蔡昌等实业家而言，仅在香港安稳守成是不够的，在祖国内地创立、经营近代化大型百货公司才是夙愿。这首先是出于爱国实业家的抱负，其次才是出于商业战略的考虑。广州大新的成功与困境，激发了蔡昌继续在内地开设大新公司的斗志与决心。而在当时的内地城市中，上海具有最为理想的创业环境。

开埠之前，上海就有“东南壮县”之称，商业、手工业发达，是转口贸易重镇。1843 年开埠后，外国势力进入上海，在侵犯中国主权的同时，也促进了城市的近代化与中西之间的交流。19 世纪 60 年代初，上海已成为中国最重要的外贸口岸、经济都会，以及中西交流的窗口。城市社会的近代化步伐也由此大为加快，在某种意义上，上海是中国社会近代化的样本与标杆。较高的近代化程度以及对外开放度，富庶繁荣的城市经济，为大型百货公司开展经营活动提供了优良的市场环境。近代以来，上海传统的市政格局是“两界三方”。就某种意义而言，公共租界与法租界是西方社会在中国的移植。对于蔡昌而言，公共租界的社会环境，与悉尼、香港在本质上是相通的。先施、永安、新新三大公司相继在南京路成功营业，名闻遐迩，就是一个明证。南京路在当时已是国内屈指可数的商业通衢，属于公共租界管辖。1927 年南京国民政府成立后，上海成立特别市，地位更为显要。总之，在上海再设大新公司，市场前景极其诱人。

1932 年，蔡昌前来上海，筹划公司设立。为了全面了解行情，搜集信息，他设立了一个联络处，先派遣秘书进行前期准备工作。

一段时间后，蔡昌亲自来到上海，进行实地勘查。选址方面，几经斟酌，最终确定在位于新新公司西南方的劳合路口购地兴建公司大楼。此处属于上海近代以来的繁华地带，地价极为高昂。且在先施、永安、新新、惠罗等知名百货公司已在南京路先声夺人的情况下，继续兴建新的大型百货公司，需要相当的实力与魄力。



## 二、在商业与政治的夹缝间——上海大新公司的经营方略

### （一）商业经营与社会期待的互动

大新公司 1936 年 1 月 10 日开业，比 1917 年开业的先施公司、1918 年开业的永安公司晚了近 20 年，比 1926 年开业的新新公司也晚了 10 年。但大新公司开业后即打破了原来三家百货公司“三足鼎立”的局面。

开业前夕，大新公司在媒体上进行了宣传。例如 1936 年 1 月 9 日的《申报》既刊登了预告“上海大新公司明日上午十时开业”的广告，[①] 也刊登了题为“大新公司明日开幕营业”的新闻报道。内容如下：大新公司自总监督蔡昌君来沪擘画筹设以来，倏经年余，其全部建筑刻已落成，巍峨聿焕，式样极备美观，内部陈设亦极新颖宽敞。从第一层起，有电动扶梯连贯直达三层，尤为特色。兹定于本月 10 日开幕，即日开始营业。届时将发售兑货券一种，每券四角，凭券入场，即以该券兑换货物。其营业方针，决采薄利主义，尤注重推销国货。闻该公司当局本拟于开业之日，预治茶点，藉酬来宾光临雅意。嗣闻国内饥溺洊至，灾黎待救孔殷，爰节



① 《申报》（五），1936 年 1 月 9 日，星期四（第二张）。

此茶烟之费，移充赈济，藉为各界来宾种福云。化无用为有用，其办事之精神可见一斑。而救灾恤难之热忱，尤堪嘉佩也。①

这则报道文字精简，但涵义却很丰富。它介绍了大新公司大楼外观、设备的不同凡响及独特之处；注重国货、薄利多销的营业方针；顾念时艰、体恤灾民的慈悲心怀；开幕典礼当日，凭兑货券入场的进场方式，等等。

1936年1月10日上午10时，上海大新有限公司正式开业。公司向香港政府登记注册。蔡昌任主席董事兼总监督，其弟蔡惠民任正司理，子蔡乃诚任副司理，梁秉坚任总司账，唐艺普任司库。

蔡昌发表开业宣言，回顾了自创立香港大新、广州大新以来二十余年的概况，尤其着重指出上海大新今后的目标：今幸新厦落成，开始营业，愿仍本惟诚惟信之旨，继续为社会服务。而对于提倡国货，自当尽其绵薄，与厂商通力合作，以利推销。②在当日《申报》头版的整版广告中，有“本公司自建十层大厦”的插图，还有如下对联式广告语“设备电动扶梯无劳跨步　装置冷暖气管四时如春”，“推销中华国产搜罗美备　选办环球物品总汇精华”。对于公司各楼层设置也进行了介绍：“地室”（即地下商场，作者）、“铺面”（即一楼，作者）、二楼及三楼为商场，四楼为管理部门办公使用的“总写字间”，五楼至十楼为“游乐场所屋顶花园”。每层商场所售商品大致如下：地室“南货糖食、火腿皮蛋、参燕银耳、京果海味、五金器皿、厨房用具、搪瓷钢精、廉价货品”，铺面“罐头伙食、糖果饼干、水果洋酒、雪茄香烟、摄影机料、水瓶眼镜、文房用具、中西药品、化妆香品、西装用品、草帽毡帽、棉毛

① 《申报》（十一），1936年1月9日，星期四（第三张）。
② 《申报》，1936年1月10日，星期五。

## 上海大新公司各部设置及所售商品一览表

（1936至1949年）

| 楼层 | 部门名称 | 所售商品种类 |
| --- | --- | --- |
| 地室 | 廉价商场 | 各种因滞销而削价处理的商品 |
| | 五金部 | 搪瓷器具、钢筋器皿、刀剪类、铜器、铁器、热水瓶 |
| | 南货部 | 海味、茶食、罐头、火腿、人参、燕窝 |
| | 冷饮专柜 | 冷饮 |
| | 收货部 | |
| | 送货部 | |
| 铺面 | 男式西装用品部 | 帽子、西服及各种配套用品、内衣 |
| | 袜子手帕部 | 女袜、男袜袜带、童袜、手套、手帕、毛巾、浴巾 |
| | 化妆品部 | 香膏、牙粉、指甲修饰用品、香皂、香粉、化妆用具 |
| | 糖果饼干洋酒罐头部 | 罐头肉食、调味品、果汁、罐头水果、奶粉、麦片、糖果、饼干西点、洋酒 |
| | 水果部（罐头部兼理） | 新鲜水果 |
| | 烟草部 | 香烟、雪茄、西式烟具 |
| | 文具用品部 | 笔墨用具、绘画用具、纸制品 |
| | 鲜花热带鱼部（文具部兼理） | 鲜花、观赏性热带鱼 |
| | 药品部 | 药水油膏、药丸盐片、医疗用具 |
| | 雨伞提包部 | 女提夹、银夹、伞巾袋、头巾修饰用具 |
| | 照相机料部 | 水瓶眼镜、映机、摄影器材 |
| | 咖啡茶座（罐头部兼理） | 咖啡及其他饮品、各色西点等 |
| 二层 | 玩具运动用品部 | 人形玩具、铁制玩具、游戏用品、运动器材 |
| | 首饰漆器部 | 金珠玉石器、银器、象牙骨漆器 |

续表

| 楼层 | 部门名称 | 所售商品种类 |
| --- | --- | --- |
| 二层 | 乐器部 | 西洋乐器、民族乐器、唱片 |
| | 钟表部 | 时钟、手表、怀表、表链、寒暑表 |
| | 电器瓷器玻璃器皿部 | 电器、洋瓷器、江西瓷器、玻璃器皿、胶木器纸卷 |
| | 毡毯被褥部 | 棉毯、茸被、棉被、毛毯、被单、枕套、台布 |
| | 家私皮件部 | 家具、家具配件、皮箱、木箱 |
| | 展示厅 | |
| 三层 | 绸缎批货部 | 蚕丝织品、人造丝蚕丝交织品、人造丝蚕丝毛织品、人造丝蚕丝棉花交织品、进口丝织品、各式皮货 |
| | 呢绒尺头部 | 洋服厚薄绒、海虎礼服绒、麻纱布、斜纹布、进口印尼绸、印尼纱、印尼葛、土布、绒布 |
| | 时装洋服部 | 代客加工时装、洋服 |
| | 鞋子部 | 男皮鞋、女皮鞋、童鞋、男女中鞋、鞋具（鞋油、鞋擦、鞋拔等） |
| | 妇女儿童服装用品部 | 女外衣、女内衣、女裙、女帽、丝线绳带、绒线、梳针钮纱、儿童外衣、儿童内衣、童帽、婴儿用品 |
| 四层 | 总写字间、货栈、画廊、国货商品陈列所 | |
| 五层 | 酒楼、舞厅 | |
| 六层至十层 | 大新游乐场、屋顶花园 | |

［资料来源：作者根据“上海大新有限公司私营时期经营管理历史经验总结”之“五、有关商品方面”（上海市档案馆、中山市社科联编《近代中国百货业先驱——上海四大公司档案汇编》，上海书店出版社2010年版）制作而成。］

内衣、头扫梳具、手帕手巾、丝毛线袜、女手提夹、雨伞皮夹、礼券鲜花”，二楼“家私用具、皮箧衣箱、毡毯被褥、银质用品、象牙珐琅、各国钟表、中西乐器、电器料器、福州漆器、江西瓷器、玻璃洋瓷、儿童玩具”，三楼“纱罗绸缎、呢绒布尺、细毛皮货、中西服装、京苏衣边、妇女服饰、儿童服装、中西靴鞋”。

从婴儿到老人，各个人生阶段的上海人，都可以在大新公司买到相应的生活用品；不出大新公司的大门，即可享受吃、喝、玩、乐及购物的人生乐趣。这种说法，当不为过。

时任国民政府上海特别市市长的吴铁城为“大新公司开张纪念”特别题词“货畅其流”①。他的题词，显示了大新与国民党上海当局之间的良好关系。耐人寻味的是，美国驻华商务参赞安立德（Julean H.Arnold）也在《申报》刊文“大新百货公司之地位”，介绍大新，为之进行宣传：

市民受益于一组织完善之百货商店，实匪浅焉。以其擘划之周详，投资之宏钜，收罗有方，故标价奇廉。此小规模之商贾，所望尘莫及者。夫集百货于一堂，橱柜林立，秩序井然。顾客举目四瞩，了如指掌，不须走逐市衢而可随心所欲，如愿以偿。况定值划一，毋庸斤斤论价；承奉员司，竭诚服务。加以组织之华商，经验丰富，宜其户限为穿，营业蒸蒸日上。

鸠工它材，乃成崇楼。画栋雕梁，杰阁如云。巍然大厦，高瞻远瞩。其新颖之设备，有自动扶梯，顾客不劳一投足而举身层楼。其窗廊陈列富丽堂皇，参观仕女，均皆悦豫。

中华之百货商店，对于娱乐设备，较诸美国同业，过无不及。

① 《申报》（十七），1936年1月10日，星期五（第五张）。

举凡歌舞酒宴茶圃银幕，应有尽有。贸易艺术兼顾，特色之尤也。

百货商店收集货品于万邦，四海珍奇，陈于一室，有永久国际博览会之雅称，而又罗列中华工艺产品，美不胜收。欧美游历仕女，途次沪滨，登堂采择，藉以观摩中国工业发展实据。故百货商店举凡价廉暨精贵之土著产品，亟求推销。斯百货商店呈献海外诸品外，其对于本国之工业，有莫大之重要地位也。①

以上用文言写就的文章，言简意赅。不知是安立德的原作或是译文。该文诠释了大新公司的种种优越之处，包括为市民提供门类齐全、摆放有致、一目了然、价格低廉且透明划一的商品，享受店员专业、周到的服务；公司大楼巍峨壮观，内部陈设布置富丽堂皇，令人赏心悦目，而自动扶梯使顾客不动脚即可上下自如；娱乐设备之完善，胜于美国同业；发挥了“永久国际博览会”以及推动民族工业发展的重要作用。安立德任商务参赞期间，曾为解决美国对华贸易的出超问题而伤透脑筋。他在文中特意提及大新百货公司可作为“永久国际博览会”，可谓意味深长。

1935 年以来，上海市面并不景气。在这种形势下，大新公司横空出世，自然令人充满了期待。有人撰文《我所希望于大新公司者》，公开表达了自己的四点期待。第一条为“努力提倡国货”，第二条为“坚守不二价的信用”，第三条为“注重服务道德”，第四条为“着重大众需求”。② 这四条期待的涵义各不相同。第一条看似与经济问题相关，实则为政治期待。第二条的核心是商业诚信。第三条主要指服务态度。第四条提出的是市场定位问题。对于上海大新公司而言，这四条期待其实是社会提出的要求，必须加以重视。



---

① 《申报》(十七)，1936 年 1 月 10 日，星期五（第五张)。

② 《申报》(十九)，1936 年 1 月 10 日，星期五（ 第五张)。

大新公司开业之际，有34家国货厂商联名在《申报》刊登广告，“敬祝上海大新有限公司开业志喜”，称：上海大新有限公司对于推销国产货品，具非常毅力与热忱，深致钦佩。敝厂等各种出品，在大新公司商场部均有充分配备，深愿各界顾客驾临，参观采购。敝厂等不特为大新公司贺，且为国产前途庆也。34家厂商分别为：美亚织绸厂、五和织造厂、开成造酸公司、中华珐琅厂、一心牙刷公司、中国内衣公司、中国化学工业社股份有限公司暨附属晶明玻璃厂（2家——作者）、中国胶木厂股份有限公司、大华织造厂股份有限公司、中国亚浦耳电器厂、振华油漆公司、中国铅笔厂、康元制罐厂、新亚化学制药厂、庆升丝巾厂、南洋兄弟烟草公司、富华织造公司、冠生园、鸿新染织厂、五洲大药房、渤海化学工业公司、中国钢精营业所、大华铁厂、亚光制造公司、大成新用品制造所、健华化学制药厂股份有限公司、屈臣氏汽水公司、华生电器厂、联华毛织厂、中国窑业公司、华福制帽厂、筱舫化学工业厂、三友实业社。①

从先施开始，直至大新，南京路四大百货公司的基本营业方针之一皆是经营“环球百货”。即搜罗物美价廉的商品供给顾客，而不问这些商品的产地国。这种方针符合近代资本主义自由贸易的原则，也是百货公司这种零售商业组织最理想的进货方式。在英国主导下，19世纪是自由贸易的全盛时代，英国自工业革命以来累积的优势得到了全面的展示与发挥。拥有世界上面积最广大的殖民帝国、最发达的工业、最完善的贸易金融体系。在这种情况下，推行自由贸易自然最大限度地符合英国的国家利益。蔡昌等人的人生及





① 《申报》(二)，1936年1月11日，星期六。

事业经历，均深受英国影响。在香港兴业之初，即提出以“环球百货”服务顾客的宗旨，与此大有关联。

然而，自 19 世纪末起，英国主导的自由贸易原则就开始遇到了挑战。与之相对的，是贸易保护主义的抬头。自 1842 年中国在鸦片战争中败于英国，即被强行驱入以西方（主要是英国）为主导的世界政治、经济体系之中。20 世纪之交发生的世界格局转换，对中国也产生了意义深远的影响。在经济方面，自清末新政以来，历届中国政府都奉行奖励兴办实业的政策，因此民族资本主义取得了长足的进步。

从 20 世纪初起，抵制外货与提倡国货开始结合，显示了中国民族资本主义的政治、经济能量。从 20 年代起，反对帝国主义压迫的运动逐渐成为中国政治、社会生活中的常态。自从 1931 年日本发动“九・一八事变”、翌年又挑起“一・二八事变”以来，抗日救亡运动风起云涌、声势浩大，而这些运动的主要表现形式即为“抵制日货”、“对日经济绝交”。“抵制日货”的同时，则是大力提倡使用国货。对于大新公司之类的大型百货公司而言，就是大力推销国货。《我所希望于大新公司者》一文作者列举的首条期待就是“努力提倡国货”，笔触中充满了沉痛、激愤的情绪。

在这种情况下，蔡昌必须对此作出正式、郑重的表态，内容自然不可能冒天下之大不韪。如若不然，大新公司将举步维艰、麻烦不断。在“开业宣言”中，蔡昌明确表示“对于提倡国货，自当尽其绵薄，与厂商通力合作，以利推销”。作为一个具有爱国心的实业家，蔡昌的表态并非在政治、社会压力下的屈服。在他主持下，大量国货得以在大新登堂入室，一展风采。然而，蔡昌坚持了一个实业家的原则，即进场国货必须“物美价廉”，否则拒之门外。同时，大新公司并未成为国货的专销场，仍然坚持了经营“环球百货”的方针，正所谓“推销中华国产搜罗美备　选办环球物品总汇精华”。

大新公司开业之际，“四大公司”中已有三家成功运营，且声誉不凡。先施、永安开业早于大新近二十年，后起的新新也表现不俗，皆已成为近代上海城市文化的标志。在这种情况下，大新公司要站稳脚跟，甚至做到后来居上，不在经营方面刻苦努力、有所创新，得到市场认可，显然是不行的。《我所希望于大新公司者》中第二条“坚守不二价的信用”、第三条“注重服务道德”、第四条“着重大众需求”就反映了市场对大新公司经营方面的期许。

所谓“坚守不二价的信用”就是坚持商业诚信，不在价格上故弄玄虚。“不二价”顾名思义，即为“一口价”。明码标价，谢绝讨价还价。从近代西方零售商业的经营原则来看，这是商业诚信的基本表现。但是在中国传统的商业习惯中，商家历来对商品不实行明码标价。店家与主顾反复讨价还价，论斤较量，最后或是达成合意成交；或是谈不拢，一拍两散。这种传统时代的商业习俗固然有其文化上的特色，但是其缺陷也非常显著。首先，它便于商人对消费者实行价格欺诈；其次，商家为了与顾客讨价还价而大费周章，因而大大提升了交易成本。其三，易于形成商人阶层整体上的不道德形象，使“无商不奸”的观念深入人心，从而不利于商业的发展。对于大型百货公司这一源于西方的零售商业组织而言，这种商业惯习的弊端显而易见。因此马应彪前后在香港、广州、上海开设先施公司时，将“不二价”率先引入了经营，以示与传统作别。蔡兴是香港先施公司的主要合伙人，蔡昌则在其间供职多年，对“不二价”深以为然。大新公司在港、粤时，坚持这一经营原则，以此赢得了恪守诚信的口碑。先施公司于1917年入驻南京路之时，将“不二价”也带进了上海商界，影响深远。然而改变某种习惯，却绝非易事。即使对于受西方影响较深、近代化程度较高的上海商界而言亦然。不少商家、顾客似乎对讨价还价乐此不疲，乐于接受价格暧昧的状态。在这种情况下，社会对新生的上海大新发出坚持“不二价”，以挽回市场颓靡风气的呼吁，也就不足为怪了。而蔡昌对此的回应也极为明确。

“注重服务道德”是指对顾客应有良好的服务态度，这是商家职业道德的重要标志。在经营实践中，大新公司逐渐形成了一整套接待、服务顾客的做法，极为细致、周到。例如为了使顾客安心挑选商品，公司规定每个商品部都备有小木凳若干，供顾客疲劳时小憩片刻；有些部门如尺头、西服、时装、细缎、首饰等，针对顾客挑选商品所需时间较长的特点，还提供香烟、茶水等，予以招待；要求营业员主动、耐心、全面、如实地为顾客介绍商品信息、帮助挑选商品，若遇顾客犹豫不决，可代为推荐；如果顾客欲购商品缺货，则介绍其他种类的替代品，即使顾客因不合心意而未购买，仍须客气接待。

为了使顾客在挑选商品的过程中便于进行比较，公司各营业部门均采取了一些相应的措施。例如开业初期印有“购物指南”，赠送来店顾客，便于其选购商品；部分食品销售时，可让顾客先行品尝，然后再决定购买与否；化妆品部设有化妆室，专供顾客化妆之用，并配有女美容员专门指导顾客如何进行化妆；出售服装、雨衣的部门，设有“诚试衣室”供顾客试衣，室内四面安装玻璃镜，可使顾客全方位领略试衣效果；如购买服装、鞋子的顾客提出要求，营业员可为其试穿。

顾客一旦决定购买某商品，立即会享受到出乎意料的温馨服务。例如购买衣料时，营业员会代为计算用料数量，并代配夹里、滚边等；售出皮鞋之际，须为顾客擦一次鞋油；售出帽子时，如顾客当场将所购帽子戴上，则将顾客原本所戴的旧帽子擦干净、装入盒中，并可代为送回。



顾客结账时，营业员、招待员须殷勤办理协助付款、包扎商品、开具发票、找零等事宜：如果顾客购物时现钞不够，营业员须代客前往银行取款，或代为兑换外币；如顾客提出需要，可提供特殊礼品包装；售出商品的所有包装盒、包装纸上均印有大新公司的商标牌号；圣诞节前后还另行提供特别节日包装，不额外收费；顾客如购买不同类别的商品，则由专人全程陪同，代办集中付款、集中送货事宜；在顾客等待商品包扎的间隙，营业员应向顾客请求联系方式、介绍其他商品；商品包扎妥当后，将其与发票一并交给顾客，须态度和蔼，如有找零交给顾客时，尤须注意当面点清，以防事后发生争执；然后，营业员、招待员须代客送货至公司门口，如需要则代觅车辆；为顾客送货时，可顺带搭送其所购之非本公司货品。



在上述接待、服务流程中，公司要求为顾客服务时须敏捷迅速，不可拖拉懒慢，致使顾客感觉不耐烦。此外，为了不致使顾客留下不良印象，各商品部门务必做到货物整洁，营业员须注意个人卫生，务求仪容清洁。为了帮助职工搞好个人卫生，公司设立了理发室、洗衣部，免费为职工理发、浆洗制服。职工定做制服，可分期付款。

对于一些较为特殊的接待情况，公司也制订了应对之策。例如对于顾客预订、指定代为送货的商品等，一律做到严格守时，不得有误；遇顾客前来购买非时令商品时，营业员不可因手续麻烦而拒绝，而应尽可能从仓库内取出，满足顾客需求；如顾客欲购商品存在残缺，应向顾客诚实说明，绝不可以次充好；如果外国籍顾客前来购物，亦不必担心语言不通，公司设有免费的英文补习班，为营业员培训简单的商业英语会话，还聘有通日语的视察员数人，以备不时之需。

对于曾经在大新购物的老顾客，公司期待着他们今后仍能光临，并将之付诸行动。每逢新的花式品种面市之际，公司会根据顾客留下的联络方式，用电话或者函件通知，方便其及时购物。为了表示对老顾客的酬答之意，公司于每年开业周年纪念之际均向老顾客赠送“大新”牌香皂。①

以上所记载的大新公司接待、服务顾客规程，显示了高尚的“服务道德”与超强的服务意识。值得一提的是，这并非流于形式的一纸空文，公司各商品部的员工在工作中对此都加以恪守，认真执行。

“着重大众需求”是指大新公司的市场定位应面向大众，实现平民化战略。具体而言就是：商店既然是服务社会的，那么服务的对象，应当是社会上普遍的大众。所以不论在销货方面，或设备方面，都应当以适应大众需求为标准，不要专门为了少数人而着想，因为大新公司总要使得一般平民脑海中，有“大新公司是我们日常生活用品的理想供应处”的好印象，不要使得她成为只是社会上少



① 参考“上海大新有限公司私营时期经营管理历史经验总结”之“四、有关经营管理方面（三）如何接待顾客”，上海市档案馆、中山市社科联编《近代中国百货业先驱——上海四大公司档案汇编》第315—317页，上海书店出版社2010年版。

数人的商场。同时，在这民穷财尽的年头，货物的采购，以实用经济为原则，售价也要尽可能的减低，实行廉售多销政策。

用“民穷财尽”来形容当时的年景，可见经济形势之严峻。就此而言，大新开业的时机并不美妙。但是对于锐意进取、有志于创新的经营者而言，不利的形势反而会促使孕育出新的商机。

### （二）强化经营的“利器”——廉价促销

每年秋冬时节，均是上海各大百货公司实行减价促销的好时节。每年 11 月来临后，南京路上的各百货公司之间随即打响了“硝烟四起”的商战，先施、永安、新新、惠罗、福利、中华等公司使出浑身解数，力争取得佳绩。新开业的大新公司，也立即投入了 1936 年秋冬季的减价促销大战之中。1936 年 11 月 21 日《申报》“本埠增刊”刊有大新公司“冬季特别廉价货品”的广告，称“专搜罗中外应时上等货品”，“以最低价出售为大众服务”。具体内容包括文具部的“犀飞利”墨水笔，大号真空管墨水笔每支由原价十元九角降为特价七元半，女用墨水笔每支由原价八元降为特价三元，翠玉管墨水笔每支定价五元；绸缎部的“新花毛葛旗袍料”每件二元八角，“闪花惟馨绉旗袍料”每件三元六角半，“新款珍妮绉旗袍料”每件三元九角半，此外“尚有最新拷花丝绒旗袍料，价甚相宜，欢迎各界仕女参观”；西装部的“英国拉链猄布衣”每件九元七角半，“拉链猄皮衣”每件二十一元半；罐头部的“五磅花听什饼”每听八角半，“一磅得利可可粉”每听一元三角；巾袜部的“英国丝毛舞袜”每双特价一元五角；地室廉价部的“拷花丝绒旗袍”每件五元五角，“华而呢女夹大衣”每件六元二角，“全羊毛马甲”每件二元；药品部的“狮头老牌牛肉汁”每瓶八角，“四磅装江逢治麦精鱼肝油”每瓶九角；京苏部的“四股英雄牌毛冷”每磅三元二角；女饰部的“女装纯毛内衣”每件三元五角，“女装长袖棉毛内衫”每件一元二角；童装部的“拉毛斗篷”每件三元八角半。除了特价之外，还通过赠送游乐场演出票以招徕顾客：奇异戏班现假座本公司表演“跳蚤做戏”及特别魔术等，本公司为优待顾客起见，凡购货物累加满五元者，赠门券一张。①

这种打折促销活动，似乎与“不二价”的原则有所背离，但大新公司身处的环境，却使其无法免俗。周遭的百货公司、大小商店，无一不在打折促销，大新公司自然不可能独树一帜、鹤立鸡群。而且，这种大规模的季节性促销也是国外百货公司的经营惯例。同时对于顾客而言不吝为一大福音，也符合“大众化”的社会要求。

除季节性减价活动外，开业周年纪念也是举行减价促销活动的大好时机。而专销廉价商品、全中国“唯此一家”的地室商场，更是大新公司推行“经济化”方针的标志。1937 年 1 月 10 日，上海大新公司迎来了开业一周年纪念日，从此日开始的促销活动持续时间长达两周。1 月 10 日当天，大新公司除“特廉货品大量推销”外，还举行摸彩，“大增雅兴”。公司并在《申报》刊发周年述怀，指出公司开业之初，即以蒋介石所倡“新生活”运动中“信与耻之真义为经商之对策”，“抱定诚信相孚宗旨”，推行“不二价”，并在国难当头之际，坚决抵制日货。在社会各界的大力支持与自身努力之下，营业得以“蒸蒸日上”。在提倡国货方面也大有佳绩，公司所销货品中，国货约占 70% 以上。②

1 月 10 日推出的廉价商品如下：绸缎部（震日公司出品“三

① 《申报》“本埠增刊”（三），1936 年 11 月 21 日，星期六。

② 《申报》，1937 年 1 月 10 日，星期日。

闪康纳辛”，原价每尺一元二角半，特价每尺七角半；“双色新花福美缎”每尺四角；“双色云霞绉”每尺五角半)，衣帽部（英国名厂毡帽，原价十五元半，特价九元七角半；英国全毛内衣每件原价四元五角，特价二元九角半)，女饰部（新式全毛女外套每件三元九角半，丝绒女帽每顶八角五分)，巾袜部（“真珠皮绒里男手套”每双一元，“真珠皮毛里男手套”每双二元二角，英国正麻纱夹巾每条二角半)，尺头部（“时代呢”女袍料每件一元二角及一元五角，格子双面绒每尺一角一分，新颖条子华达呢每尺九角，纯毛条子花呢原价每码七元二角半、特价每码五元八角半)，童装部（赛皮飞机帽每顶二角，中童羊毛衫每件一元八角半)，化妆品部（“三花”牌雪花膏每瓶一元一角八分，二号高地面粉每盒一元四角，“兴氏”杏仁香蜜每瓶一元六角)，南货部（“老牌红烧牛肉”每元六听，酱鸭每只一元八角、买一送一，酱鸡每只一元八角、买一送一，还可凭当日购货发票免费饮用葡萄酒)，家具部（安眠思厂五尺钢皮垫、弹簧垫，每套五十五元，四尺钢皮垫、弹簧垫，每套四十七元半)。凡是当日购物满二元者，皆可凭发票参加“摸彩”。只要“向寿翁之寿桃内摸取号码”，即可领到奖品，“多购多摸”。除了“首奖”限一名外，其余各等奖项均设置多名，保证人人有奖。奖品包括金表、时钟、衣料、银夹、手挽袋、水瓶以及食品等。

1月11日的廉价商品为：绸缎部（“四尺加市真丝厂绉”每尺特价二角八分，国产最新丝底拷花丝绒旗袍料每件特价四元半)，罐头部（“沙利文”各种奶油饼干特价五角两磅，“沙利文”各种夹心饼干特价七角两磅，“义利”各种糖果“照码特别牺牲”)，尺头部（“时代呢”女袍料每件一元二角及一元五角，格子双面绒每尺一角一分，英国条子华达呢原价每码五元二角半、特价每码四元半），毡被部（国产加厚绒毛毯每条一元九角半），家具部（“英国名厂”钢床原价每张六十八元半、特价每张四十七元半），化妆品部（“巴黎”檀香水每瓶一元九角半，小号杏仁香蜜每瓶三角半，“夏士莲”雪花膏每瓶九角七分），玩具部（“德国衣饰”洋囡囡每个七角，“空中飞行飞机”每架六元半），文具部（“犀飞利”真空管墨水笔“大号”每支七元五角、“二号”每支六元五角），南货部（广东腊肠每斤七角，腊鸭饼每元十只，酱鸡腿每只二角、买一送一，福建肉松每元六听，“本”牌纪念红茶每听一角），女饰部（新颖全毛围巾每条一元，赛毛女内衣每件六角半，全毛厚内裤每条三角半，皮领绒大衣每件二十五元），地室廉价部（人字花丝绒旗袍料每件四元二角，海巾毛葛男袍料每件六元二角半，绵毛维也纳每尺一角六分，驼绒童大衣每件四元一角起，“本”牌威化饼干每包二角）。

1月12日，开业一周年纪念活动仍在如火如荼地进行。本日的廉价打折商品包括：罐头部（“本”牌果香奶油糖二百磅、每磅特价二角半，“义利”各种上等奶油饼干、特价五角两磅，“义利”各种夹心饼干、特价七角两磅），地室廉价部（“博士绉”每尺三角七分，双闪花富丽缎每尺四角，拷花丝绒旗袍料每件三元七角，“维也纳”男袍料五元七角半），巾袜部（全羊毛舞袜每双八角半，全羊毛童袜每双三角半，全线纱条子毛巾每打八角半），化妆品部（巴黎“极美丽”牌面粉每盒五角，“本”牌圆形浴皂半打五角，“本”牌白玫瑰花士令头油每瓶五角半、两瓶一元），机料部（德国“意可”拍十六张双镜箱、每个特价九元），家具部（德国名厂活动茶台原价四十元、特价每张二十六元半，又原价每张二十九元半、特价十九元半），绸缎部（最新印花银光缎每尺特价二角八分，二尺二什色加重缎背紫丝毛葛、每尺特价四角二分，特种时花丝毛葛旗袍料、每件特价二元八角），钟表部（瑞士双马长秒针学生表、每只特价二元半），女饰部（黑海虎绒大衣、每件三十五元），南货部（南安腊鸭每对二元六角，奶油太妃糖每磅四角，老牌红烧鸡九角四听，“祥生”老牌油焖笋每元四听，兴化桂圆每元二斤），童装部（骆驼绒毛夹里大衣每件三元半），西装用品部（英国羊毛早晨衣每件特价十三元半，纯羊毛衫每件特价三元半，英国丝绒帽原价每顶十五元半、特价九元七角半），烟草部（一百支小吕宋“白马”牌雪茄、特价二元，五十支“宝珠什標利”，特价二元九角半），音乐部（美国“胜利”唱针一元七盒，二十孔“真善美”口琴每只二元一角），玩具部（“德国衣饰”洋囡囡每个七角，“空中飞行飞机”每架六元半），文具部（“犀飞利”真空管案、衿头两用笔、每支八元半，美国活页速写簿每本四角，精美纪念册每本五角半），毡被部（葡萄绉彩花被单、每条三元九角半，四尺双色被单、每条一元三角半）。①

持续时间长达两周的大新公司开业一周年纪念活动终于告一段落。本次活动的重点有两个：一是销售打折廉价商品，二是举行“摸彩”即有奖销售。绝大多数商品部都参与了这一活动，推出本部门的“特价”商品以飨顾客。就“特价”商品的种类而言，食品（包括烟酒）、衣料及服饰、化妆品等占据了主流，其他商品所占比重则相对较小。衣食住行，是人们的基本消费；而对于现代城市女性而言，妆容也是日课，是基本素养之一。对于大新这类百货公司而言，满足市民日常生活的基本消费需求原本是题中之义。除了交通工具、住房，其他与日常生活相关的绝大多数消费品，百货公司

① 《申报》“本埠增刊”（二），1937 年 1 月 12 日，星期二。

皆可提供给顾客。在日常消费中，衣、食又是大宗。但是百货公司的食品、衣料、服装等商品，具有一定的高端性，并不等同基本生活必需品。例如大新公司南货部、糖果部、罐头部、烟酒部出售的食品，与一日三餐所用的主食、生鲜食物等并不相同，属于偏重风味、休闲型的食品以及嗜好品，既反映了丰富多彩的中国传统饮食文化，更体现了西化、都市化的饮食风格。又如大新公司相关各部销售的各类衣料、服饰，面料、款式、种类方面中西合璧，体现了近代都市人的着装品位与风格，即追求时尚、洋派。

因此在大新公司等近代百货公司内，人们购买食品、衣料、服饰等，并非单纯满足基本生活需求的购物，而是一种带有生活享受意味且具某种高端性的消费行为，展现了城市日常生活的典型一面。再如化妆品。虽然女性美容古已有之，化妆品的历史也源远流长。但是近代城市女性与化妆的关系，与古代是完全不同的。在近代城市社会中，由于社会环境的开放以及受教育程度的提高，出现了职业女性、知识女性等群体，女性的社会地位及作用较之传统社会已不可同日而语。对于奔走于社会、“抛头露面”的女性而言，每日化妆是不可或缺的。她们使用的化妆品是近代日用化学工业的产物，按照城市生活对女性妆容的要求进行化妆。因此城市女性对化妆品的需求，也成为一种日常消费行为，同样具有近代城市生活的典型风貌。

相对于其他的日常生活消费品，衣、食、化妆品等更接近于“日用消费品”。因此即使如大新之类的大型百货公司，上述消费品在商品销售以及日常经营活动中所占的地位也可谓举足轻重。因此，它们成为“廉价打折”促销活动中的重头，是顺理成章的。不独大新，纵观四大公司中的其他三家，以及四大公司之外的百货公司，莫不如此。与此同时，其他商品也适时地参与到促销活动之中，从而使销售额进一步提高。

举办“廉价打折”，还显示出大新等大型百货公司的实际市场定位与消费者状况的某种乖离。如上所述，无论是社会舆论抑或公司本身，都希望公司的市场定位能够大众化、平民化，但要真正做到这一点却并不容易。或许在公司经营者看来，大规模的减价促销是实现大众化的手段。通过这种手段，除了可使营业额大幅提升，也可使公司的商品乃至形象更为亲民。



### （三）中西兼容、独具一格的管理模式与风格

作为大新公司的创业者、最高经营管理者，蔡昌的个人风格极其鲜明。他不属于那种不温不火、内敛克制的性格类型。相反，他有时显得很急躁，甚至使人当众难堪。但是，他遇事果断、雷厉风行，看人、用人眼光独到、准确。在员工管理方面，蔡昌赏罚分明。工作出色者在年终会得到一个信封，内含蔡昌发给的额外奖金。对于工作懈怠、缺乏责任心者，他丝毫不留情面。或当面训斥、或予以处分；屡教不改或情节严重者，则予以除名。

上海大新公司的总监督、正司理、副司理等管理层核心职位由蔡氏家族成员担任，此举使管理体制蒙上了浓重的家族经营色彩。这也是四大公司不同程度存在的“通病”。究其原因，自然与蔡昌等人的家世背景、创业经历有关。蔡昌等出身于中国传统社会的底层，远渡重洋，历经艰辛，在一代人的时间内白手起家，成就了一番巨大的事业。其间，创业者们从周遭备尝孤立无援之感。因此，同乡、亲族之间的联带感、结合感尤为强烈。彼此风雨同舟、共渡难关，共同成就事业。马应彪在创立先施的过程中，蔡兴是他所倚重的合伙人。而蔡昌的事业领路人，正是兄长蔡兴。在

如此背景下成长起来的大新等公司，具有家族企业的色彩本不足为奇。

但是大新终究是近代西方模式的大型商业企业。上海大新公司的全称是“上海大新股份有限公司”，设有董事局、监察人、总监督、正司理（总经理）、副司理（副经理）、总司账、司库等。汪伪时期的《上海大新股份有限公司章程》包括“第一章　总则”、“第二章　股份”、“第三章　股东会”、“第四章　发起人　倡办员”、“第五章　董事、监察人及总监督、总经理、副经理”、“第六章　决算与纯益之分配”。①公司章程堪称公司的“宪法”，大新公司的管理是有章可循、依规办理的。

在具体管理上，上海大新采用的是以近代资本主义商业企业管理模式为主、结合中国传统因素的方式。例如在属于人事管理范畴的招聘员工方面，大新公司既看重推荐，也重视考试。按照传统，商铺招收学徒时，有无人推荐、何人推荐是极为重要的。若与店主素不相识、又无人推荐，那么在一般情况下，商铺是不会招收这样的人进店做学徒的。若有人推荐，但推荐者与店主关系一般，那么即使勉强被招收进店做学徒，境遇也会不佳。这种惯例的历史成因，在于前近代地域社会的人际交往特征。近代以前，由于受到道路、交通工具等因素的限制，人们的生活圈基本封闭在一定的地域之内。在这个固定往往又是狭窄的地域内，人们之间往往是互相知晓，可谓知根知底。人情构成了人际交往的基础，也是在地域社会内进行交际的通行证。人们对于本地域社会以外的陌生人，由于不明底里导致不信任，进而产生排斥心态。这种社会心理反映在包括

① “上海大新股份有限公司章程”，转引自《近代中国百货业先驱——上海四大公司档案汇编》，第288页。

商业习俗在内的各种文化现象之中。商铺招收学徒、伙计之际，须要有人推荐的实质在于：通过推荐人，商铺与被招收的学徒、伙计之间建立了地域社会内的人情纽带，彼此不再陌生。传统地域社会的人情纽带，在近代社会中仍然具有极强的生命力。传统地域社会的封闭性逐步被打破，人们纷纷走出家乡、前往异地谋生。同处异地的乡亲之间，往往结成同乡团体，互帮互助，风雨同舟。昔日家乡的人情纽带，在异地的环境中非但没有消亡，反而以同乡情谊的形式得到了加强。

近代上海作为移民社会，具有五方杂处的特征。来自国内不同地区的移民既互相融合，同时也按照出身地区结成各类同乡团体，互相照应，维护自身利益。开埠之后，上海社会急速地向近代化转型。然而这个新兴的近代化社会，是传统中国与近代西方剧烈碰撞下的产物，因此在很多方面呈现出与典型近代社会异样的面貌，而带有传统中国的深刻印迹。近代上海的社会成员，除了来自西方国家的人士外，余者基本上是从各自的传统地域社会中走出来的。他们将各自乡里的人情纽带、商业习惯等带到了上海，而这些传统元素在新的环境中依然具有顽强的生命力。包括大新公司在内，南京路"四大公司"虽属近代西方新型商业零售组织，其创立者、管理者也是在西方商业文化环境中浸润多年的广东中山侨胞，但是"四大公司"的企业文化中仍然保留了诸多上述传统元素。例如包括大新在内、"四大公司"在招聘员工时，非常重视应聘者是否出身粤籍。在一般情况下，粤籍应聘者求职成功的几率要大大高于其他省籍的应聘者。

虽然大新公司等"四大公司"的企业文化带有浓厚的中国传统色彩，然而它们终究是近代中国首屈一指的西式新型百货公司，在企业管理方面主要采用的是近代资本主义企业的制度、方法。例如就员工招聘而言，虽然是否有熟人介绍，以及籍贯是否为广东等因素极为重要，但招考却是基本形式。无论招聘对象是营业员或练习生，均是如此。营业员相当于传统商铺的伙计，练习生则相当于学徒。针对营业员与练习生的考试，内容以及难易程度并不相同，但不外于现代商业实践所需的基本知识、技能，如算术、珠算、英语、商业知识等。对于应聘大新公司的求职者而言，即使通过考试，也并不意味着就一定能够被录取。等待他们的，还有一道“谈话”关。谈话通常由人事部门负责人主持，但蔡昌等高级管理者有时也会亲临现场“把关”。人事部门制作了“谈话登录表”，设置语言、行动、服装、仪态、体格、思想、嗜好等栏目，每一栏目内均有相关评价性词语，供主持者对求职者逐一进行考评。如“语言”考察求职者谈话的声音是“洪亮”或是“低微”，谈吐内容是“文雅”或是“粗俗”，发音是“清晰”或是“模糊”；“行动”考察求职者的动作是“敏捷”或是“迟缓”，表情是“活泼”或是“呆板”，举止是“安详”或是“轻率”，待人接物是“有礼貌”或是“无礼貌”；“服装”主要看“整洁”或是“污秽”，“朴实”或是“奢华”；“仪态”则品评体态“强健”或是“衰弱”，神态“和蔼”或是“强横”，外表“端正”或是“畸形”；“体格”则判定身体为“健康”或“衰弱”，听觉属于“耳聪”或是“重听”，视力为“正视”或是“近视”；“思想”则判断属于“正确”或“偏颇”，以及是“有条理”或是“杂乱”；“嗜好”则认定是“高尚”或是“不良”。求职者的基本业务知识、技能通过考试已得到检验，而“谈话”则是人事部门通过当面接触，对求职者的总体印象给以评定，最终判断求职者是否适于在大新公司工作。从招考、录用的过程来看，大新公司对于招聘营业员、练习生是相当重视的，对岗位的要求也比较全面。除了通过正规考试测试求职者的业务知识与技能外，还采取“谈话”这种面试的形式，现场观察、评判求职者的体格、仪态、品貌、谈吐等。此外，对于求职者而言，介绍人一般是不可缺少的。介绍人实质上是求职者的担保人，向资方担保求职者的基本素质以及家世方面的清白。

能够进入大新公司等大型百货公司工作，确实是机会难得。仅以待遇而言，就要优于一般的商业企业。如类似学徒的练习生，在大新、永安等公司是领取工资的。大新公司练习生的平均月薪，1938 年约为 2.7 元。而一般商铺的学徒没有工资，店家只供给食宿。大新公司的工资等级制度极为严格，分为 4 等 55 级。4 等之中，经理为 1 等，部主任为 2 等，职员、营业员为 3 等，练习生为 4 等。经理等级的工资分为 6 级，部主任等级的工资分为 20 级，职员、营业员等级的工资分为 26 级，练习生等级的工资分为 3 级。以 1938 年 4 月的工资情况为例。当月领取工资者共 584 人。其中经理等级者 7 人，最高 600 元，最低 200 元，平均 321.4 元，可购大米 26 石；部主任等级者 60 人，最高 165 元，最低 40 元，平均 74.4 元，可购大米 6 石；职员、营业员等级者 403 人，最高 38 元，最低 5 元，平均 13.9 元，可购大米 1.1 石；练习生等级者 114 人，最高 4 元，最低 2 元，平均 2.7 元，可购大米 0.2 石。薪金收入的悬殊状况一目了然。

就内容而言，上海大新公司的日常管理主要包括商品管理、设备管理、服务管理、人事管理、大楼管理五个方面。严格、周到、细致、严谨的风格贯穿于管理工作的始终。例如在设备管理方面，要求陈列商品的玻璃柜台务必整洁、美观，使浏览商品的顾客一览无余、赏心悦目；各商品部设置了当时极为先进的收款机器——电动收银机，收款时可将年月日、金额自动打印在发票上，该机器还可随时累加收款总数，每日结账时按动电钮即可结算出营业额。又如在服务管理方面，接待顾客的细则已在本章“一”中予以详尽介绍，不再赘述。此处仅再举一例，即大新公司要求全体员工仪容整洁、着装整齐。管理层认为此举体现了对顾客的尊重，展示了服务的诚意。从各部主任开始，营业员、练习生、纠察、电梯司机、勤杂人员、送货员一律在工作时间身着不同款式的制服，观之既整齐又区别明显，令观者为之一振。为了使职工养成这种职业素养，公司还创造了一些有利条件：职工定做制服可分期付款，为职工洗涤制服提供便利，设置理发室、供职工免费理发等。在人事管理方面，除具有严格的一面外，亦不乏温情；职工福利待遇方面，安排颇为周到。如公司设有食堂，为职工免费提供三餐（早粥及午、晚餐）。早粥为清粥、酱菜，午、晚餐提供的菜品包括两荤一素（遇年节及开业周年纪念活动，另增添菜品），十人一桌。

上海大新公司的管理模式师承近代西方大型百货公司，同时兼具中国传统商业文化的浓厚色彩。对于20世纪30年代上海的商业环境而言，这种管理模式融合了中西商业企业管理的优点，因地制宜，是公司取得经营佳绩的重要保证。

1937年上海大新的营业额及利润已超越了新新，位列“四大公司”中的第三位。蔡昌一身执掌沪、港、穗三地大新的经营管理权，他将主要精力投入新生的上海大新，也抽时间前往香港、广州，处理相关事务。在蔡昌的商业帝国中，上海大新将逐渐占据中心位置。

## 三、大新公司与城市文化



大新公司对于上海城市生活的意义，超越了商业层面，在文化上留下了深刻的印记。近代上海的文化犹如海洋般博大精深、绚丽多彩，而大新公司的文化内涵又包括何种内容呢？概括而言，主要有三个层面：一、通过日常商业经营所展现的生活文化，二、画廊展览所体现的城市艺术，三、游乐场所汇聚的大众娱乐文化。以上三个层面中，第一个层面的内容在第二章中已有详述，故本章论述的是第二及第三层面的问题。

### （一）展示城市艺术的殿堂——大新画廊印象

大新公司在铺面设置上与国外大型百货公司“接轨”，将地下室也布置为商场。自地下室至三层皆为商场，面积较为宽敞，每层约380平方米。四层南部为写字楼，是公司管理层的办公区；西部为堆放、贮藏商品的仓库；东部为对外营业的茶楼；中心部设立商品陈列所，为顾客提供购物指导，并为国货厂家提供宣传本公司产品的阵地。此后，又在四层特设书画部（又称画廊），专供书画家及其他艺术家展示其作品，在琳琅满目的商品“海洋”中吹进了一股清新的文化气息。随着展览业务的增多，公司又在二层另辟专区，承办各类艺术展览。日本学者菊池敏夫依据《文汇报》1938年11月—1950年2月、《新民晚报》1946年9月—1948年11月的相关资料整理了一份“大新公司画厅展览会（1938年11月—1950年2月）”表。① 菊池



① “表四　大新公司画厅展览会（1938年11月—1950年2月）”，［日］菊池敏夫著、陈祖恩译：《近代上海的百货公司与都市文化》第162页，上海人民出版社2012年版。

敏夫并未交代如此选择时间截点的理由，但是该表不能囊括大新公司画廊所举办的全部展览，则是确凿无疑的。

据上海地方史志的相关资料显示：大新公司举办的各类美术展览共达 189 次。最初的展览为 1936 年 8 月 8 日举办的力社书画展，当时大新公司正式开业已有七个月。举办画展之日亦为力社成立之期，该社由陈树人、何香凝、王一亭、徐悲鸿、黄宾虹、潘公展、张聿光、张书旂、胡藻斌等发起，成员约一百三十余人，多为在金石书画领域造诣很深的社会名流。“力社”名称的缘起，在于这些名流对改造国民性的期待，即希望国民焕发一新、聚集起精神与物质的力量，共同改变国家贫弱的面貌。

除了画展外，大新画廊还举办过其他艺术门类的展览。如近代沪上著名雕刻大师薛佛影于 1935 年自立门户，独立承接雕刻业务后，其作品即在大新公司寄售。此后，薛佛影声名鹊起，成为具有国际知名度的雕刻大家。1947 年，大新公司画廊举办了薛佛影的个人雕刻作品展。

抗战的胜利，给中国人民又带来了一次自由、民主的历史机遇。随着国共两党签署“双十协定”，包括国内各主要政治势力在内的政治协商会议的召开，给中国社会带来了一股强劲的新气息。文化艺术界也变得活跃起来，表现之一就是各类文艺团体纷纷成立，其中部分是抗战后恢复重建的，但更多的则是新成立的社团。这种情况在上海文艺界表现得非常突出。许多艺术类团体往往通过举办作品展览的方式向社会宣示自身的存在感，展示成就，扩大影响。从知名度、场地、设施的完善等方面而言，大新公司画廊无疑是一个极为理想的展览场所，成为不少社团举办展览的首选场地。如 1946 年 6 月 4 日在沪成立的中华全国木刻协会，是一个全国木刻艺术家自发结合的团体，在多个省份设有分会。同年9月18日，为了纪念抗战胜利、勿忘国耻，该协会假大新公司4楼画廊举办“抗战八年木刻展览”，共展出作品897幅。尤为值得注目的是：此次展出的木刻中包括了来自延安地区作家的作品。当时国、共两党尚处于停战阶段，国内和平未公开破裂，故来自延安的作品尚有可能在国民党统治的上海公开展出。

大新公司画廊还举办过具有社会意义、带有某种政治色彩的展览。例如1949年5月上海解放前夕，就举办了一场别开生面、富于意义的三毛原作展。“三毛”是著名漫画家张乐平笔下的一个流浪儿形象，是当时上海城市流浪儿的缩影。自1947年6月起，张乐平在上海《大公报》上连载漫画《三毛流浪记》。不久，“三毛”的形象家喻户晓，深入人心。1946年10月，由宋庆龄发起创立的中国福利基金会在上海设立儿童福利站，开展救助贫困失学儿童活动，成绩斐然。截至1949年，已有数万名儿童得到了救助。展览为期7天，观众突破两万人次；期间共有40余人慷慨解囊，加入三毛乐园会；张乐平画作义卖所得款项为1291块银元。此时上海正处于解放前夜，社会动荡，人心不稳。虽然如此，三毛原作展览会仍取得了相当收获，这固然主要是由于人们的善心，以及宋庆龄的感召力所致，但是展览举办地——大新公司所具有的吸引力也是不可忽视的因素。

自开业起，至1953年改为上海第一百货商店为止，大新公司画廊共举办画展189次。大新画廊的历史不足二十年，但却成为了民国中期直至解放这一时期内海派艺术的一个重要展示窗口。诸多艺术家、艺术团体假画廊之地，将自己的作品展示于公众之前，对于交流、传播艺术，提高艺术水准起到了积极促进的作用。大新画廊的历史，也从一个侧面反映了民国时期上海艺术由盛至衰的过程。

（二）市民娱乐文化的展演——大新游乐场

近代上海公共娱乐业的繁荣，造就了规模不一、数量颇多的游乐场。其中最具代表性的当属四大公司的游乐场及“大世界”。作为近代上海的标志性场所，其意义在于既代表了城市的外在形象，也代表了它的文化内涵。影响所及，超过了短暂的民国时代，绵延至新中国成立后数十年内。近代上海人喜欢“白相”，而近代上海的庶民文化就某种意义而言，可以称之为“白相”文化。民国时期，城市居民首选的“白相”去处，当属游乐场。在经营模式趋同的前提之下，各游乐场之间的竞争空间仍然巨大。各家纷纷使出浑身解数，在节目内容、艺员人气、硬件设施、优惠举措方面一争高下。

大新公司大楼四层以上均为公共娱乐场所，5楼设酒楼、舞厅，6至10楼为大新游乐场，布置精巧，引人入胜，号称“天台十六景”。就规模而言，大新游乐场较之先施、永安、新新三家的游乐场更大，内有8家剧场，座位2000余个，日均游客约达8000人次，如逢节假日，更达到约1万5千人次。

大新舞厅驰名上海，在舞厅林立，舞女如云的上海可谓独树一帜。1936年10月10日，大新舞厅午餐厅借中华民国国庆举行开张典礼，时间从正午十二时起至下午五时止。开幕之际，除邀请各大舞场的舞星前来伴舞外，还向舞客、舞女免费赠送茶点。主持典礼的，是闻名遐迩的电影红星“梁氏四姐妹”梁赛珍、梁赛珠、梁赛珊、梁赛瑚。能请到如此当红的人物前来主持仪式，可见大新舞厅的实力非同寻常。

与舞厅一同位于五楼的茶室——大新西菜部亦独具特色。它“地位幽雅，请客宴会，均甚相宜，特餐小吃，尤为经济”。例如曾推出每客售价仅七角的“海王餐”，以飨顾客。还备有礼堂：喜庆借用，冠冕堂皇，经济特省，名贵非常。且由“女子招待，竭诚周到”。

大新游乐场开业之际所面对的挑战，主要是如何先在高端游乐场此起彼伏的南京路站稳脚跟，继而在全上海游乐场行业中名列前茅。对于大新游乐场而言，此事虽然艰巨，但绝非不可为。如同大新公司一般，大新游乐场的后发优势亦非常显著。以雄厚财力以及精良技术为背景，大新游乐场甫登场即显示了不同凡响之处。前述游乐场内“天台十六景”包括：戏马台、罗跨亭、藏春坞、银河桥、御风楼、来青馆、螺丝谷、溪山小筑、剪淞亭、青云路、袖潮楼、鱼俪轩、万花棚、凌云阁、垂虹径、五福亭。上述游乐景点，新颖别致、布置精巧。白先勇在散文集《蓦然回首》的代序“上海童年”中，回忆孩提时代、自 1946 年春起两年半的旅沪生活，其中就有对“天台十六景”的生动描述：逛四大公司，是我在上海童年时代的一段兴奋经验……我踏着自动扶梯，冉冉往空中升去，那样的电动扶梯，那时全国只有大新公司那一架，那是一道天梯，载着我童年的梦幻伸向大新游乐场的“天台十六景”。① 在他的笔触下，“天台十六景”成为了一个儿童梦幻的终点，而连接梦幻与现实的桥梁正是大新公司独家拥有的“天梯”。可能有人会认为作家的童年记忆历经数十年的岁月琢磨后，变得具有了某些非现实主义色彩。然而这可以有力地佐证大新游乐场在内部装潢、布置方面极尽奇思妙想，效果令人惊叹。

规模、布置固有张扬声势之功，但游乐场最吸引人之处当属娱乐节目是否精彩，是否紧跟潮流、常换常新。大新游乐场内有一些当

① 白先勇：《蓦然回首》代序“上海童年”，文汇出版社 1999 年版。

时非常新颖的娱乐项目，如开业之初引入的轮滑，就是一项时髦而非常受欢迎的娱乐活动。这项运动于19世纪中叶兴起于欧洲，很快流行于欧美，然而传入上海的时间却迟至20世纪30年代，正值大新公司开业前后，当时一般被称作“旱冰”或“溜冰”，立即受到市民尤其是时尚青年的欢迎。在很长时期内，轮滑在中国只是被当作一种大众娱乐活动，而非竞技体育项目。由于建造室内溜冰场需要一定的技术要求，因此民国时期上海真正的室内溜冰场屈指可数，不过高乐溜冰场、新世界溜冰场、四重天溜冰场，以及大新游乐场内的溜冰场而已。而四家中，场地面积最大，设施最新、最全者，非大新溜冰场莫属。此外，还有弹子房、乒乓房等设施，也是极为热闹的所在。

公共游乐场同样是上海城市娱乐文化的重要载体。如同唱片内容的变化一般，娱乐文化的演变也在其节目内容中得到了体现。自先施乐园、永安天韵楼开业之初起，京剧一直是戏场的主角，其他曲艺则以梆子戏为主。新新花园开业要比上述两家迟十余年，大新游乐场更是晚了近二十年。在这两家游乐场的演艺节目中，虽然京剧仍占有重要地位，但其他方面则更多地体现出时代的气息。例如中国早期著名影星、歌星夏佩珍就曾在大新游乐场演唱过“时代曲”。夏佩珍早年在系列武侠片《火烧红莲寺》中扮演昆仑派女侠甘联珠，成为轰动一时的武侠女星。武侠片热潮消退后，与胡蝶联合主演《歌女红牡丹》、《啼笑因缘》、《自由之花》等片，知名度与“电影皇后”相差无几。20年代末，“时代曲”问世并流行，夏佩珍成为中国最早的电台女歌星之一，在广播电台演唱“时代曲”。但这位在上海影坛、歌坛红极一时的女明星，不久却因故沾染毒瘾，处境陷于困窘。为了维持生计，曾一度在大新游乐场献唱，还在永安天韵楼演出话剧。直至解放后才再次从影。

除了流行歌曲，滑稽戏也是大新游乐场的重头戏。滑稽戏是20世纪三四十年代开始流行于上海及苏浙一带的地方曲艺，为庶民所热爱，盛行数十载。演出以上海方言为主体，夹杂苏、浙及山东方言，以上海城市庶民阶级的日常生活为素材，搞笑逗乐，博得观众开怀。以大新游乐场为例。大新游乐场开业的1936年，正值滑稽戏在上海各游乐场走红之际。从《申报》所刊广告来看，如鸣社演出的话剧，日场主演是张啸天，夜场主演是张大公。其实张啸天、张大公主演的话剧，就内容、形式而言，更类似于滑稽戏。张啸天、张大公两人也是演文明戏出身的滑稽艺人。20年代初，两人均在中国早期话剧、电影开拓者——郑正秋所主导的文明戏剧团内担任演员，主要表演滑稽节目（郑正秋亦为夏佩珍在电影界的主要支持者——作者）。1927年6月1日，近代上海文明戏最后一个集中演出的舞台——笑舞台改弦更张，开始以演出绍剧为专业；① 加之郑正秋也无意再涉足文明戏，故此张啸天、张大公等纷纷各奔东西，辗转于各游乐场的戏台，演出滑稽以维持生计。张啸天前往神仙世界星社，张大公则进入新新花园钟社。此后，滑稽界数度上演“合纵连横”，历经了若干次分化、重组。待到大新游乐场隆重开幕，两人又于鸣社重聚，分别担纲日、夜场的“话剧”——实则为滑稽剧的演出。大新游乐场内的滑稽演出，见证了民国时期上海滑稽剧形成的关键阶段，呈现了当时滑稽界的最高水准。从滑稽演出在大新游乐场内的地位升迁，以及各剧团、名角在此的演艺历程，亦可了解民国时期上海庶民娱乐文化之一斑。

通过分析大新游乐场全盛时期的演艺状况，可以反映观众欣赏



---

① 黄飏：《海上新剧潮：中国话剧的绚丽起点》第134页，上海人民出版社2003年版。

趣味的倾向性与重点所在。其中既有传统风格的节目，亦不乏新诞生的娱乐演艺品种，令人感到丰富多彩、耳目一新。例如传统项目即包括京剧、昆剧、河北风格的评剧（嘣嘣）、西北风格的秦腔（梆子戏）等，代表当下最新流行娱乐演艺的则有“有声电影”、“草裙艳舞”、话剧等，还有一些具有浓郁的上海、江南地方风格，如申曲，以及各类滑稽戏、独角戏等。申曲、滑稽戏、独角戏等，也是当时新生的、适合于游乐场演出的曲艺种类。大新游乐场的演艺节目，是30年代上海游乐场文化、进而是上海市民通俗娱乐文化的缩影，具有很强的代表性。甚至可以认为：在某种程度上，它反映了近代上海的城市性格特征。评剧、秦腔是北方地区脍炙人口的大众戏曲，但是在大新游乐场内依然颇有市场；在内容、格调方面，既有古典、雅致的京剧、昆曲，也有以普通市民日常生活为素材、从中提取发噱材料，从而博人一笑的滑稽戏、独角戏，更有卖弄色相、但极受欢迎的所谓艳舞。电影场放映的电影，基本是美国大片与国产影片平分秋色，这也是20世纪30年代上海电影市场的特色。总之，用雅俗共赏、新旧共存、南北兼具、中外兼顾来形容大新游乐场的娱乐演艺状况，应是恰如其分的。而这也可视作近代上海游乐场文化乃至市民娱乐文化的特点。



节目广告还明白地显示了游乐场演艺节目所具有的浓厚商业气息。这自然也是具有共性的。例如对于戏班、演员的介绍，用语往往夸大其词，具有典型的商业广告风格。又如节目、戏班及演员的更新也相当频繁。话剧、滑稽戏每日的剧目罕有重复，演员压力之大可想而知。京剧、嘣嘣、梆子戏的日场基本为折子戏，数日之内也很少出现重复的剧目。戏班、演员也时常更换。一个月之内，有的戏班、演员就从“隆重推介”走向销声匿迹，另有新班、新人取而代之。近代上海市民娱乐文化的商业性，至此表露无遗。

大新游乐场开张之际，虽然面临的竞争异常激烈，但此时上海的游乐场事业仍然处于鼎盛期。因此，大新游乐场能够在竞争中站稳脚跟，并形成了独有的风格。但是，与先施乐园、永安天韵楼、新新花园不同，大新游乐场“好景不长”。1937 年“八一三”事变爆发，上海租界进入“孤岛”时期，大新游乐场也曾出现了昙花一现的浮华景象。但随着太平洋战争爆发，形势完全改观，大新游乐场逐渐失去了往日的气象。此后直至 1949 年上海解放，大新游乐场可谓“江河日下”。这种情况，也并非大新一家独有。从全面沦陷时期起，上海的大众游乐场行业就逐渐呈现衰退之势，一直延续到解放前夕。这种情况，表面上反映了市民娱乐文化的变迁，但背后具有更深层次的社会背景。从日本对上海实行全面占领、历经日本投降、国民党重建统治权，直至解放，上海的社会形势始终处于动荡不安之中。经济衰退、政治激荡、人心浮动。更多的普通人已缺乏二三十年代那样的兴致与财力前往游乐场放松身心了。上海的大众游乐场内，江湖气与风尘做派开始弥漫开来。节目的水准，戏班、演员的档次明显降低了。包括大新游乐场在内，不少游乐场成了流氓肆虐的地盘，斗殴、盗窃时有发生。上海解放后，随着社会环境的改变，情况才出现改观。然而此时的游乐场，在功能、定位方面已经与昔时大不相同了。

## 四、大新的衰落与新生

### （一）动乱中的没落——战乱与政治腐败对大新公司的重击

1937 年 7 月 7 日卢沟桥事变发生，8 月 13 日，日军向上海发动大举进攻。11月，淞沪会战结束，国军撤离上海。上海除租界之外，其他地区沦入日军控制之下，进入了所谓“孤岛”时期。在某种程度上，“孤岛”时期是近七十年前上海租界历史的重演。19世纪60年代初，太平天国兵锋直指江南，苏浙一带人心惶恐，逃难的人群携家带眷涌入上海租界。进入租界的人群中，有的是身无长物的难民，但也有许多携带资财的富裕者。上海租界人口剧增，房租、物价等随之大幅上涨，出现了一派繁荣景象，由此迎来了设立以来的首次发展机遇。在局势动荡、兵戈之灾频仍的近代中国，外国租界是一个“安全岛”。在社会动荡之际，人们往往选择进入租界，躲灾避难。截至1937年末，日军铁蹄踏遍江浙，惟对于上海租界无可奈何。“孤岛”的地位更为重要、敏感，大量的人员、资金如潮般涌入了这块弹丸之地。租界的社会生活、消费市场呈现出远胜于往昔的繁华景象。大新等百货公司迎来了空前盛况：商场铺面整日顾客盈门，游乐场、舞厅夜夜笙歌。

**大新公司营业额及利润表（1937—1941年）**

单位：法币万元

| 年份 | 营业额 | 利润 |
|---|---|---|
| 1937 | 379.5 | 7.2 |
| 1938 | 577.3 | 77.7 |
| 1939 | 886.8 | 175.8 |
| 1940 | 1755.9 | 402.7 |
| 1941 | 3925.8 | 1150.9 |

［资料来源：（日）菊池敏夫“戦時上海の百貨店と商業文化”，（日）高綱博文編《戦時上海——1937—1945年》，研文出版2005年版］

1937年至1939年，上海物价的上升比较平稳；虽然1940年、1941年的涨幅较大，但较之1942年、1943年、1944年、1945年的通货膨胀，则又有天壤之别。分析“孤岛”时期大新公司的营业状况时，必须将物价上涨这个因素考虑在内。

正当上海大新享受着“孤岛”的“红利”时，广州大新公司却遭遇了灭顶之灾。1938 年 10 月 20 日，进攻广州的日军突破了中国军队的防线，突入市内，29 日广州及附近地区完全沦陷。在战斗中，日军出动飞机对军事、民用目标狂轰滥炸，位于西堤的大新公司大楼被击中起火，数日后方被扑灭。这座华南第一雄厦经此浩劫，满目疮痍，昔日风采不再。更为致命的是：西堤大新公司内存放的所有货物，以及为躲避战火而转存此处的惠爱大新的货物，均付之一炬。广州的两处大新公司就此无法恢复正常营业。

广州大新的遭遇是否预示着沪、港大新的命运呢？蔡昌高度关注着时局进展。日苏之间签订了中立条约，日美之间的关系却日益紧张起来。1941 年 12 月 8 日，太平洋战争爆发，日军即时占领了上海租界。“孤岛”时期结束，上海进入了黑暗的全面沦陷时期。对于大新等向香港政府进行登记的百货公司而言，其法律地位在一夜之间就变为了“敌产”，只得听候日本当局发落。由于日伪希望保持上海经济、社会稳定，不愿自找麻烦，所以并未对大新等公司采取没收、接管等强制性措施，而是允准其在由日方监督的前提下继续营业。兴亚院①向大新公司派驻了“会计监督官”，严格监督公司的日常营运情况。如果没有监督官的核准，则无法开展正常的营业活动。

但对于大新等大型百货公司而言，真正的经营困境来自日军占领后形成的全面社会危机。日伪当局用军事管制的办法来管理上海社会，企图逼使一切资源为侵略战争效力。社会生活、经济生活

① 抗日战争时期，日本内阁设立的专业负责处理侵华事宜的机构。

等，全被纳入战争轨道，由此造成了深刻的社会危机。上海全面沦陷后不久，即开始出现恶性通货膨胀，这是经济走向崩溃的预兆。在这种情况下，大新等公司面临的经营困境立刻显现出来，显著表现为商品的进货渠道越来越阻塞，订货越来越困难。造成这种情况的原因，首先在于日伪当局推行“统制经济”导致物资匮乏，其次则是交通运输线因战事而支离破碎。货物来源减少，使库存商品得不到补充，出现了“入不敷出”的现象。倘若长此以往，大新公司的正常营业将受到严重影响。货物减少，商家惜售，势必会设法提高售价以应付燃眉之急，但是大新公司却不得擅自提价。造成经济危机的罪魁祸首是日伪实施的经济政策，然而日伪却将自己应负的责任转嫁给全社会承担。为了防止涨价风潮引发社会动荡，当局采用行政手段抑制物价。1942 年 1 月，当局开始对包括大饼、油条在内的米、面制品限价，并严格执行。1942 年 9 月 1 日，汪伪当局颁布了“限价”政策，引发了抢购商品的社会风潮。百货公司、商店成为抢购的主要目标。一些人抢购、囤积商品，成为“囤户”。大新公司采取了各种办法、包括减少营业时间等，勉强度过了因库存下降而形成的经营危机。

以 1942 年 1 月开业六周年纪念活动的情况为例。与五年前的开业一周年纪念活动相比，规模、声势、力度都减弱了许多。《申报》1 月 10 日刊登“大新公司六周纪念”广告，宣布“今明两天奉送大新香皂及黄金橘汁”，规定凡“贵客购货满廿元者，送大号大新香皂一件或黄金橘汁赠饮券一张。多购多赠，以谢盛意。”①“大新”香皂，是上海大新公司向厂家冠名生产的香皂，一来可以

① 《申报》，1942 年 1 月 10 日，星期六。

用作宣传、增加“大新”的品牌效应，二来可视作对国货运动的响应。此次开业六周年纪念活动仅持续了两天，“特价货品”的种类、打折的幅度均今非昔比。其他百货公司的情况也与此类似，五年前争相以减价促销吸引顾客的情景消失得无影无踪。大新公司惜售的意念于此表露无遗。



面临困境的，并非仅有商场，游乐场的处境也开始窘迫起来。之所以如此，固然与日伪当局加紧社会控制的大气候不无关系，但主要原因则在于游乐场这种娱乐文化模式已逐渐失去了人气。电影、戏剧、曲艺事业的成熟，演出、娱乐场所进一步专门化、普及化，人们娱乐取向的转化等因素，使上海的游乐场从40年代初起，迅速走向没落。演艺水准的低端化与顾客的背离，这一对矛盾互为因果，在当时的游乐场中愈演愈烈，最终使盛极一时的游乐场门可罗雀（只有大世界、先施、永安等少数几家例外）。

以大新游乐场1942年1月的演出情况为例。对同期《申报》刊登的演出节目进行整理，结果如下。

元旦未刊登，1月2、3、4日《申报》休刊。

**1月5日、星期一**



大京班，王其昌、钱叔敏、筱坤荣、孙柏龄、小王其昌等演出日戏《四杰村》、《雪艳娘》、《麒麟山》，夜戏《隋炀帝》（三集）。素春女子越剧社，陈素娥、尤树春领衔主演日戏《玉连环》（头本）、夜戏《化缘认妻》。友联歌舞团，由“歌舞明星”周蕾“领导全体名角，日夜演唱、精彩歌唱”。方朔精神团，易方朔、易美美、易采桃演出日戏《万事亨通》，夜戏《一步登天》。常锡文戏的日戏剧目为《金针记》，夜戏为《龙凤锁》。真真剧团演出的申曲日戏为《苗凤英》（五本），夜戏为《刁刘氏》（八本）。电影场上映“粤语对白巨片”《嬴得青楼薄幸名》。此外，还有歌唱节目“海上名花大会唱”。

1月6日未刊登。

### 1月7日、星期三

大京班的日戏剧目为《赵云救主》、《白牡丹》、《盗御马》，夜戏仍为《隋炀帝》(三集)。素春女子越剧社的日戏剧目为《玉连环》(三本)，夜戏为《女太子》(二本)。友联歌舞团献唱。方朔精神团的日场滑稽戏为《青纱帐内》，夜场为《白相花园》。常锡文戏的演出剧目不变。真真剧团演出的申曲日戏为《苗凤英》(七本)，夜戏为《失业家庭》(头本)。电影场上映片目不变。“海上名花大会唱”继续进行。

1月8日未刊登。

### 1月9日、星期五

大京班的日戏剧目为《三雅图》、《献地图》、《石十回》，夜戏不变。素春女子越剧社的日戏剧目为《著名佳剧》，夜戏为《女太子》(四本)。友联歌舞团献唱。方朔精神团的日场滑稽戏为《人面兽心》，夜场为《月下情侣》。常锡文戏日场演出《珍珠衫》，夜场剧目不变。真真剧团演出的申曲日戏为《苗凤英》(九本)，夜戏为《失业家庭》(三本)。电影场上映片目不变。“海上名花大会唱”继续进行。

1月10日未刊登。

### 1月11日、星期日

大京班的日戏剧目为《盘丝洞》、《九曲桥》、《铁公鸡》，夜戏不变。素春女子越剧社的日戏剧目为《呆大富贵》(前本)，夜戏为《女太子》(六本)。友联歌舞团献唱。方朔精神团的日场滑稽戏为《流连忘返》，夜场为《失足回首》。常锡文戏日场演出《百花台》，夜场演出《双金花》。真真剧团演出的申曲日戏为《冯小青》，夜戏为《失业家庭》（五本）。电影场上映片目不变。“海上名花大会唱”继续进行。



## 1月12日、星期一

大京班的日戏剧目为《朱买臣》、《打樱桃》、《反五关》，夜戏不变。素春女子越剧社的日戏剧目为《呆大富贵》（后本），夜戏为《女太子》（七本）。友联歌舞团献唱。方朔精神团的日场滑稽戏为《一见倾心》，夜场为《虎口余生》。常锡文戏演出剧目不变。真真剧团演出的申曲日戏仍为《冯小青》，夜戏为《失业家庭》（六本）。电影场上映新片——“滑稽恐怖巨片”《王先生夜探殡仪馆》。“海上名花大会唱”继续进行。

1月13日未刊登。

## 1月14日、星期三

大京班的日戏剧目为《八蜡庙》、《双珠凤》、《空城计》，夜戏不变。素春女子越剧社的日戏剧目为《瓦车篷》（头本），夜戏为《女太子》（九本）。友联歌舞团献唱。方朔精神团的日场滑稽戏为《璜公馆里》，夜场为《灯红柳绿》。常锡文戏日场上演《赵五娘》，夜场仍为《双金花》。真真剧团演出的申曲日戏为《描金凤》（二本），夜戏为《失业家庭》（八本）。电影场上映片目不变。“海上名花大会唱”继续进行。



1月15日未刊登。

## 1月16日、星期五

大京班的日戏剧目为《玉麒麟》（全本），夜戏为《隋炀帝》（四集）。素春女子越剧社的日戏剧目为《瓦车篷》（三本），夜戏为《女太子》（十一本）。友联歌舞团献唱。方朔精神团的日场滑稽戏为《梁上君子》，夜场为《穷凶极恶》。常锡文戏日场上演《李三娘》，夜场仍为《双金花》。真真剧团演出的申曲日戏为《描金凤》（四本），夜戏为《渔家女》。电影场上映片目不变。“海上名花大会唱”继续进行。

1 月 17 日未刊登。

**1 月 18 日、星期日**

大京班的日戏剧目为《雷峰塔》、《追韩信》、《金钱豹》，夜戏仍为《隋炀帝》（四集）。素春女子越剧社的日戏剧目为《瓦车篷》（末本），夜戏为《宝莲灯》（后本）。友联歌舞团献唱。方朔精神团的日场滑稽戏为《天从人愿》，夜场为《敷衍子孙》。常锡文戏日场仍上演《李三娘》，夜场为《药茶计》。真真剧团演出的申曲日戏为《描金凤》（六本），夜戏为《二度梅》（二本）。电影场上映片目不变。“海上名花大会唱”继续进行。

**1 月 19 日、星期一**

大京班的日戏剧目为《葭萌关》、《上天台》、《宏碧缘》，夜戏不变。素春女子越剧社的日戏、夜戏均为“著名佳剧”。友联歌舞团献唱。方朔精神团的日场滑稽戏为《赤老出松》，夜场为《韩庄血泪》。常锡文戏日、夜场剧目不变。真真剧团演出的申曲日戏为《描金凤》（七本），夜戏为《二度梅》（三本）。电影场上映片目不变。“海上名花大会唱”继续进行。

1 月 20 日未刊登。

**1 月 21 日、星期三**

大京班的日戏剧目为《伐子都》、《同恶报》、《雅观楼》，夜戏不变。素春女子越剧社的日戏剧目为《玉蜻蜓》（二本），夜戏为《一女换太子》（三本）。友联歌舞团献唱。方朔精神团的日场滑稽戏为《大寒天气》，夜场为《家庭柱石》。常锡文戏日、夜场均为

“著名佳剧”。真真剧团演出的申曲日戏为《描金凤》（九本），夜戏为《二度梅》（五本）。电影场上映“新华出品历史巨片”——《隋宫春色》。“海上名花大会唱”继续进行。

1月22日未刊登。

**1月23日、星期五**

大京班的日戏剧目为《两国封王》（全本），夜戏不变。素春女子越剧社的日戏剧目为《玉蜻蜓》（四本），夜戏为《一女换太子》（五本）。友联歌舞团献唱。方朔精神团的日场滑稽戏为《约法三章》，夜场为《神女生涯》。常锡文戏日场上演《顾大麻子》，夜场上演《孟姜女》。真真剧团演出的申曲日戏为《牛车棚》（中本），夜戏为《二度梅》（七本）。电影场上映片目不变。“海上名花大会唱”继续进行。

1月24日未刊登。

**1月25日、星期日**

大京班的日戏剧目为《七擒孟获》（全本），夜戏不变。素春女子越剧社的日戏剧目为《梁山伯》，夜戏为《烧骨计》（后本）。周蕾仍率友联歌舞团献唱。方朔精神团的日场滑稽戏为《戴高帽子》，夜场为《诚实君子》。常锡文戏日场仍上演《顾大麻子》，夜场上演《江流子出世》。真真剧团演出的申曲日戏为《秦香莲》（头本），夜戏为《盗金牌》（上本）。电影场上映片目不变。“海上名花大会唱”继续进行。

**1月26日、星期一**

大京班的日戏剧目为《鸳鸯桥》、《汾河湾》、《鹿台恨》，夜戏不变。素春女子越剧社的日戏剧目为《沉香扇》，夜戏为《八美图》（头本）。友联歌舞团献唱。方朔精神团的日场滑稽戏为《长生不老》，夜场为《一饭之恩》。常锡文戏日、夜场剧目不变。真真剧团演出的申曲日戏为《秦香莲》（二本），夜戏为《盗金牌》（中本）。电影场上映片目不变。“海上名花大会唱”继续进行。

1月27日未刊登。

### 1月28日、星期三

大京班的日戏剧目为《四杰村》、《奇双会》、《金刀阵》，夜戏不变。素春女子越剧社的日戏剧目为《蒋婉娘》，夜戏为《八美图》（三本）。友联歌舞团献唱。方朔精神团的日场滑稽戏为《悲哀之歌》，夜场为《手足并举》。常锡文戏日场上演《双珠凤》，夜场剧目为《莲花庵》。真真剧团演出的申曲日戏为《秦香莲》（四本），夜戏为《冰天雪地》（上本）。电影场上映片目不变。“海上名花大会唱”继续进行。

1月29日未刊登。

### 1月30日、星期五

大京班的日戏剧目为《王司徒巧使连环计》，夜戏不变。素春女子越剧社的日戏剧目为《何文秀》（后本），夜戏为《八美图》（末本）。友联歌舞团献唱。方朔精神团的日场滑稽戏为《五族共和》，夜场为《兄弟争美》。常锡文戏日场仍上演《双珠凤》，夜场剧目为《王老虎抢亲》。真真剧团演出的申曲日戏为《秦香莲》（六本），夜戏为《冰天雪地》（下本）。电影场上映新华公司出品的《珍珠塔》，由李红、顾也鲁主演。“海上名花大会唱”继续进行。

1月31日未刊登。①

大新游乐场落成后，无论在规模、设备，还是在演出阵容与

① 《申报》，1942年1月1日至1月31日。

节目内容方面，都在同业中名列前茅、可圈可点。大新开业之际，恰逢上海大众游乐场“最后的黄金时期”，总算风光一时，赶上了“末班车”。但 1942 年 1 月的情况，就发生了很大变化。虽然从表面上看节目种类不少，然而演出质量却大不如前。以“大京班”为例，日场演出的折子戏剧目大为减少，演员阵容也较以前单薄。显然，这是由于观众人数下降造成的。此外，节目内容具有的上海地方色彩越来越浓厚，如滑稽戏、申曲、常锡文戏、越剧、歌曲演唱等。北方的戏曲、曲艺如评剧、秦腔，以及曾有“新剧”、“文明戏”之称的话剧等，则不见了踪影。这一方面是上海地方戏曲成熟、繁荣的写照，同时也意味着对市民趣味、流行娱乐的迎合。无论大新游乐场如何努力，也不可能在游乐场的整体衰落趋势中有多大作为。1942 年前后起，大新游乐场开始江河日下。

面对上海大新公司的经营困境，蔡昌审时度势，果断地做出了一些决策。分散在沪、港、穗三地的大新公司中，广州大新设施严重破损，商品库存也几近于无，早已无法正常经营；日军占领香港后，香港大新处于日本当局的管制之下，其严厉程度甚于上海大新。唯有上海大新的情况还不至于极其严重，尚可设法改善一二。蔡昌认为当务之急是必须设法将常驻公司内的“太上皇”——日本会计监督官调离，结束事实上的管制状态。唯有如此，才可重新掌握经营的完全自主权，从而设法改善公司处境。局势的发展，使蔡昌的方案有了实现的可能。太平洋战争爆发后，日本为了争取国际支持以及被占领地区的民心，以推翻西方对亚洲殖民统治的解放者自居，展开了声势浩大的政治攻势。为配合政治攻势、获取最大的宣传效果；同时也为了适应形势、调整统治方针，日本当局开始在表面上提升汪伪傀儡政权的地位。其中比较重大的举措包括向汪伪政权归还上海租界，进一步将部分行政权力移交给傀儡政府机构等。在此过程中，汪伪政府的经济权限得到扩大，实业部的地位上升显著。

在这种情况下，蔡昌于1943年向汪伪政府实业部进行了上海大新股份有限公司的企业登记。“登记事项表（股份有限公司适用）”载明：公司资本总额为“国币三千八百一十万零一千六百元”。完成企业登记后，上海大新公司的法律身份由“敌产”转为中国企业，日本派驻的会计监督官完成了使命。时隔约两年后，大新的最高经营权终于又归于蔡昌掌握。沦陷时期，尽管面临诸多难题，但是上海大新毕竟维持了下来。蔡昌作为掌舵者，带领公司这艘航船在惊涛骇浪中闯过了一个又一个险境，最终保住了这艘航船。

1945年8月，日本投降，一个新时代开始了。抗战期间被迫离开上海这座城市的人们，如潮涌般返回家乡。与此同时，国民党的各路人马也急忙赶赴上海，以接收敌伪产业为名，抢占资源。上海又开始沸腾起来。人们将对和平生活的期待，部分转化到了购买商品的消费行动上。尤其对于阔别上海的人们，以及发了“接收”财的新贵们，更是如此。这股新释放的消费能量，加上恶性通货膨胀的推波助澜，使包括大新在内的“四大公司”的营业额急剧扩大。1945年大新公司的营业额为法币85790.2万元，1946年就扩大至850625万元①，上升近十倍。但是与永安（2057043万元）、新新（1464859万元）②1946年的营业额相比，又是“小巫”见大巫了。1937年，大新公司开业方一年，即在营业额上超越了早其十

①② ［日］菊池敏夫“戦時上海の百貨店と商業文化”，［日］高綱博文编《戦時上海——1937—1945年》，研文出版2005年版。

年开业的新新公司。历经九年风雨，大新公司的营业额又远逊于新新，令人慨叹。

大新的衰落，固然是“沦陷”时期的遭遇使其元气大伤所致，但另有更深层的原因。蔡昌将业务的重点投向了香港大新，萌发了选择合适时机淡出上海的考量。在日本占领期间，香港大新公司饱受摧残，必须重新加以恢复。但同时，租界收回后，上海的社会环境发生了很大变化；安全感、英国式的社会管理模式消失了。取而代之的，先有日本的军事管制，后有国民党的独裁统治。在蔡昌看来，上海已不是适合经营商业的环境。1947 年，蔡昌举家返回香港定居，上海大新委托蔡聪管理。临行前，蔡昌交待蔡聪：多销货，少进货。意在逐步清盘库存货品，回笼资金，将之汇往香港。

1947 年内战爆发，经济形势大乱，国民党当局对此束手无策、方寸大乱。在通货膨胀失控、物价狂涨、民不聊生的情况下，当局又祭出了转嫁责任、寻找替罪羊的法宝。1948 年 8 月，国民政府推出用金圆券取代法币的财政改革，为了确保改革成功，命令冻结物价。于是再次出现抢购物资的狂潮，声势、规模大大超过了汪伪时期“屯户”的行为。蔡聪对人们蜂拥杀到大新公司抢购的情况感到恐慌，如果放任这种情况，意味着大新公司将血本无归。但是，国民党当局一度采取政治运动的手段处理问题，表现得极为强硬。蒋经国亲自坐镇上海“打老虎”，严令不许涨价，违反的商家将被冠以破坏经济秩序的“奸商”罪名，一经揭发，往往会被枪决。蔡聪只得眼看着大新公司的库存急剧减少，却不敢有所作为。10 月底，以金圆券改革为标志的财政改革彻底失败，当局重新放开物价，但是上海大新公司经此番劫掠，早已元气大伤。

对于国民党在末日来临前的所作所为，蔡昌深恶痛绝。然而他已不可能力挽狂澜，为上海大新公司寻找新的生机；同时他对内地的形势已不抱希望，他力求上海大新能善始善终，以某种形式体面地“无疾而终”。1948年，上海大新公司的资金基本被抽空，资产主要包括公司大楼及附属业务设备，以及尚余的部分存货。①

蔡昌对中共是陌生的，也没有与之打交道的意愿。1949年5月上海解放后，蔡昌很快命令上海大新公司的资方管理人员撤离，前往香港。上海大新成了资金、资方人员皆无的“空壳”，在中共领导下，公司职工组成了业务维持委员会，维持日常营业。

在时局巨变时，蔡昌等资方人员可以选择离开上海，在香港再续大新的辉煌历史。但是普通职工不会离开，他们从抗战开始，就积极投身进步职员运动，一方面开展生活互助、文娱活动，同时提高政治觉悟，反抗日伪、国民党的统治。中国共产党对上海的职员运动在思想、组织、行动方面保持着很大的影响力。在大新公司的职员运动中，职工乐队的表现非常突出。大新公司职工乐队与邮局职工铜管乐队是民国时期上海职员文艺活动中比较著名的两支乐队，人员较多，乐器较为精良，演奏水准也更为专业。大新公司职工乐队成立于1945年8月，中共地下党组织则是促其成立的推动者。上海沦陷时期，中共地下党组织在职工组织中成功地扩大了影响，引导职工运动反抗日伪统治。抗战胜利后，中共党组织开始利用其在职工组织中的影响，引导职工运动反对国民党的独裁专制，争取人民民主。大新公司乐队因之也具有了左翼政治色彩。该乐队属于职工会康乐股，最初有成员23人，后发展至近百人。它有两大特色，使之有别于其他同类乐队：一、有数位女子鼓手。表演时

① “联合征信所对上海大新公司的调查报告（1948年）”，《近代中国百货业先驱——上海四大公司档案汇编》第294页。

英姿飒爽，令人刮目。二、乐队成员的制服由三种颜色组成，颇为“招摇”，人称“三衣乐队”。大新公司职工乐队除了在职工文艺活动中献艺之外，还在一些政治色彩非常鲜明的场合中现场演奏，以增加声势。如1946年6月23日，在中共上海地下党与上海工委的秘密组织下，以著名民主党派人士与社会贤达组成的“上海人民和平请愿团”从上海火车站出发前往南京，向国民党当局呼吁和平，避免一触即发的全面内战。当日上午9时许，上海各界群众约5万人集结于上海火车站广场，为请愿团壮行。在群众队伍中，有一支乐队格外引人注目，它就是特地前来演奏的大新公司职工乐队。在现场激昂的气氛，乐队演奏了《团结就是力量》、《你是灯塔》等表达反内战、争民主诉求的曲目，使群众的情绪更为激越。当晚7时，当请愿团代表及随行记者乘坐的列车驶入南京下关车站，却遭到特务有预谋的骚扰、殴打，导致部分人员受伤，不得不入院治疗。这就是中国民主斗争史上的“六二三事件”。在内战已成为现实、政治气氛日渐紧张之时，大新公司职工乐队的政治态度自然引起了当局的关注与忌恨。1947年9月29日，当局公开镇压三区百货业工会，逮捕主要干部，强行占据工会所在地。在中共地下党的指示下，大新公司职工乐队宣告停止活动，以示抗议。此后，由于中共斗争策略的转变，乐队又恢复了活动，但是坚决拒绝演奏任何诋毁、诬蔑中共及人民民主力量的作品。这支独放异彩的职工乐队，为在上海推翻国民党统治的斗争作出了一份贡献。

### （二）国营上海市第一百货商店的诞生与上海大新公司的消逝

上海解放时，大新公司的资方留守人员尚有数人。当时市况萧条，商品普遍滞销，再也无人担忧库存不保，但也无人留意经营情况的好坏。促使蔡昌召回全部资方留守人员的契机，是国民党空军于1950年2月6日对上海发动的“二·六”大轰炸。由于公司的经营实际上业已萎缩、停顿，蔡昌召回留守人员是出于人身安危的考虑，不愿他们出现意外。同时，也借此机会甩掉了上海大新这个包袱，将它丢给了共产党。

上海大新的资金早已被抽空，现在资方人员也悉数撤离，但是公司还有四百余位职员，他们还要工作、生活。在政府部门的组织下，由大新职工组成了业务维持委员会，作为维持经营管理的应急措施。委员会成立后，曾派人赴港向蔡昌陈情，希望他能给予上海大新以支持，甚至重回上海坐镇。但是蔡昌的反应却比较冷淡。这一方面是因为他对形势的解读、判断与陈情者的陈述差距甚大，另一方面也与他的年龄、健康状况密切相关。1953年，一代商业巨头蔡昌病逝于香港，享年77岁。

包括大新在内，四大公司在上海解放后都面临着深刻的经营困境，其根本原因在于社会的转型。四大公司得以孕育、诞生、发展的社会环境，已不复存在。也就是说，对于新社会而言，并不需要旧社会类型的百货公司。大新公司的主营业务是经营环球百货，商品但凡价廉物美、适销对路，原则上不问产地，即行订货。虽然自20世纪20年代以来，提倡使用国货与政治紧密结合，形成声势浩大的社会运动。大新公司在四楼设商品陈列部，专门用于陈设、展示国货，就是支持国货的创举。蔡昌在开业宣言中也格外强调与厂商通力合作，尽力推销国货。但是在民国时期，大新公司所销商品中外货所占的比例相当高。除了南货部主要销售各地风味特色食品，因而国货所占比重较高之外，国货在大新公司各商品部所售商品中所占比重普遍较低。虽然从保护民族经济的角度出发，这种情况令人遗憾，但是与百货公司经营环球百货的业务方针非常贴切。

新中国成立后，情况发生了根本转变，环球百货已无法继续经营下去。1950 年 6 月朝鲜战争爆发后，西方国家对中国实施封锁，上海与西方的传统贸易联系基本断绝，从国外自行订购商品已不可能。此外，朝鲜战争爆发后，对待西方的社会情绪与民国时期相比，已产生了天壤之别。环球百货失去了生存的社会土壤。上海解放后，大新公司除了库存中残存的洋货，已不再继续向国外订购货品。日常销售的商品，大多为厂家寄售，国货终于在所售商品中占有了压倒性优势。

除了主营业务被迫转换之外，大新公司的顾客群体也发生了变化。虽然自开业之初起，公司就声称努力实现平民化的市场定位，然而实际情况却并非如此。自开业起，截至“八一三”事变，顾客主要包括官僚政客、资本家、外籍人士、中产阶级市民、交际花、舞女等。抗战结束后，增加了一大批在“接收”中大发横财的党国新贵。解放后，顾客群体的结构很快发生了变化，昔日的“高端”客户大多流失，取而代之的是越来越多的工农大众。这些新顾客的消费需求，与以前的顾客大不相同。他们选择商品的标准是：价廉物美，经久耐用。极少出现对奢侈品、高档消费品的需求。大新公司的市场定位，迅速完成了向平民化的转换。许多从前畅销的商品现在无人购买，成为积压货品。

在这样的情况下，历来的管理体制、服务模式也遭遇挑战，与现实越发不相适应了。若用新的标准进行衡量，则部门设置显得臃肿，员工尤其是管理部门的职员人数过多，亟需精简。而为劳动人民服务，与为旧社会的富裕阶层人士服务不同，从理念到方式都需要革新。

缺乏资金、没有资方人员、旧有的主营业务及顾客群体基本丧失、管理体制与服务模式需要全面更新，这就是上海大新公司面临的新局面。但即使如此，大新还是支撑了好几年，在政府的支持与职工群众的努力下，完成了最终的转型。

解放初期，随着国民经济的恢复，政府采取大力措施增加生产与市场供应，平抑消费品价格，旨在提高人民群众的生活水平。在这个过程中，国营商业零售企业开始建立，并很快得到强化。1949年10月，国营上海市第一百货商店建立，社会主义商业零售企业开始尝试初步运作，因以新时代的广大市民群众为服务对象，供应的商品种类丰富、价廉物美，营业员服务热情、周到，所以立即就受到了群众的热烈欢迎，树立了国营商业零售企业的良好声誉。1953年，国际局势因朝鲜战争签署停战协定而大为缓和，国家进入了第一个“五年计划”执行时期，国营零售商业更显繁荣。上海开始在市区陆续建立国营第二至第八百货商店，扩大国营商业零售企业的规模，增强其实力。

1953年9月10日，历时十七年，大新公司的商场部分正式结束营业。原大新公司商场铺面等设施由国营中国百货公司上海市公司承租，上海市第一百货商店入驻。实行资本主义经营模式的百货公司商场由社会主义国营百货商店取而代之，意味着时代的转变，是一个标志性事件。

上海市第一百货商店入驻商场后，上海大新有限公司并未解散，而是继续维持了几年。在此期间，大新公司由职工组成的管理委员会担负日常运营的责任，主要的收入来源是中国百货公司上海市公司支付的商场租金，以及游乐场的营业收入。随着50年代初、中期社会生活趋于稳定，上海市民又有了享受娱乐生活的闲暇、财力与心情。大新游乐场在某种程度上恢复了昔日的盛况，但是演艺节目的内容与往昔大不相同，主要是歌颂、反映新时代的生活与精神风貌。

在资本主义工商业的社会主义改造运动中，1956 年，上海大新有限公司实现公司合营。公司合营后的大新公司，主要包括总管理处以及游乐场两部分。游乐场占用公司大楼的六、七两个楼层。1960 年，大新游乐场停止营业，其场地交由上海市第一百货商店使用。自此，上海大新的名号，消逝于历史的长河之中。

**图书在版编目(CIP)数据**

爱"购"上海:南京路上老百货/葛涛,宋钻友,
石冬旭著. 一上海:上海人民出版社,2019
ISBN 978-7-208-15933-4

Ⅰ. ①爱… Ⅱ. ①葛… ②宋… ③石… Ⅲ. ①百货商
店-商业史-上海-近代 Ⅳ. ①F721.8-09

中国版本图书馆 CIP 数据核字(2019)第 132422 号

**责任编辑** 罗俊华
**封面设计** 夏 芳

**爱"购"上海:南京路上老百货**
葛 涛 宋钻友 石冬旭 著

**出　　版** 上海人民出版社
(200001 上海福建中路 193 号)
**发　　行** 上海人民出版社发行中心
**印　　刷** 上海商务联西印刷有限公司
**开　　本** 890×1240 1/32
**印　　张** 10
**插　　页** 4
**字　　数** 226,000
**版　　次** 2019 年 9 月第 1 版
**印　　次** 2019 年 9 月第 1 次印刷
ISBN 978-7-208-15933-4/F·2592
**定　　价** 48.00 元